AF204187

Mathe*freunde* 3

Arbeitsbuch Inklusion | Teil A

Herausgegeben von
Edmund Wallis, Leipzig

Erarbeitet von
Petra Franz, Erfurt
Patricia Reichard, Rostock
Edmund Wallis, Leipzig
Silvia Weisse, Bad Düben

VOLK UND WISSEN

Mathefreunde 3

Arbeitsbuch Inklusion | Teil A

Herausgegeben von
Edmund Wallis, Leipzig

Erarbeitet von
Petra Franz, Erfurt; Patricia Reichard, Rostock; Edmund Wallis, Leipzig; Silvia Weisse, Bad Düben

Redaktion: Hans Huschens
Illustration: Judith Ganter; Uta Bettzieche (Hunde)
Grafik: Christine Wächter
Umschlaggestaltung und Layout: tritopp, Berlin, Daniel Müller (Illustration)
technische Umsetzung und Layout: Cornelia Gründer, agentur corngreen, Leipzig

www.cornelsen.de

1. Auflage, 4. Druck 2021

Alle Drucke dieser Auflage sind inhaltlich unverändert
und können im Unterricht nebeneinander verwendet werden.

© 2016 Cornelsen Schulverlage GmbH, Berlin
© 2018 Cornelsen Verlag GmbH, Berlin

Druck: Athesiadruck GmbH

ISBN 978-3-06-083738-0 (Paket mit den Teilen A und B)

PEFC zertifiziert
Dieses Produkt stammt aus nachhaltig
bewirtschafteten Wäldern und kontrollierten
Quellen.
www.pefc.de
PEFC/18-31-166

Inhalt

An den Symbolen kannst du erkennen, worum es gerade geht.

Zahlen und Operationen $-^+_=$

Größen und Messen

Geometrie

Daten, Häufigkeit und Wahrscheinlichkeit ⦀

Die Aufgaben sind so nummeriert: 1

Auf den Zetteln findest du die Lösungen: 0   1

Merkkasten   MERKE DIR

Freundeaufgaben

Lagebeziehungen

1 Wo liegen diese Dinge? Kreuze an.

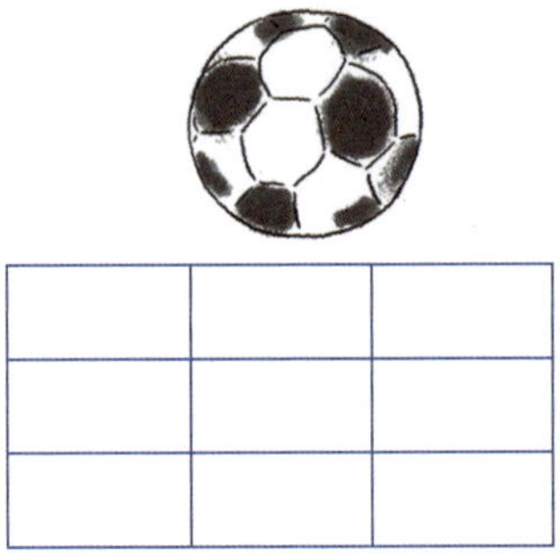

2 Male einen ● in das obere rechte Feld.

Male ein ▲ in das mittlere linke Feld.

Male ein ■ in das mittlere rechte Feld.

Schreibe die 10 in das untere linke Feld.

Schreibe die 20 in das obere linke Feld.

1: Lage der Dinge im Plan ankreuzen.   2: Formen und Zahlen eintragen.

1

5	↑
4	→
1	↑
4	→
3	↑

3	↑
1	←
4	↑
2	→
2	↑

2	↑
2	←
4	↑
3	←
3	↑

3	↑
3	←
2	↑
1	→
4	↑

Start

2 Folge der Anweisung. Wo kommst du an? Male die Felder 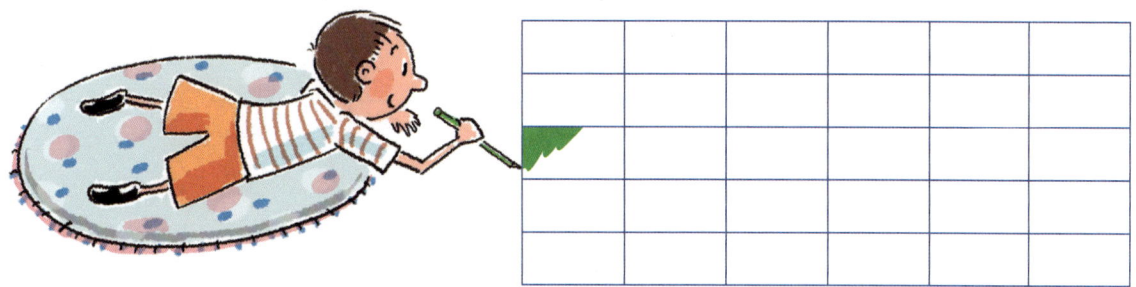 aus.

3 → 2 ↑ 2 → 4 ↓ 1 →

Addieren und Subtrahieren bis 10

1

⬚ + ⬚ = ⬚   ⬚ – ⬚ = ⬚

2

5 + 2 = ⬚	3 + 7 = ⬚	7 + 2 = ⬚	6 + 4 = ⬚
4 + 3 = ⬚	2 + 6 = ⬚	8 + 2 = ⬚	3 + 6 = ⬚
6 + 1 = ⬚	5 + 4 = ⬚	2 + 4 = ⬚	5 + 3 = ⬚
5 + 5 = ⬚	9 + 0 = ⬚	0 + 10 = ⬚	7 + 0 = ⬚

3

6 – 1 = ⬚	9 – 5 = ⬚	10 – 5 = ⬚	10 – 2 = ⬚
5 – 2 = ⬚	6 – 2 = ⬚	8 – 4 = ⬚	10 – 4 = ⬚
7 – 6 = ⬚	8 – 3 = ⬚	6 – 3 = ⬚	10 – 6 = ⬚
8 – 8 = ⬚	9 – 2 = ⬚	4 – 2 = ⬚	10 – 7 = ⬚

4

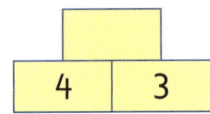 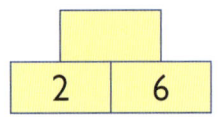 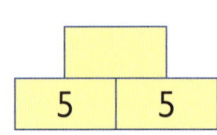 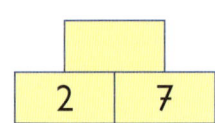

5

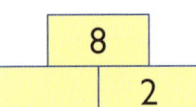 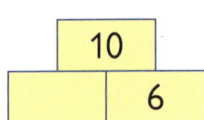

6

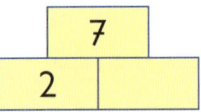

6   1: Aufgabe finden und lösen.   2: Addieren bis 10.   3: Subtrahieren bis 10.   4 bis 6: Zahlenmauern lösen.

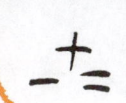

1
5 + ☐ = 8	6 + ☐ = 10	3 + ☐ = 9
4 + ☐ = 8	7 + ☐ = 10	2 + ☐ = 7
6 + ☐ = 8	2 + ☐ = 10	1 + ☐ = 6
3 + ☐ = 8	5 + ☐ = 10	2 + ☐ = 4

2
3 + 4 + 2 = ☐	5 + 2 + 3 = ☐☐	6 + 2 + 0 = ☐
5 + 3 + 1 = ☐	1 + 3 + 6 = ☐☐	2 + 4 + 2 = ☐
1 + 6 + 3 = ☐☐	3 + 2 + 3 = ☐	3 + 3 + 3 = ☐
4 + 2 + 4 = ☐☐	1 + 7 + 1 = ☐	7 + 0 + 1 = ☐

3
8 − 3 − 2 = ☐	9 − 4 − 1 = ☐	10 − 2 − 5 = ☐
7 − 1 − 4 = ☐	8 − 5 − 3 = ☐	10 − 5 − 5 = ☐
6 − 3 − 1 = ☐	7 − 1 − 6 = ☐	10 − 7 − 2 = ☐
9 − 3 − 3 = ☐	6 − 4 − 0 = ☐	10 − 4 − 4 = ☐

4
6 + 4 − 3 = ☐	10 − 5 + 2 = ☐	3 + 6 − 3 = ☐
8 + 1 − 7 = ☐	10 − 4 + 3 = ☐	7 − 4 + 2 = ☐
2 + 5 − 6 = ☐	7 − 2 + 5 = ☐☐	4 + 4 − 4 = ☐
3 + 3 − 6 = ☐	9 − 6 + 3 = ☐	8 − 3 + 5 = ☐☐

5 Aufgabenfamilien

② ④ ⑥	⑦ ② ⑨	⑤ ③ ⑧
2 + 4 = ☐	7 + 2 = ☐	☐ + ☐ = ☐
4 + 2 = ☐	2 + ☐ = ☐	☐ + ☐ = ☐
☐ − 4 = 2	☐ − 2 = 7	☐ − ☐ = ☐
☐ − 2 = 4	☐ − ☐ = ☐	☐ − ☐ = ☐

1: Ergänzen.　2: Addieren mit drei Summanden.　3: Subtrahieren mit zwei Subtrahenden.
4: Addieren und Subtrahieren in einer Aufgabe.　5: Aufgabenfamilien finden und lösen.

7

Die Zahlen bis 20

1 Zähle.

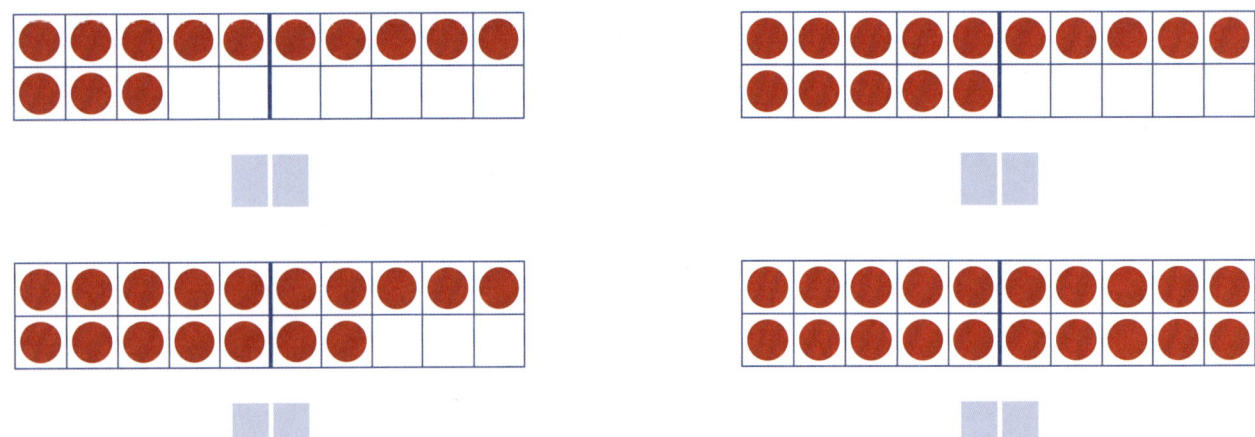

2 Zähle und ergänze.

3 Ergänze.

		13		

	11		

			17	

18		

15	

		14	

		20

8		

		12					

4 Vorgänger und Nachfolger

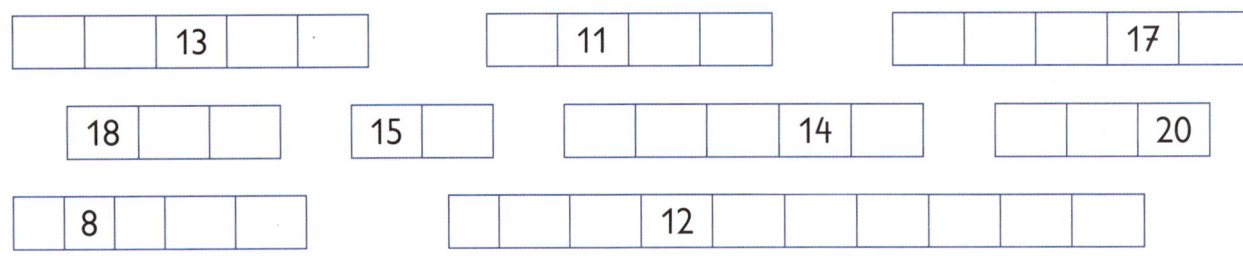

V	Z	N
	12	
	15	
	9	
	17	

V	Z	N
	18	
	11	
	16	
	19	

V	Z	N
		12
14		
		20
16		

V	Z	N
18		
		17
		13
9		

1: Im Zwanzigerfeld zählen.   2: Vorwärts und rückwärts zählen.   3: Zahlen ergänzen.
4: Vorgänger und Nachfolger bzw. Zahl bestimmen.

1 Vergleiche. <, =, >

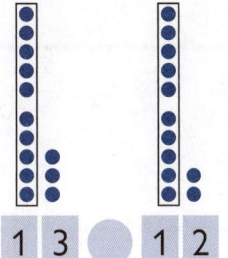 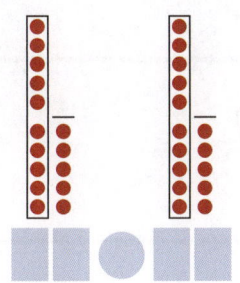 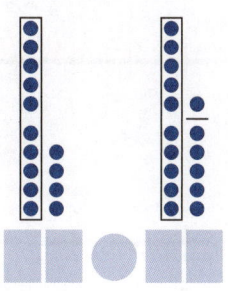 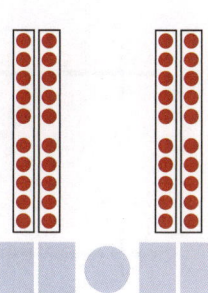

1 3 ⬤ 1 2 ▢▢ ⬤ ▢▢   ▢▢ ⬤ ▢▢   ▢▢ ⬤ ▢▢

2 Vergleiche. <, =, >

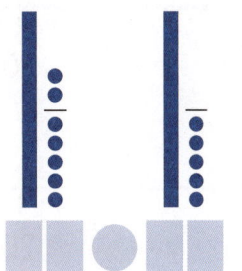 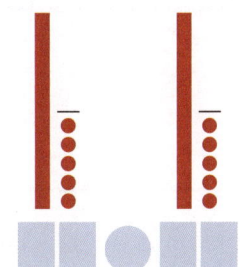  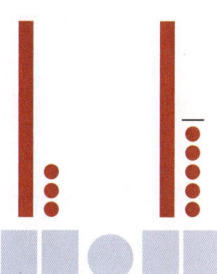

▢▢ ⬤ ▢▢   ▢▢ ⬤ ▢▢   ▢▢ ⬤ ▢▢   ▢▢ ⬤ ▢▢

3 Vergleiche. <, =, >

7 ⬤ 11	14 ⬤ 14	15 ⬤ 14	17 ⬤ 12
12 ⬤ 10	10 ⬤ 5	19 ⬤ 18	20 ⬤ 10
14 ⬤ 13	16 ⬤ 19	16 ⬤ 16	0 ⬤ 18

4

12 < ◯

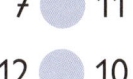
10   20   ⟨16⟩
9   15
11   2
13   12   18

18 > ◯

18
8   10
0   15
19   20
16
11   4

15 > ◯

15   10   5
7   19   1
6   20   17

5 Ordne.

a) 13, 17, 2̸, 6, 19, 5, 12

| 2 | | | | | | |

b) 18, 0̸, 10, 20, 15, 5, 8

| 0 | | | | | | |

c) 3, 16, 11, 4, 17, 10, 9

| | | | | | | |

d) 12, 20, 14, 19, 10, 7, 5

| | | | | | | |

1 Trage die fehlenden Zahlen ein.

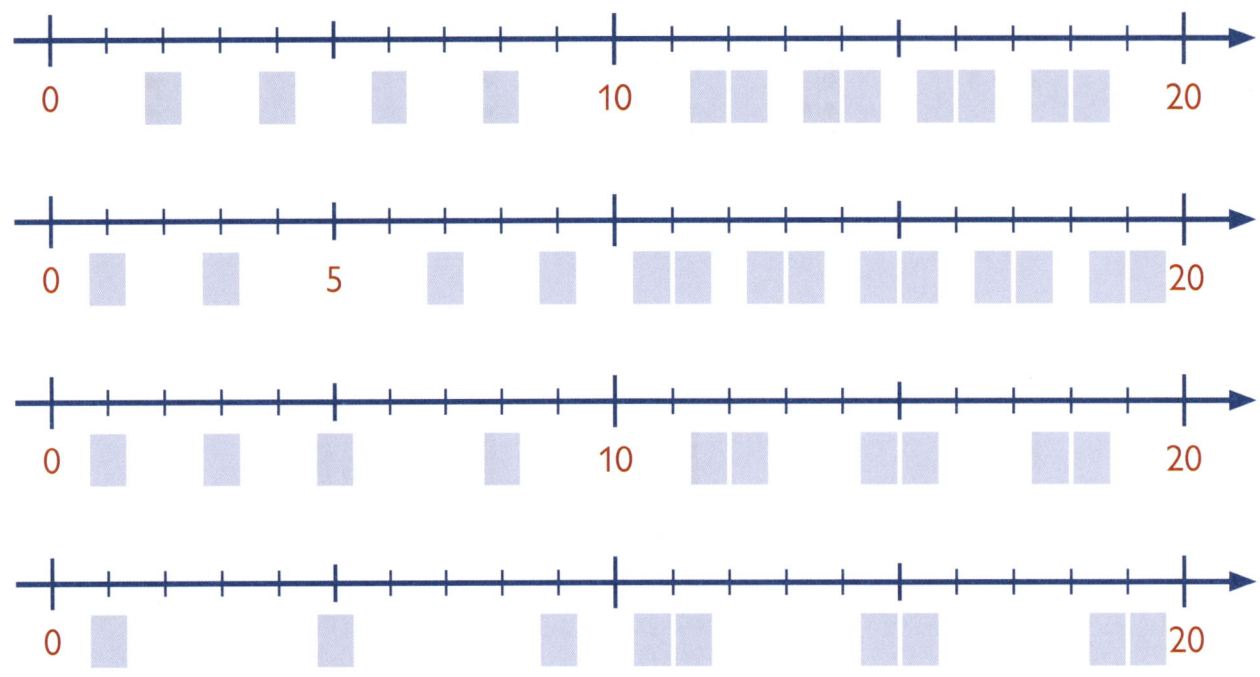

2 Zähle vorwärts in 2er-Schritten.

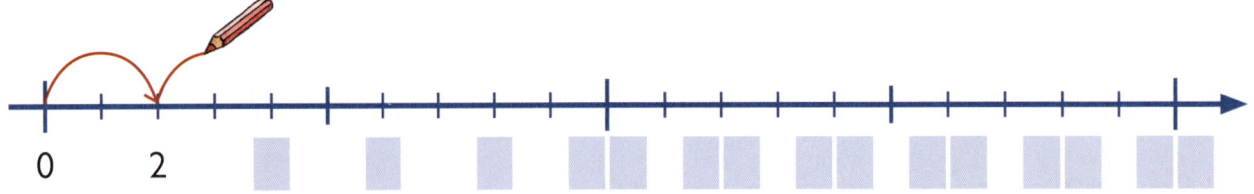

3 Zähle vorwärts in 4er-Schritten.

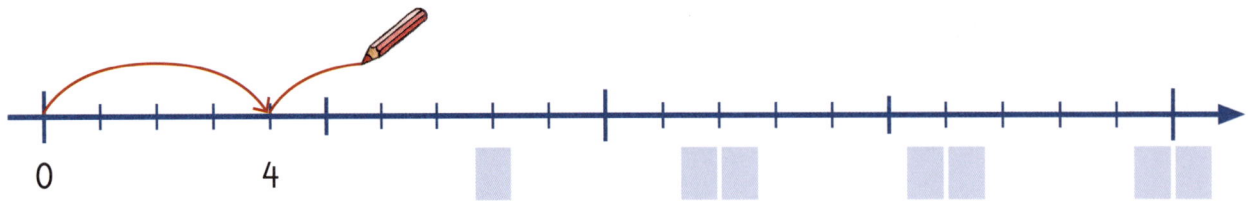

4 Zähle vorwärts in 5er-Schritten.

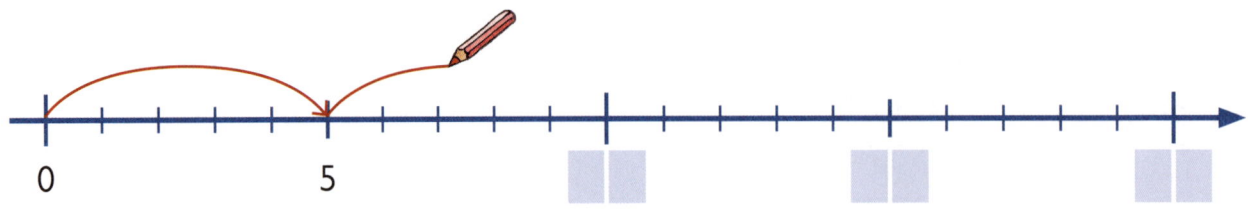

1: Zahlen am Zahlenstrahl ergänzen.   2 bis 4: In Schritten zählen und Zahlen ergänzen.

1 Trage die fehlenden Zahlen ein.

	2	3				7			
11			14		16		18		20

2 Finde die passenden Zahlen.

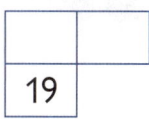 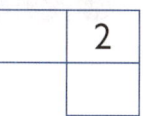

7   4   2
17   14   19

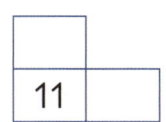 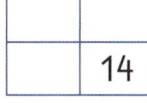 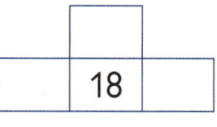 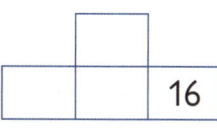

11   14   18   16

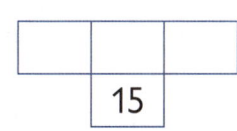 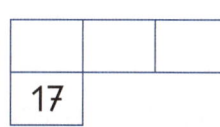

3   15   17   10

3 Wie geht es weiter?

6	8					

17	15						

4 Wahr (w) oder falsch (f)? Kreuze an.

a) $17 < 19$ w   f   b) $14 > 16$ w   f

  $8 > 11$ w   f $19 < 20$ w   f

  $16 > 18$ w   f $12 < 11$ w   f

5 Wahr (w) oder falsch (f)? Kreuze an.

a) $15 > 12$ w   f   b) $18 < 20$ w   f

  $15 > 18$ w   f $16 < 18$ w   f

  $14 > 15$ w   f $16 < 13$ w   f

1, 2: Fehlende Zahlen eintragen.   3: Zahlenreihe vervollständigen.
4, 5: Zahlen vergleichen. Relationszeichen bestätigen oder verneinen.

Addieren und Subtrahieren bis 20 ohne Zehnerübergang

1

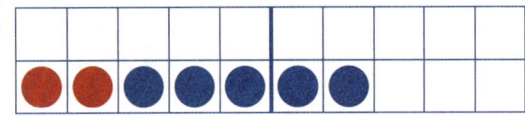

$2 + 5 = \square$

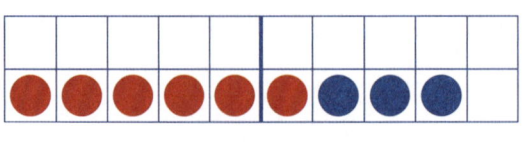

$\square + \square = \square$

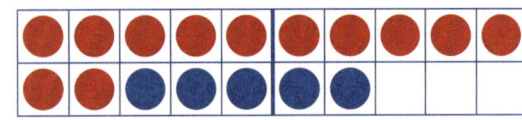

$12 + 5 = \square\square$

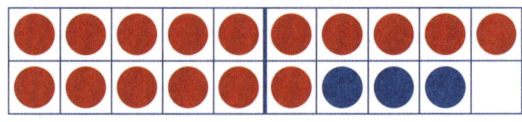

$\square\square + \square = \square\square$

2 Lege erst, rechne dann.

$3 + \square = 8$ $5 + \square = 9$ $4 + \square = 7$

$13 + \square = 18$ $15 + \square = 19$ $14 + \square = 17$

$2 + \square = 6$ $6 + \square = 8$ $7 + \square = 9$

$12 + \square = 16$ $16 + \square = 18$ $17 + \square = 19$

3

$11 + 4 = \square\square$ $13 + 3 = \square\square$ $15 + 2 = \square\square$

$14 + 3 = \square\square$ $10 + 7 = \square\square$ $12 + 4 = \square\square$

$16 + 1 = \square\square$ $14 + 5 = \square\square$ $17 + 3 = \square\square$

$13 + 5 = \square\square$ $12 + 6 = \square\square$ $18 + 2 = \square\square$

4

$13 + 4 = \square\square$ $17 + 3 = \square\square$ $12 + 3 = \square\square$

$14 + 4 = \square\square$ $16 + 3 = \square\square$ $12 + 4 = \square\square$

$15 + 4 = \square\square$ $15 + 3 = \square\square$ $12 + 5 = \square\square$

$16 + 4 = \square\square$ $14 + 3 = \square\square$ $12 + 6 = \square\square$

5

$14 + 4 = \square\square$ $5 + 12 = \square\square$ $15 + 5 = \square\square$

$16 + 2 = \square\square$ $3 + 11 = \square\square$ $13 + 7 = \square\square$

$17 + 1 = \square\square$ $6 + 13 = \square\square$ $18 + 0 = \square\square$

$15 + 3 = \square\square$ $7 + 10 = \square\square$ $14 + 4 = \square\square$

1: Aufgaben den Punktbildern zuordnen und lösen.   2: Summand ergänzen.
3 bis 5: Summe berechnen.

1

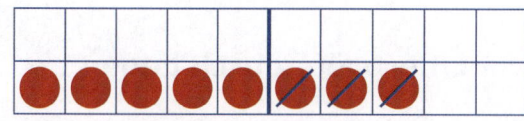

8 − 3 = □

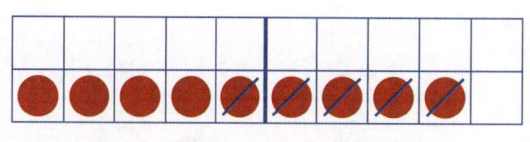

□ − □ = □

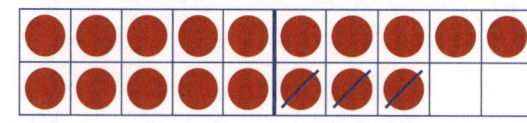

18 − 3 = □□

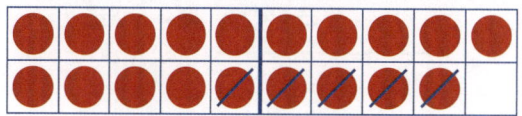

□□ − □ = □□

2 Lege erst, rechne dann.

9 − □ = 6   7 − □ = 3   8 − □ = 4

19 − □ = 16   17 − □ = 13   18 − □ = 14

6 − □ = 3   8 − □ = 1   7 − □ = 0

16 − □ = 13   18 − □ = 11   17 − □ = 10

3

15 − 4 = □□   19 − 3 = □□   15 − 2 = □□

14 − 3 = □□   18 − 7 = □□   18 − 4 = □□

16 − 2 = □□   15 − 5 = □□   17 − 3 = □□

13 − 3 = □□   17 − 6 = □□   19 − 5 = □□

4

19 − 4 = □□   17 − 3 = □□   18 − 3 = □□

18 − 4 = □□   16 − 3 = □□   18 − 4 = □□

17 − 4 = □□   15 − 3 = □□   18 − 5 = □□

16 − 4 = □□   14 − 3 = □□   18 − 6 = □□

5 Ben hat 18 Sammelbilder. Er schenkt Lisa davon 3 Bilder.
Wie viele Sammelbilder hat er noch.

□□ ● □ = □□

Ben hat noch □□ Sammelbilder.

1: Aufgaben den Punktbildern zuordnen und lösen.   2: Subtrahend ergänzen.
3, 4: Differenz berechnen.   5: Aufgabe zum Sachverhalt finden, lösen und antworten.

Addieren und Subtrahieren bis 20 mit Zehnerübergang

1

$8 + 7$?

$2 + 5$

$8 + 2 = \square\square$

$\square\square + 5 = \square\square$

$8 + 7 = \square\square$

Rechne so:

← Zerlege die zweite Zahl.

← Ergänze zum Zehner.

← Addiere den Rest.

Überprüfe durch Legen:

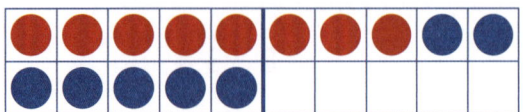

$8 + 7 = \square\square$

2

$8 + 5$

$8 + 2 = \square\square$

$\square\square + \square = \square\square$

$8 + 5 = \square\square$

$7 + 8$

$7 + \square = \square\square$

$\square\square + \square = \square\square$

$7 + 8 = \square\square$

$4 + 7$

$4 + \square = \square\square$

$\square\square + \square = \square\square$

$4 + 7 = \square\square$

3

$7 + 6 = \square\square$

$8 + 4 = \square\square$

$9 + 3 = \square\square$

$5 + 9 = \square\square$

$6 + 6 = \square\square$

$3 + 8 = \square\square$

$9 + 4 = \square\square$

$8 + 6 = \square\square$

$2 + 9 = \square\square$

$7 + 7 = \square\square$

$5 + 6 = \square\square$

$8 + 8 = \square\square$

4

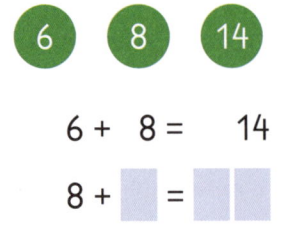

6   8   14

$6 + 8 = 14$

$8 + \square = \square\square$

$14 - 8 = \square$

$\square\square - \square = \square$

7   5   12

$\square + \square = \square\square$

$\square + \square = \square\square$

$\square - \square = \square$

$\square - \square = \square$

13   7   6

$\square + \square = \square\square$

$\square + \square = \square\square$

$\square - \square = \square$

$\square - \square = \square$

5

Freundeaufgabe – Bildet Aufgaben mit + .

Finde Aufgaben mit dem Ergebnis 14.
Dein Lernpartner überprüft mit der Umkehraufgabe.

$\square + \square = \square\square$ $\square + \square = \square\square$

$\square\square - \square = \square$ $\square\square - \square = \square$

1: Rechenweg erfassen.   2: Halbschriftlich addieren.   3: Mündlich addieren.
4: Aufgabenfamilien bilden.   5: Freundeaufgabe – Summen bilden, berechnen, kontrollieren.

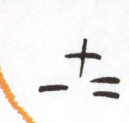

1

$$14 - 6 \qquad ?$$
$$4 + 2$$
$$14 - 4 = \square\square$$
$$\square\square - 2 = \square$$
$$14 - 6 = \square$$

Rechne so:

← Zerlege die zweite Zahl.

← Subtrahiere vom Zehner.

← Subtrahiere den Rest.

Überprüfe durch Legen:

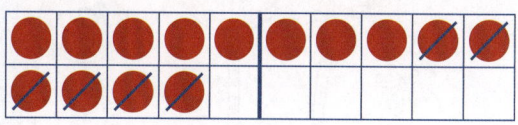

$$14 - 6 = \square$$

2

$$17 - 9$$
$$17 - 7 = \square\square$$
$$\square\square - \square = \square$$
$$17 - 9 = \square$$

$$15 - 7$$
$$15 - \square = \square\square$$
$$\square\square - \square = \square$$
$$15 - 7 = \square$$

$$12 - 8$$
$$12 - \square = \square\square$$
$$\square\square - \square = \square$$
$$12 - 8 = \square$$

3

$$12 - 4 = \square$$
$$13 - 6 = \square$$
$$11 - 5 = \square$$

$$16 - 7 = \square$$
$$11 - 8 = \square$$
$$14 - 9 = \square$$

$$15 - 8 = \square$$
$$14 - 6 = \square$$
$$16 - 9 = \square$$

$$18 - 9 = \square$$
$$13 - 7 = \square$$
$$12 - 6 = \square$$

4

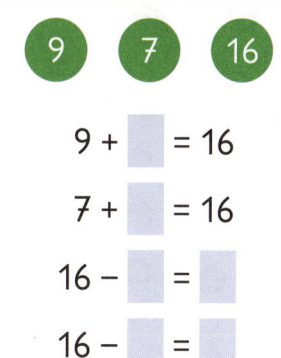

9 7 16

$$9 + \square = 16$$
$$7 + \square = 16$$
$$16 - \square = \square$$
$$16 - \square = \square$$

5 8 13

$$\square + \square = \square\square$$
$$\square + \square = \square\square$$
$$\square\square - \square = \square$$
$$\square\square - \square = \square$$

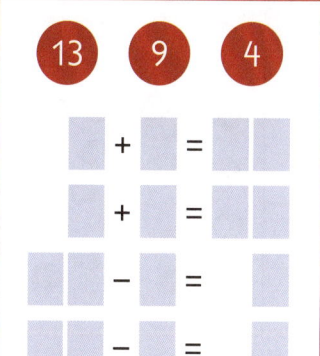

13 9 4

$$\square + \square = \square\square$$
$$\square + \square = \square\square$$
$$\square\square - \square = \square$$
$$\square\square - \square = \square$$

5 **Freundeaufgabe – Bildet Aufgaben mit** .

Finde Aufgaben mit dem Ergebnis 6.
Dein Lernpartner überprüft mit der Umkehraufgabe.

$$\square\square - \square = \square$$
$$\square + \square = \square\square$$

$$\square\square - \square = \square$$
$$\square + \square = \square\square$$

14 15 11 =6 12 8

1: Rechenweg erfassen.   2: Halbschriftlich subtrahieren.   3: Mündlich subtrahieren.
4: Aufgabenfamilien bilden.   5: Freundeaufgabe – Differenzen bilden, berechnen, kontrollieren.

15

Die Zehnerzahlen bis 100

1

2 Kreise immer 10 ein.

30

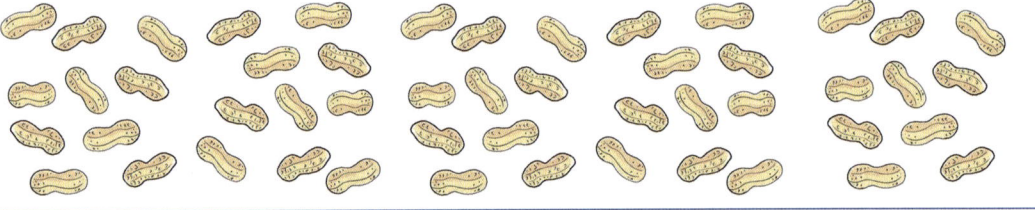

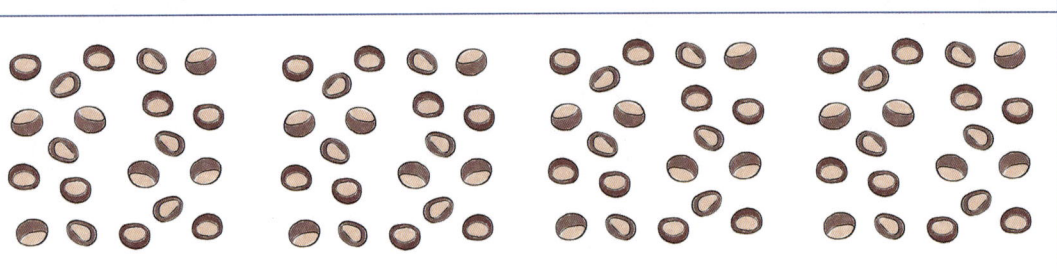

3 Lege, zähle und schreibe.

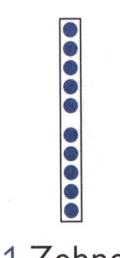
1 Zehner

10

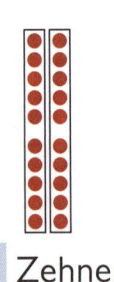
Zehner

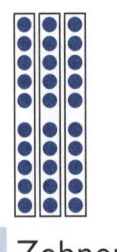
Zehner

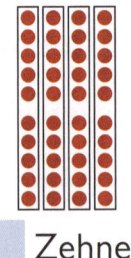
Zehner

Zehner

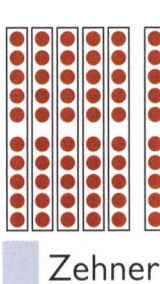
Zehner

1: Zehnerzahlen in der Umwelt erkennen und beschreiben.　2: Bündeln.
3: Zehnerstreifen legen, zählen und schreiben.

1 Baue und zähle.

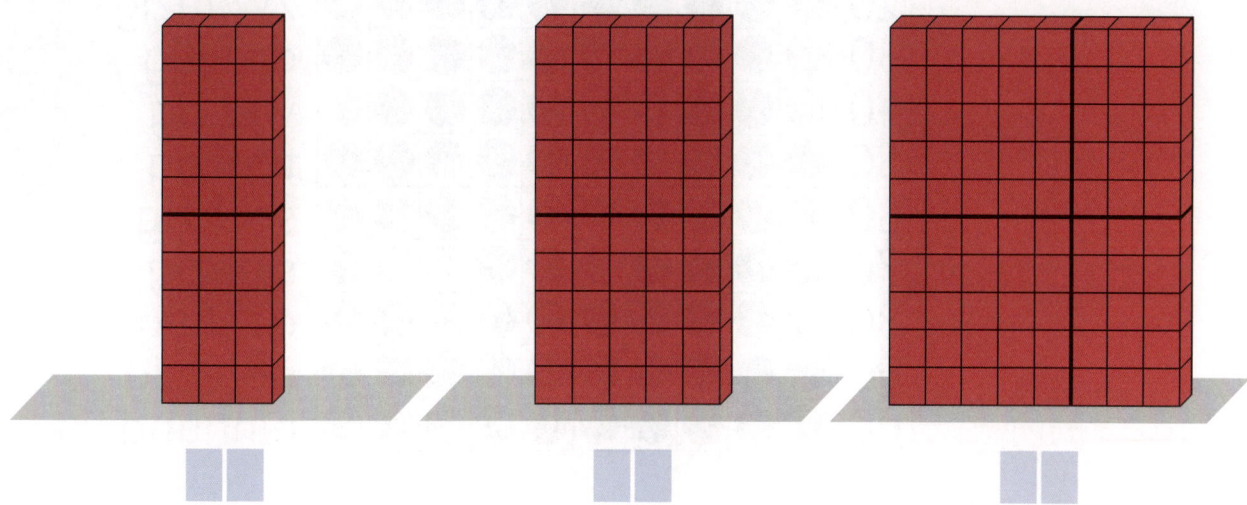

2 Zähle in Zehnerschritten.

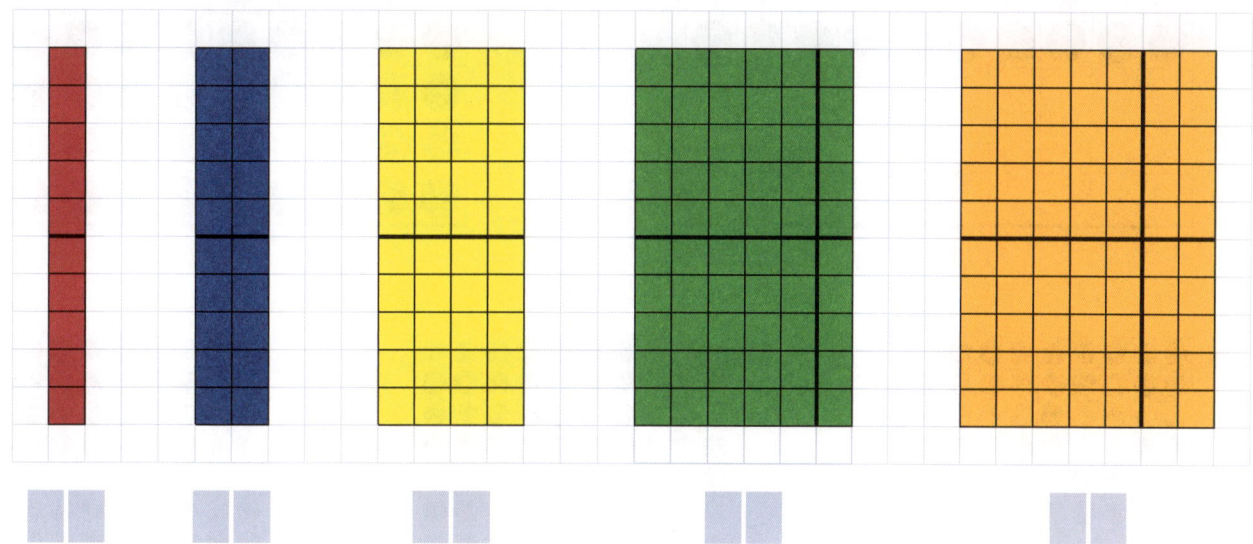

3 Zeichne die Zehner.

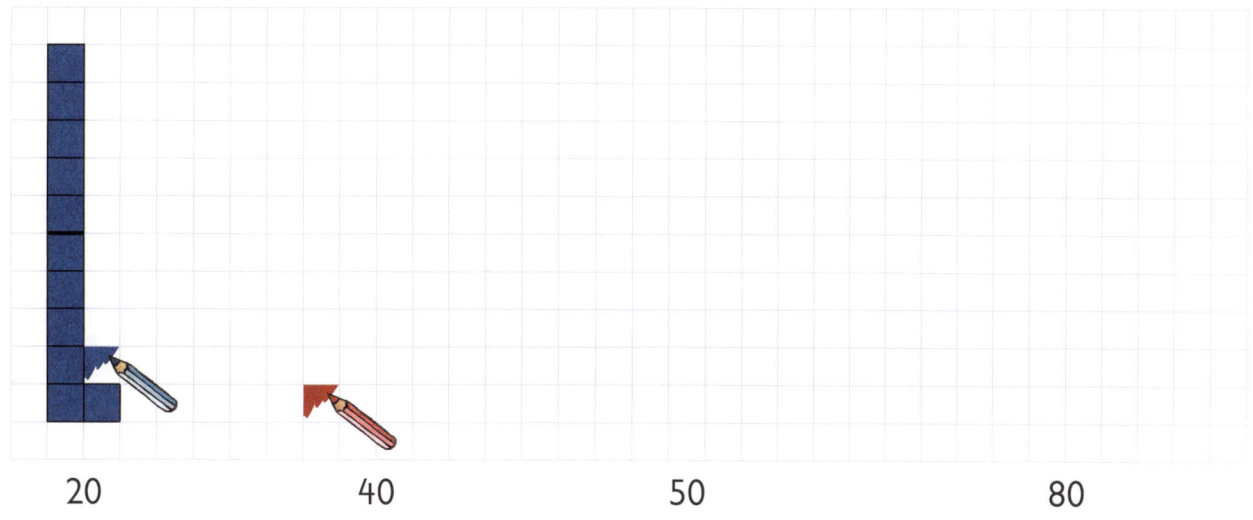

| 20 | 40 | 50 | 80 |

Das Hunderterfeld

10		zehn
20		zwanzig
30		dreißig
40		vierzig
50		fünfzig
60		sechzig
70		siebzig
80		achtzig
90		neunzig
100		einhundert

1 Wie viele Plättchen sind es?

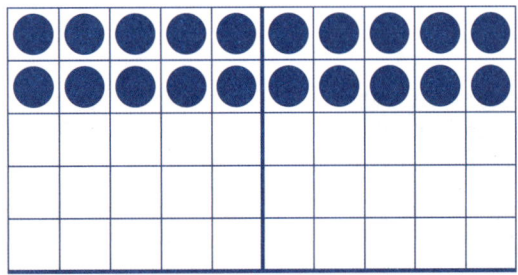

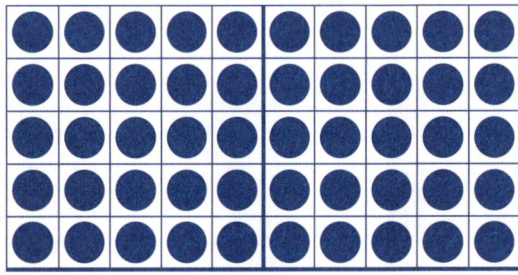

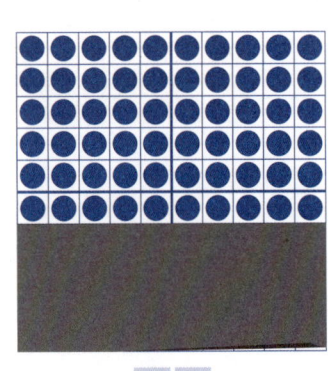

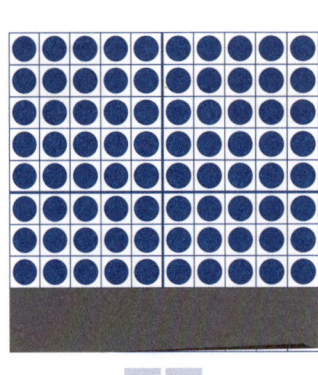

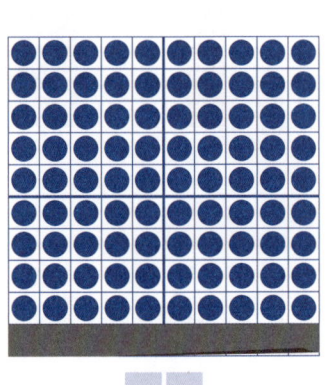

2 Male.

30	60	100

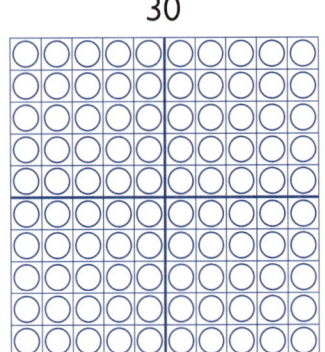

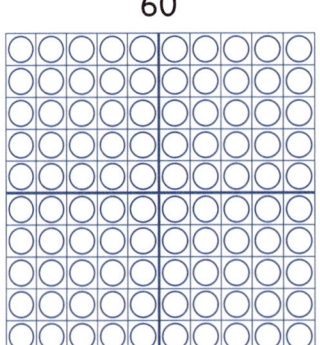

18

1: Zehnerstreifen auf Hunderterfeld legen, zählen und Zehner schreiben.
2: Zehner am Hunderterfeld malen und in Zehnerschritten zählen.

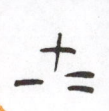

1 Welche Zahl ist dargestellt?

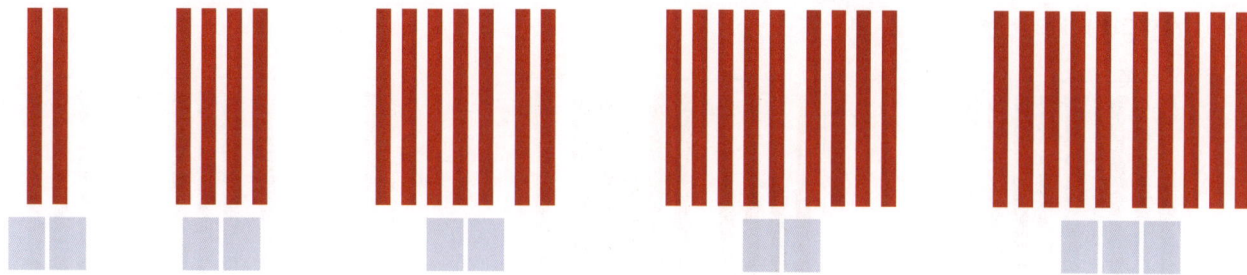

2 Schreibe die Zahl in Geheimschrift.

60	80	50	100	30

3 Ergänze die Zehnerzahlen.

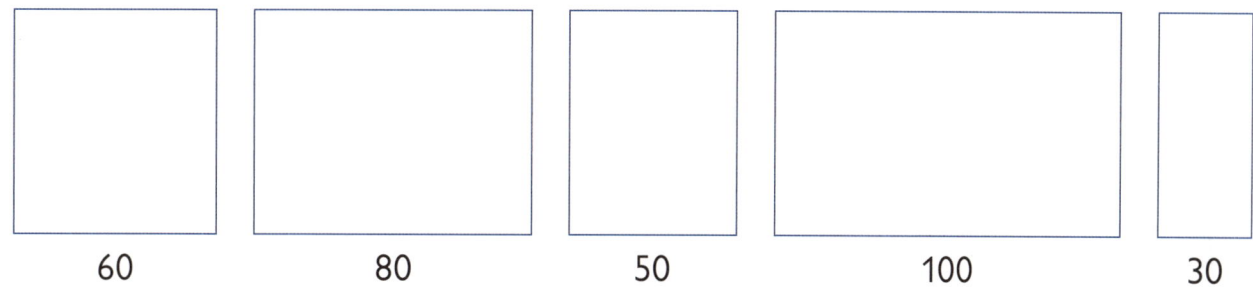

4 Ergänze.

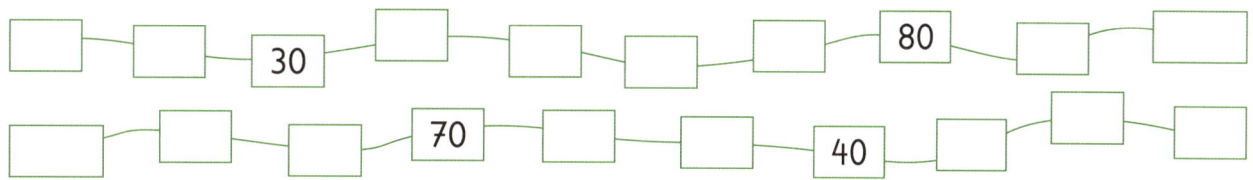

5 Lege mit Zehnerstreifen.

40 20 80 30 50 60 70 30 100

1: Zahl notieren.   2: Anzahlen in Geheimschrift darstellen.
3, 4: Zehnerzahlen ergänzen.   5: Mit Zehnerstreifen legen.

Zehnerzahlen vergleichen

1 Vergleiche.

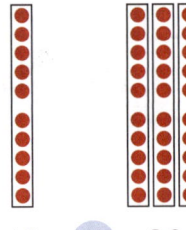

10 ◯ 30

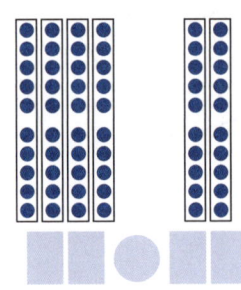

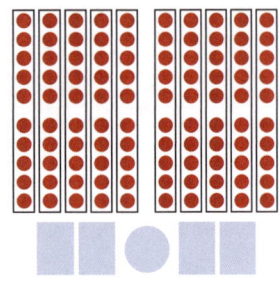

2 Vergleiche.

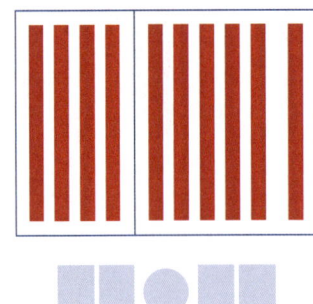

3 Schreibe in Geheimschrift.

40 = 40	60 > 50	30 < 50

20 < 50	60 = 60	70 > 40

4 Vergleiche.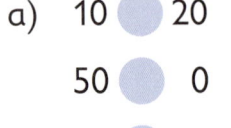

a) 10 ◯ 20

50 ◯ 0

60 ◯ 90

70 ◯ 80

b) 40 ◯ 20

70 ◯ 50

100 ◯ 100

30 ◯ 30

c) 50 ◯ 30

80 ◯ 80

40 ◯ 70

10 ◯ 100

Zehnerzahlen ordnen

1 Zähle in Zehnerschritten.

a) 10, 20,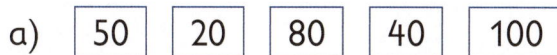

b) 100,

2 Ordne. Beginne mit der größten Zahl.

a) | 50 | 20 | 80 | 40 | 100 |

b) | 100 | 30 | 70 | 60 | 40 |

c) | 90 | 10 | 0 | 50 | 80 |

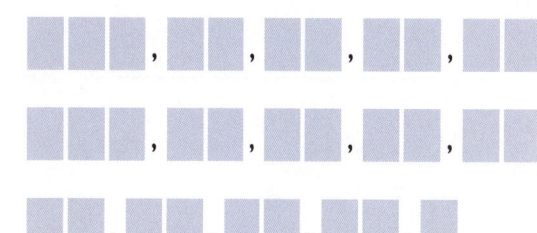

3 Ordne. Beginne mit der kleinsten Zahl.

a) 30   70   10   50   40   0

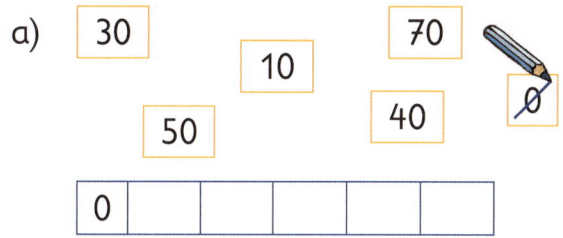

b) 80   100   40   60   90   20

c) 100   20   30   10   90   60

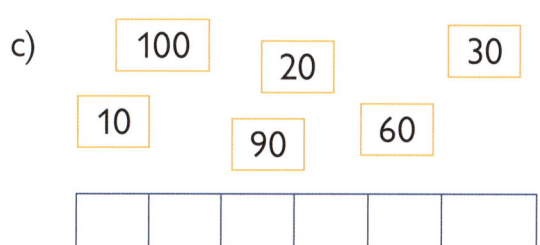

d) 60   40   100   70   30   80

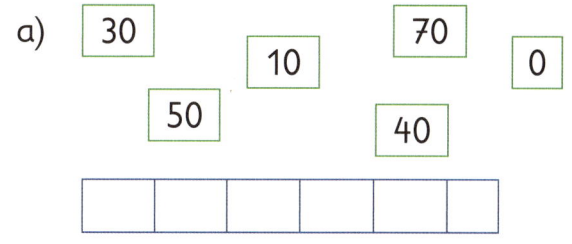

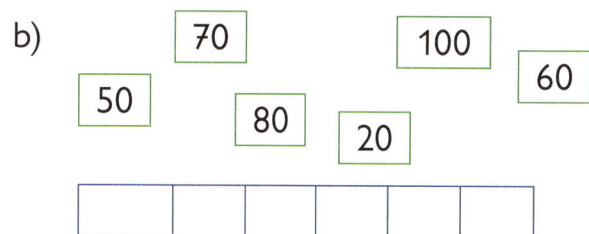

4 Ordne. Beginne mit der größten Zahl.

a) 30   70   10   0   50   40

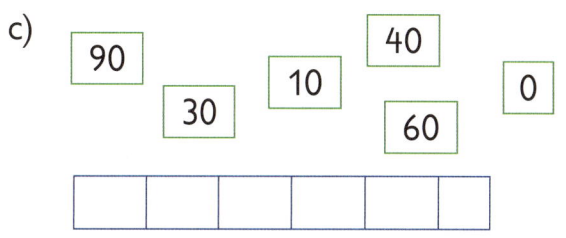

b) 70   100   50   80   20   60

c) 90   40   30   10   0   60

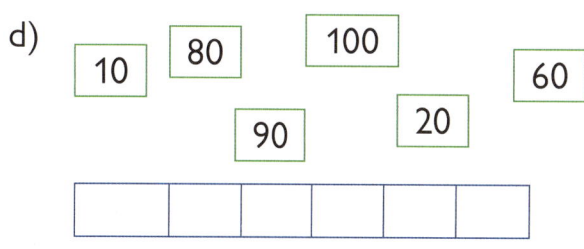

d) 10   80   100   90   20   60

1: Vorwärts, rückwärts in Zehnerschritten zählen und schreiben.
2 bis 4: Zehnerzahlen ordnen und schreiben.

21

Der Zahlenstrahl

1 Trage die fehlenden Zahlen ein.

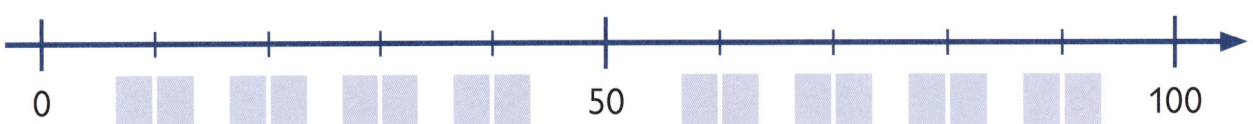

2 Trage nur die Zahlen ein, die größer als 30 sind.

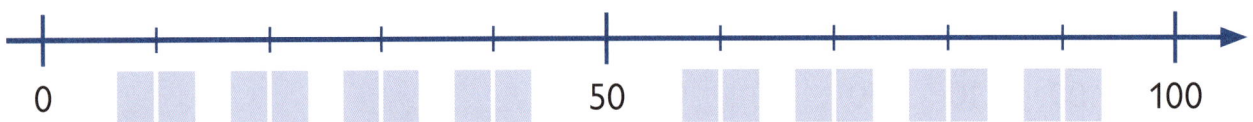

3 Trage nur die Zahlen ein, die kleiner als 70 sind.

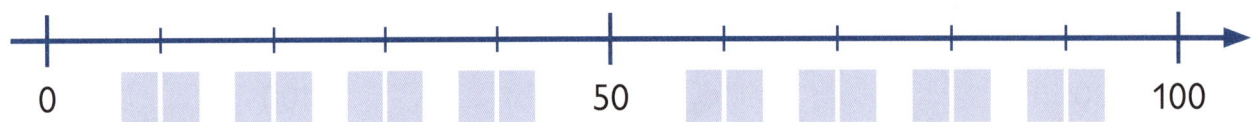

4 Trage die fehlenden Zahlen ein.

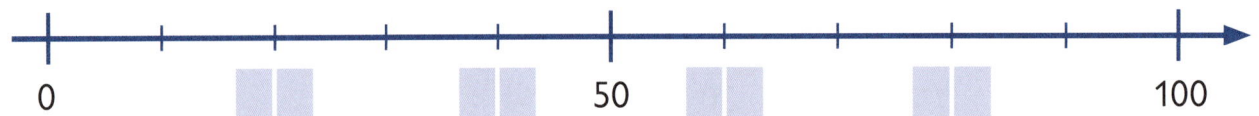

5 Trage nur die Zahlen ein, die größer als 40 sind.

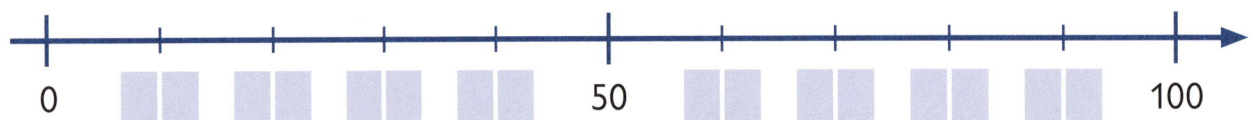

6 Trage nur die Zahlen ein, die kleiner als 60 sind.

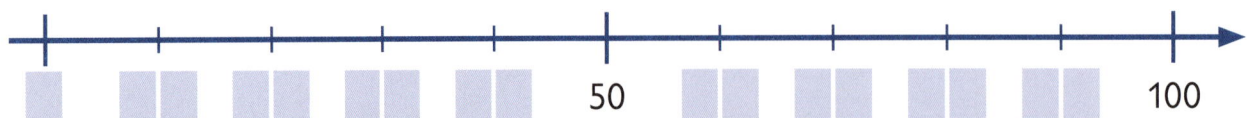

7 Zähle in Zehnerschritten.

a) 40, ▦ , ▦ , ▦ , ▦ , 90   b) 20, ▦ , ▦ , ▦ , 60

c) 100, ▦ , ▦ , ▦ , ▦ , 50   d) 50, ▦ , ▦ , ▦ , 10

1 bis 3: Zehnerzahlen am Zahlenstrahl (vorwärts) lesen, legen und ergänzen.
4 bis 6: Zehnerzahlen am Zahlenstrahl lesen, legen und ergänzen.   7: Fehlende Zehnerzahlen legen und ergänzen.

Addieren und Subtrahieren mit Zehnerzahlen

1 Lege und rechne.

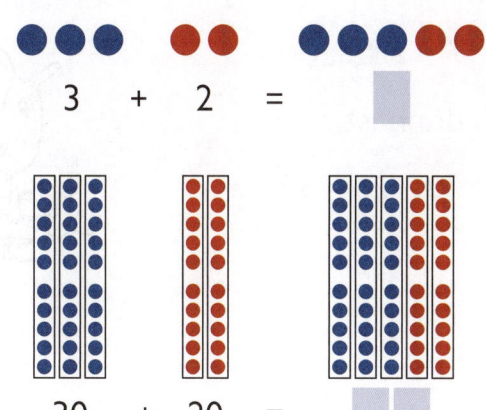

3 + 2 =

30 + 20 =

2 2 + 1 =

20 + 10 =

5 + 2 =

50 + =

6 + 3 =

+ =

3 30 + 10 =

40 + 20 =

50 + 30 =

70 + 10 =

70 + 20 =

70 + 30 =

30 + 30 =

40 + 40 =

50 + 50 =

4

+	10	20	30	40	50
50					

+	10	30	60	40	70
30					

5

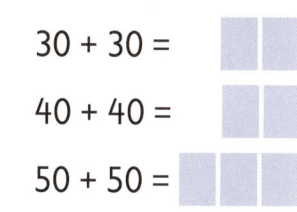

20	50

40	50

10	60

50	0

6

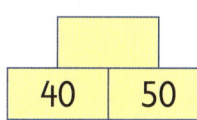
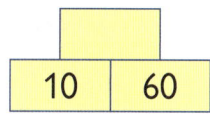
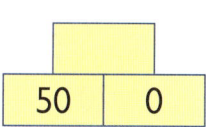

30	40

70	20

30	50

10	90

7

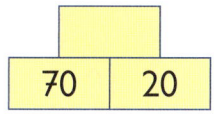
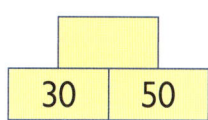
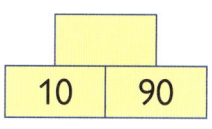

100

30

100

60

100

20

100

10

8

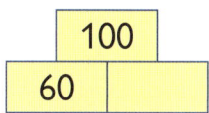
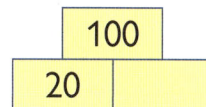
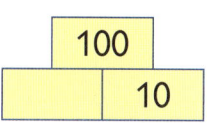
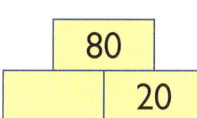

80

10

80

20

70

30

70

50

1, 2: Einstellige Zahlen addieren und auf Zehnerzahlen übertragen, Aufgaben legen und lösen.   3, 4: Zehnerzahlen addieren.
5 bis 8: Zahlenmauern lösen.

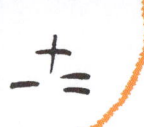

1 Lege und rechne.

7 – 2 = ☐

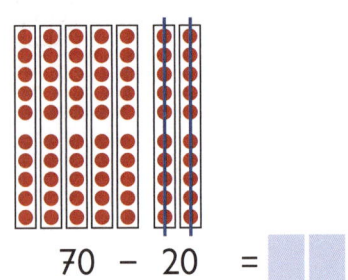

70 – 20 = ☐☐

Wenn

7 – 2 = 5,

dann ist

70 – 20 = 50.

2
4 – 3 = ☐
40 – 30 = ☐☐

6 – 4 = ☐
☐☐ – ☐☐ = ☐☐

8 – 5 = ☐
☐☐ – ☐☐ = ☐☐

3
30 – 10 = ☐☐
40 – 20 = ☐☐
50 – 30 = ☐☐

60 – 30 = ☐☐
60 – 40 = ☐☐
60 – 50 = ☐☐

80 – 40 = ☐☐
40 – 20 = ☐☐
60 – 30 = ☐☐

4

–	30	40	50	60	70
70					

–	30	60	80	20	70
100					

5

50	
20	

50	
40	

60	
	20

60	
	30

6

80	
	40

80	
50	

80	
60	

80	
	70

7

90	
20	

90	
50	

90	
	60

90	
	90

8

70	
0	

70	
	50

70	
40	

70	
	60

1, 2: Einstellige Zahlen subtrahieren und auf Zehnerzahlen übertragen, Aufgaben legen und lösen.
3, 4: Zehnerzahlen subtrahieren. 5 bis 8: Zahlenmauern lösen.

1 a)

+	20	30	40	50
30				
40				

b)

–	10	30	50	80
90				
100				

2 a)

+	10	30	
20		70	90
30			

b)

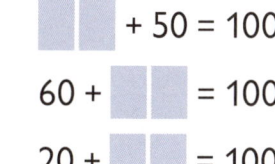

–	30	50	
80		20	0
100			

3 a) 50 + 30 + 10 =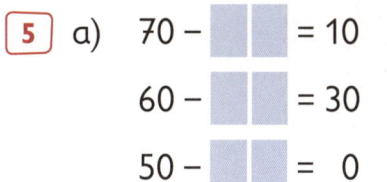

20 + 40 + 20 =

30 + 50 + 20 =

10 + 60 + 30 =

b) 80 – 20 – 40 =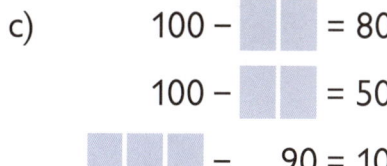

60 – 30 – 20 =

100 – 50 – 30 =

100 – 40 – 40 =

4 a) 50 + ▢▢ = 90

30 + ▢ = 60

70 + ▢ = 80

10 + ▢ = 40

b) ▢▢ + 40 = 60

▢ + 30 = 80

▢ + 50 = 70

▢ + 20 = 50

c) ▢▢ + 30 = 100

▢ + 50 = 100

60 + ▢▢ = 100

20 + ▢ = 100

5 a) 70 – ▢▢ = 10

60 – ▢ = 30

50 – ▢ = 0

90 – ▢ = 40

b) ▢▢ – 40 = 20

▢ – 60 = 30

▢ – 80 = 0

▢ – 60 = 10

c) 100 – ▢▢ = 80

100 – ▢ = 50

▢▢▢ – 90 = 10

▢▢ – 40 = 40

6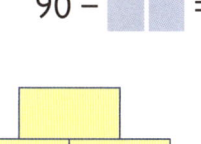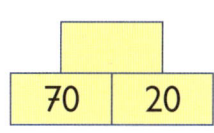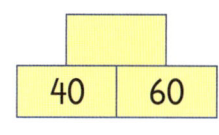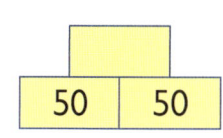

7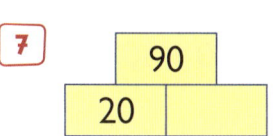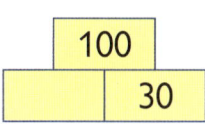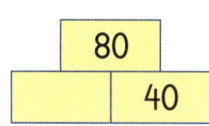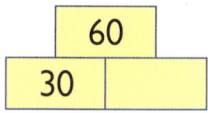

8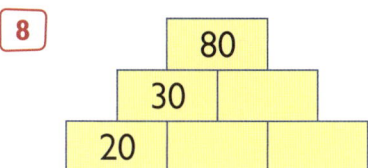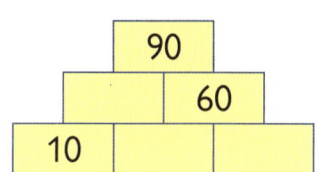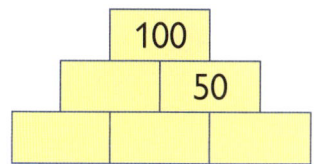

1: Summe / Differenz berechnen.   2: Summe / Differenz bzw. Summand / Subtrahend berechnen.   3: Rechnen mit drei Zahlen.
4, 5: Platzhalter an verschiedenen Stellen berechnen.   6 bis 8: Zahlenmauern lösen.

25

Tauschaufgaben und Umkehraufgaben

1

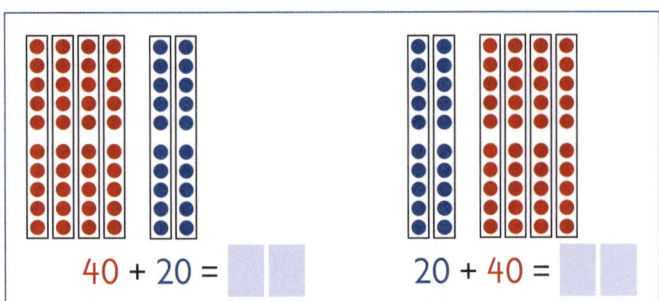

40 + 20 = ☐☐   20 + 40 = ☐☐

40 + 10 = ☐☐
10 + 40 = ☐☐
20 + 60 = ☐☐
60 + 20 = ☐☐

2
20 + 80 = ☐☐   70 + 20 = ☐☐   30 + 40 = ☐☐
☐☐ + ☐☐ = ☐☐   ☐☐ + ☐☐ = ☐☐   ☐☐ + ☐☐ = ☐☐

50 + 40 = ☐☐   40 + 60 = ☐☐   90 + 10 = ☐☐☐
☐☐ + ☐☐ = ☐☐   ☐☐ + ☐☐ = ☐☐   ☐☐ + ☐☐ = ☐☐☐

3

 5 + 2 = ☐   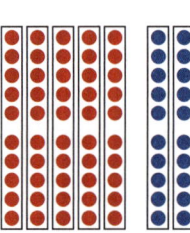 50 + 20 = ☐☐

 7 − 2 = ☐   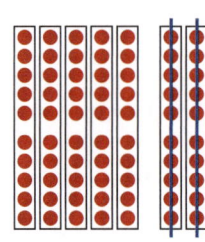 70 − 20 = ☐☐

4 20 + 30 = ☐☐   70 + 10 = ☐☐   60 + 30 = ☐☐
50 − 30 = ☐☐   80 − 10 = ☐☐   90 − 30 = ☐☐

5 80 − 50 = ☐☐   90 − 60 = ☐☐   50 − 40 = ☐☐
30 + 50 = ☐☐   30 + 60 = ☐☐   10 + 40 = ☐☐

6 Schreibe zu jeder Aufgabe die Umkehraufgabe auf.

40 + 20 = ☐☐   80 − 50 = ☐☐   70 + 20 = ☐☐
☐☐ − ☐☐ = ☐☐   ☐☐ + ☐☐ = ☐☐   ☐☐ − ☐☐ = ☐☐

1, 2: Tauschaufgaben erkennen und lösen.   3 bis 5: Aufgabe und Umkehraufgabe lösen.
6: Umkehraufgabe finden. Aufgaben lösen.

Aufgabenfamilien

1 a)

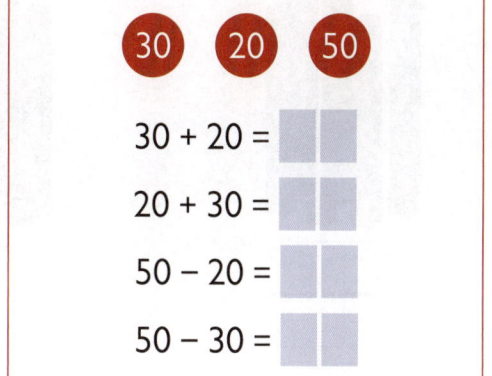

30 + 20 = ▮▮

20 + 30 = ▮▮

50 − 20 = ▮▮

50 − 30 = ▮▮

b)

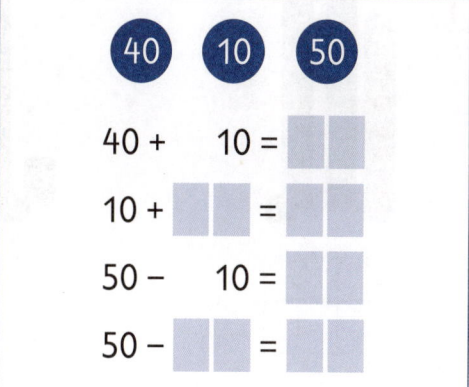

40 + 10 = ▮▮

10 + ▮▮ = ▮▮

50 − 10 = ▮▮

50 − ▮▮ = ▮▮

2 a)

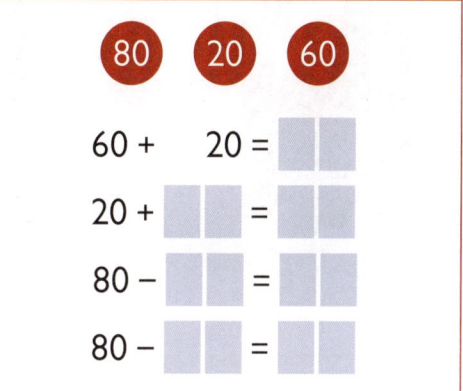

60 + 20 = ▮▮

20 + ▮▮ = ▮▮

80 − ▮▮ = ▮▮

80 − ▮▮ = ▮▮

b)

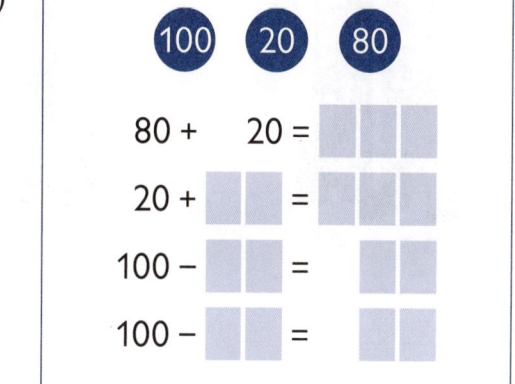

80 + 20 = ▮▮▮

20 + ▮▮ = ▮▮▮

100 − ▮▮ = ▮▮

100 − ▮▮ = ▮▮

3 a)

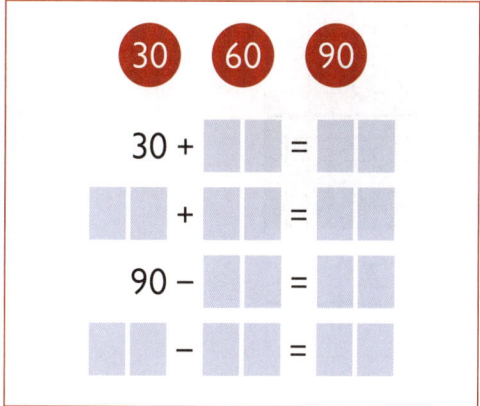

30 + ▮▮ = ▮▮

▮▮ + ▮▮ = ▮▮

90 − ▮▮ = ▮▮

▮▮ − ▮▮ = ▮▮

b)

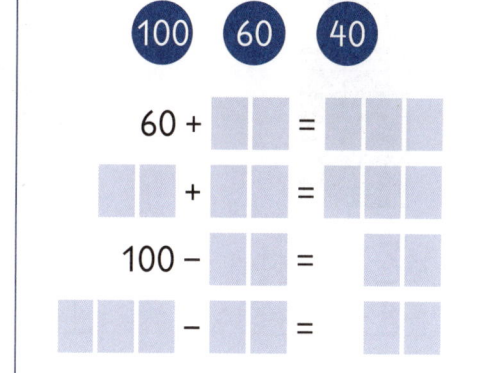

60 + ▮▮ = ▮▮▮

▮▮ + ▮▮ = ▮▮

100 − ▮▮ = ▮▮

▮▮▮ − ▮▮ = ▮▮

4 a)

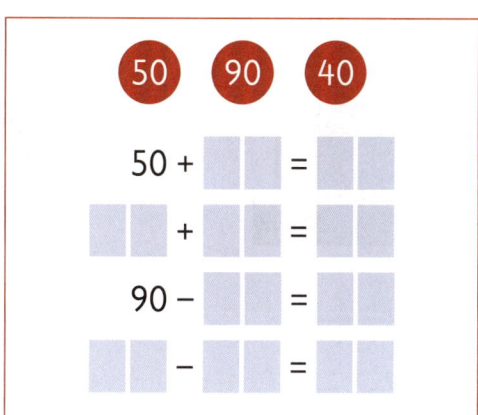

50 + ▮▮ = ▮▮

▮▮ + ▮▮ = ▮▮

90 − ▮▮ = ▮▮

▮▮ − ▮▮ = ▮▮

b)

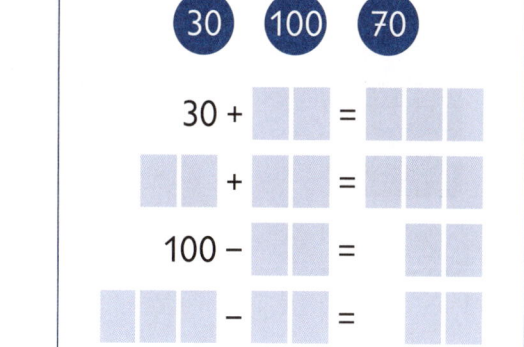

30 + ▮▮ = ▮▮▮

▮▮ + ▮▮ = ▮▮▮

100 − ▮▮ = ▮▮

▮▮ − ▮▮ = ▮▮

Alle Zahlen bis 100

1

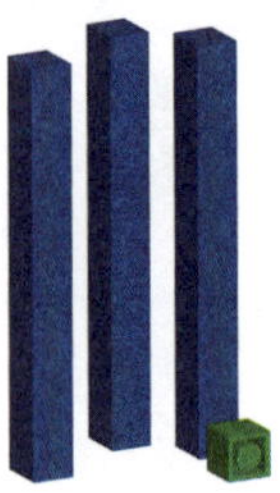

Z	E
3	1

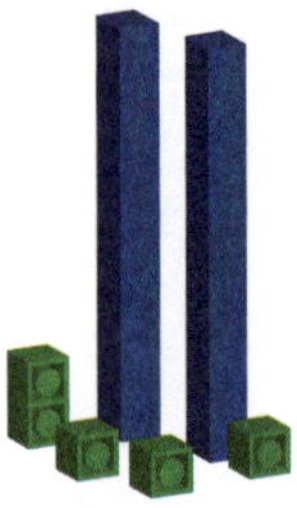

Z	E

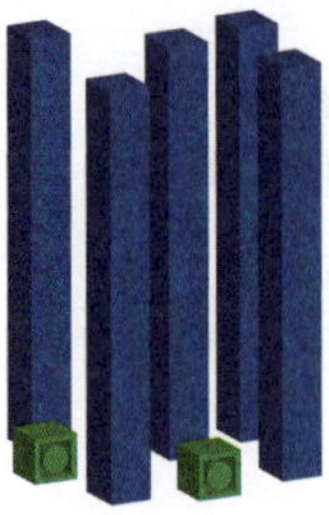

Z	E

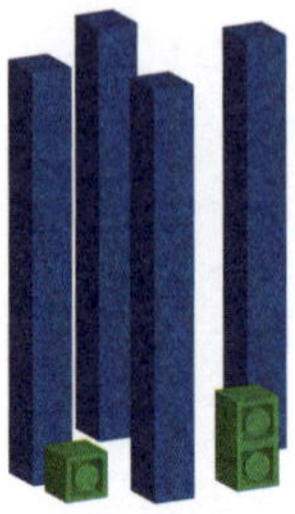

Z	E

2

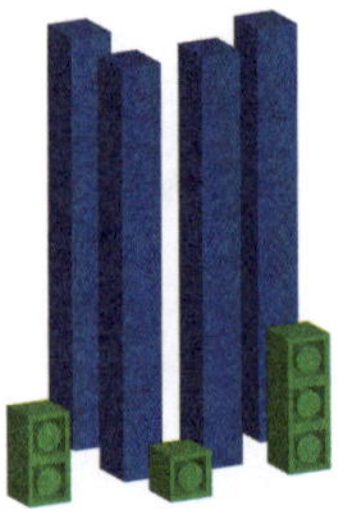

Z	E

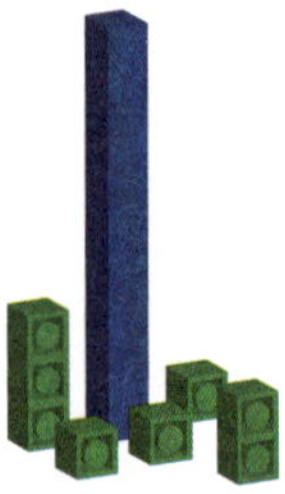

Z	E

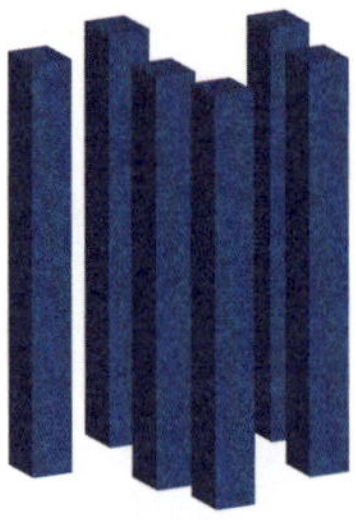

Z	E

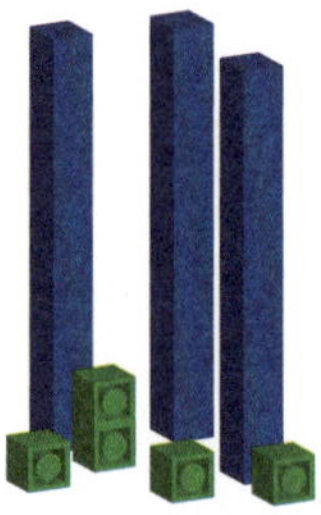

Z	E

3

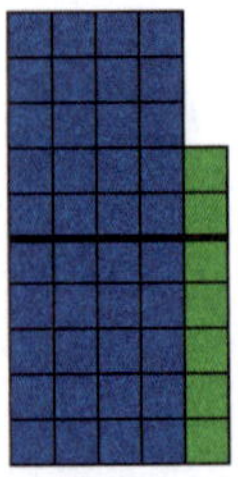

Z	E
4	7

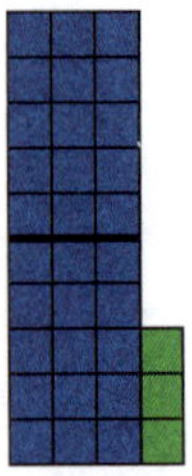

Z	E

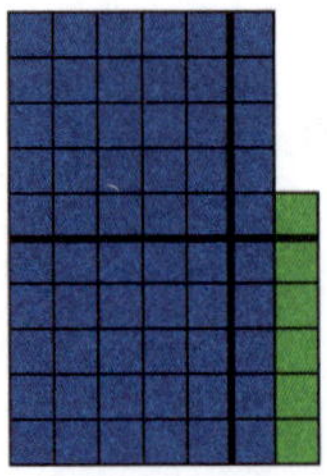

Z	E

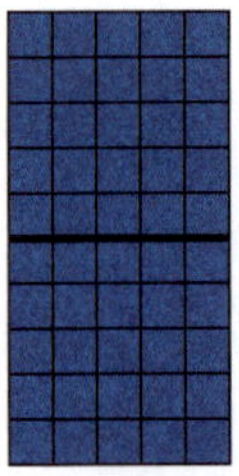

Z	E

4

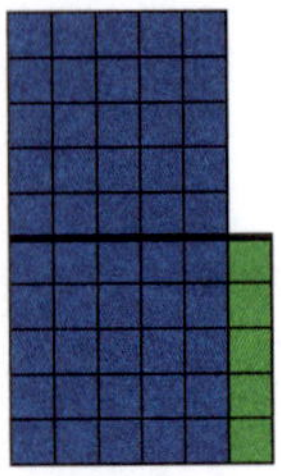

Z	E

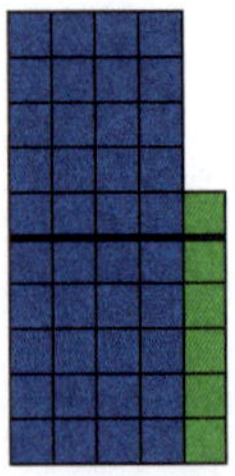

Z	E

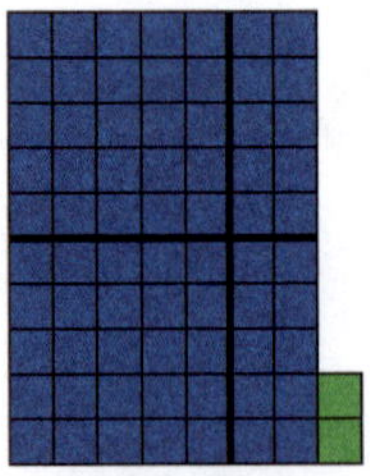

Z	E

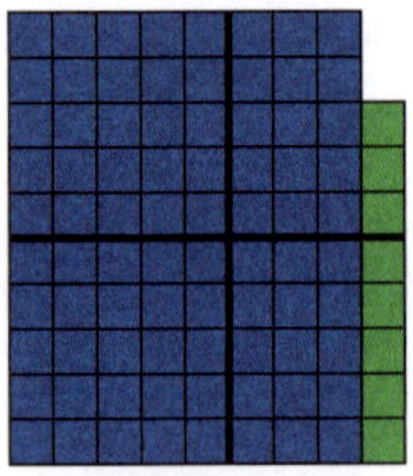

Z	E

1

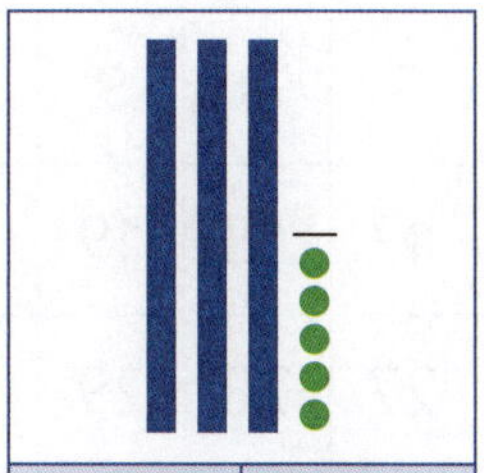

Z	E
3	5

Z	E

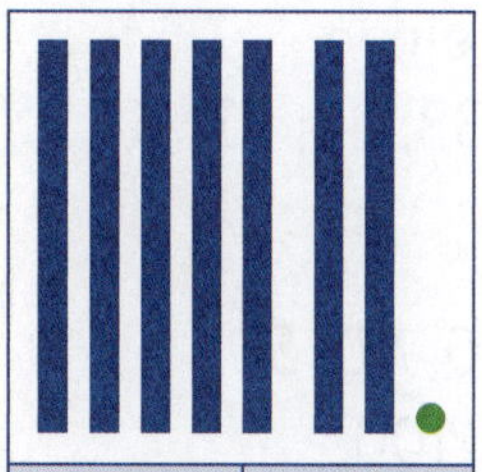

Z	E

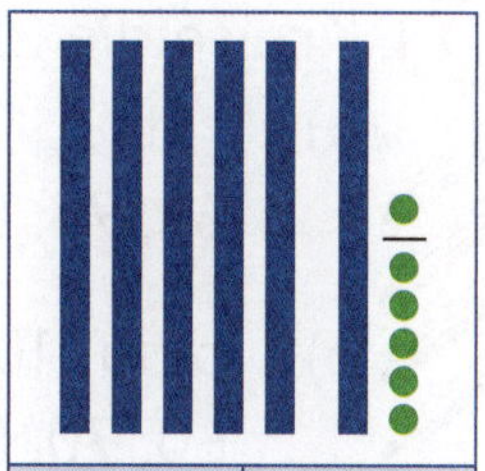

Z	E

2 a)

67   23   18   32

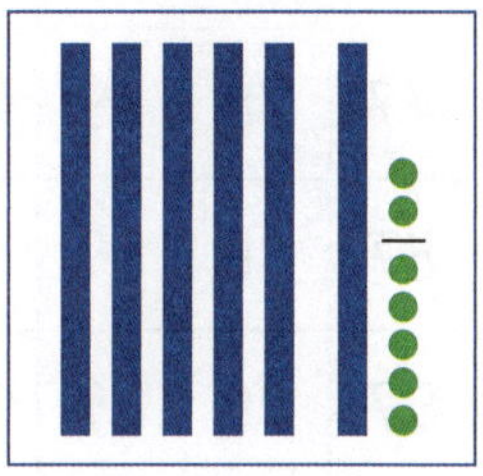

b)

47   34   25   52

c)

43   61   16   55

3

	Z	E
19	1	9
26		
34		

	Z	E
48		
50		
63		

	Z	E
77		
82		
94		

4 Lege und nenne die Zahl.

52, 94, 15, 86, 26, 40, 99, 48, 68, 73, 33, 76

1: Zehner, Einer und Zahl bestimmen.   2: Zehner und Einer nach Vorgabe zeichnen.   3: Zahlen in Zehner und Einer zerlegen.
4: Zahlen legen und nennen.

1 Kreise die Zahlen ein.

a) rot: 3, 13, 23, 33, 43, 53, 63, 73, 83, 93

b) blau: 10, 20, 30, 40, 50, 60, 70, 80, 90, 100

c) grün: 51, 52, 53, 54, 55, 56, 57, 58, 59, 60

d) gelb: 1, 12, 23, 34, 45, 56, 67, 78, 89, 100

Was fällt dir auf?

1	2	3	4	5	6	7	8	9	10
11	12	13	14	15	16	17	18	19	20
21	22	23	24	25	26	27	28	29	30
31	32	33	34	35	36	37	38	39	40
41	42	43	44	45	46	47	48	49	50
51	52	53	54	55	56	57	58	59	60
61	62	63	64	65	66	67	68	69	70
71	72	73	74	75	76	77	78	79	80
81	82	83	84	85	86	87	88	89	90
91	92	93	94	95	96	97	98	99	100

2 Trage die fehlenden Zahlen ein.

a)
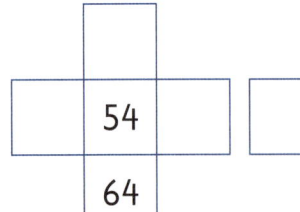
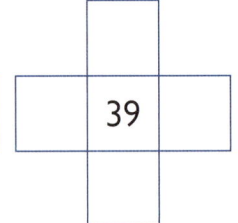
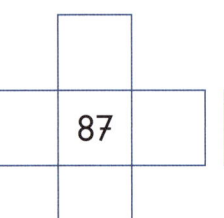

b)
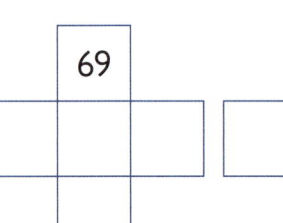
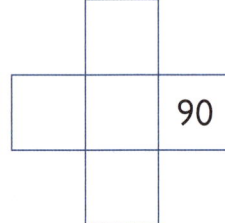

c)
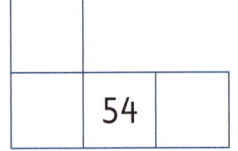
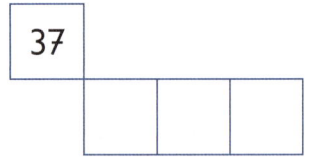

d)
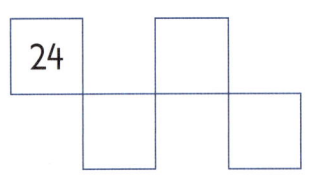
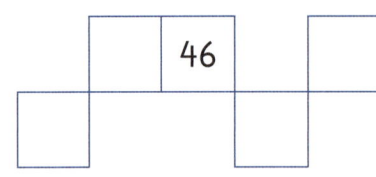

1: Zahlen nach Vorgabe färben, Struktur der Hundertertafel erkennen.
2: Fehlende Zahlen eintragen, Hundertertafel nutzen.

1 Trage die Zahlen ein.

51	52	53	54	55
61				
71				
81				
91				

72
64
95
83
74

1				5
		23		
			35	
	42			

14
3
22
31
45

2 Ordne den Symbolen die richtigen Zahlen zu.

1	2		4	5
	★			
21		✚		
			♥	
41				▲

★ ☐
✚ ☐
♥ ☐
▲ ☐

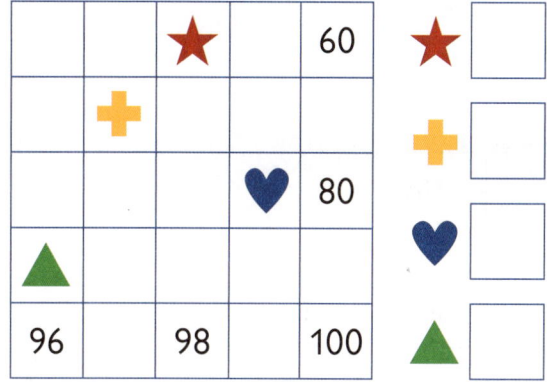

★ ☐
✚ ☐
♥ ☐
▲ ☐

3 a) Trage in die farbigen Felder die passenden Zahlen ein.

b) Schreibe die Zahlen der blauen Felder auf.

c) Notiere zu jeder dieser Zahlen den Nachfolger.

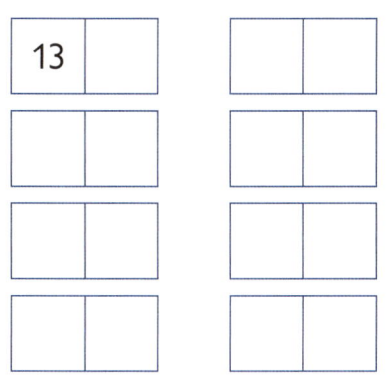

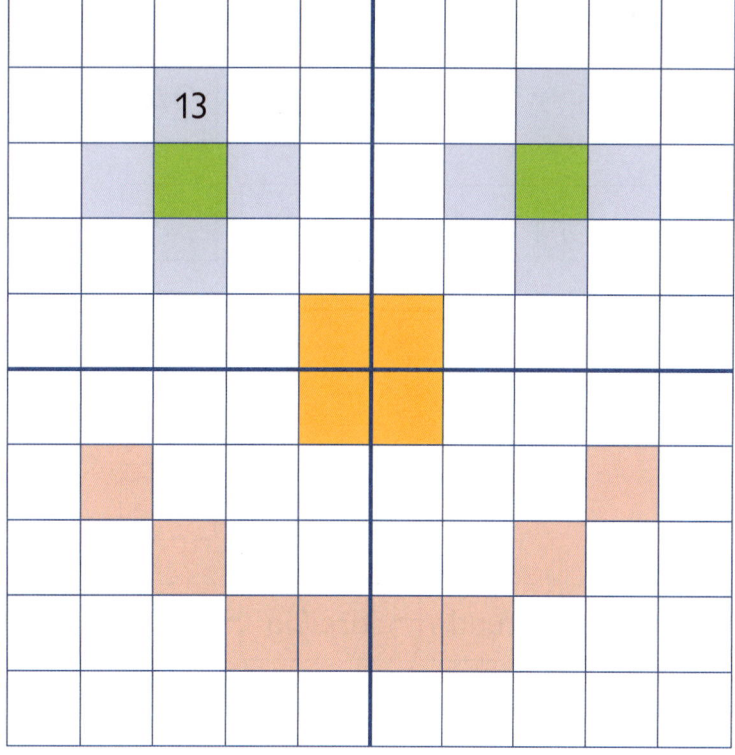

1: Angegebene Zahlen eintragen.   2: Den Symbolen die Zahlen in der Hundertertafel zuordnen.
3: Fehlende Zahlen nach Vorgabe eintragen. Nachfolger angeben.

31

1

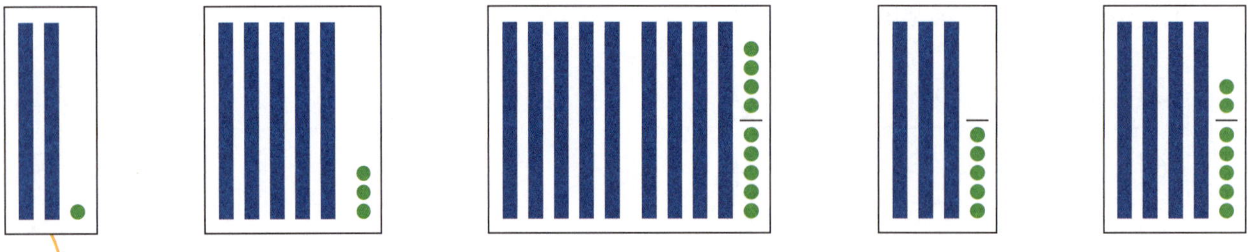

21 35 53 99 47

einundzwanzig   siebenundvierzig   neunundneunzig

dreiundfünfzig   fünfunddreißig

2

ein			31
drei	und	dreißig	3
neun			3

zwei			72
fünf	und	siebzig	7
acht			7

3

		zwanzig	24
vier	und	fünfzig	4
		achtzig	4

		vierzig	
sechs	und	sechzig	
		neunzig	

4

		sechzig	
fünf	und	dreißig	
		achtzig	

		siebzig	
sieben	und	achtzig	
		fünfzig	

1 Zähle vorwärts.

| 37 | | | | | | | 45 | | | |

| 89 | | | | | | | | | | |

2 Zähle rückwärts.

| 50 | | | | | | | 42 | | | |

| 100 | | | | | | | | | | |

3 Finde die fehlenden Zahlen.

| 43 | | | | | 29 | | | | | 61 | | | 37 | |

| | | 100 | | | 50 | | | | | 95 |

| | 69 | | | | | | 72 | | | | 88 | |

4 Trage ein: ~~12~~, 87, 78, 96, 21, 43, 55, 34, 69.

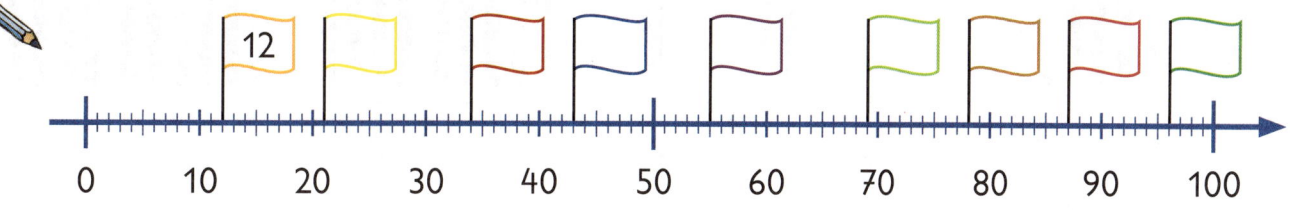

5

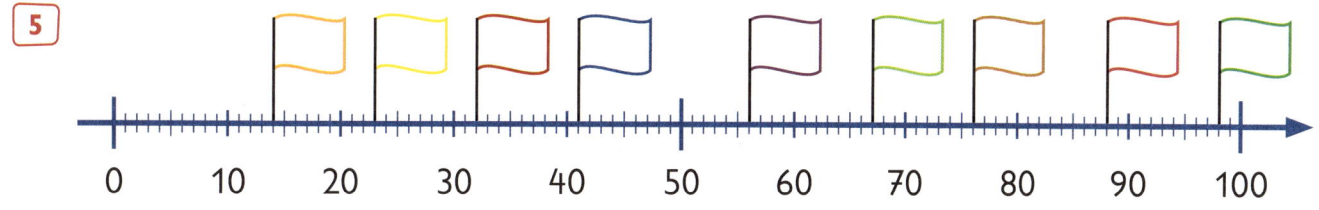

6

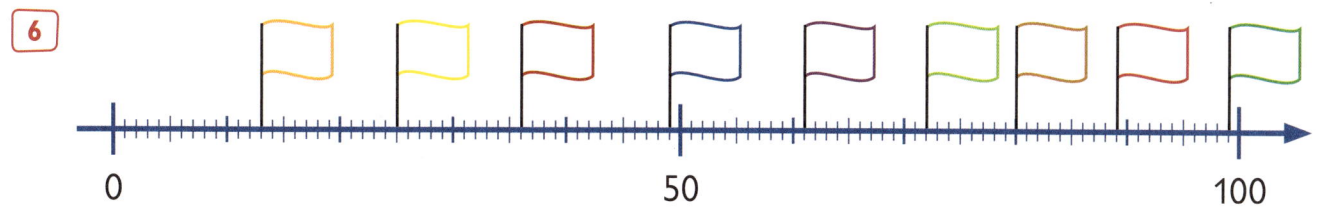

1, 2: Zahlenreihen fortsetzen.   3: Fehlende Zahlen eintragen.   4 bis 6: Zahlen eintragen.

33

Vergleichen und Ordnen der Zahlen bis 100

1 Zähle, zeichne, schreibe und vergleiche. < , = , >

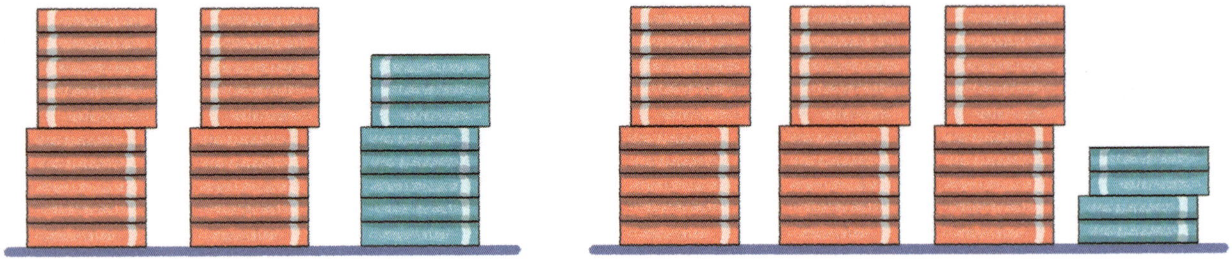

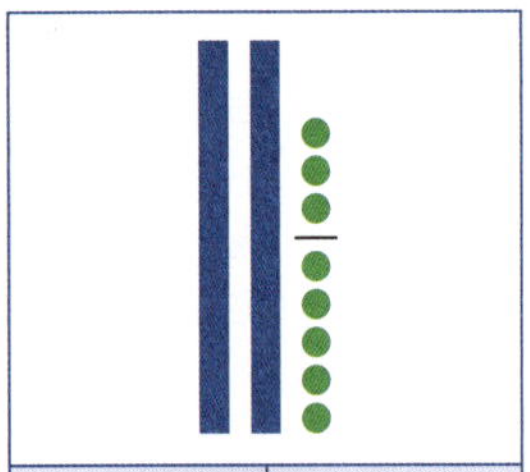

Z	E
2	8

Z	E

28 ⬭ ▢ ▢

2

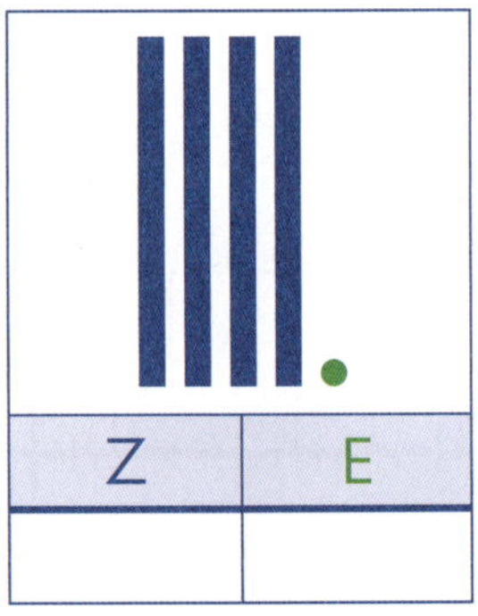

Z	E

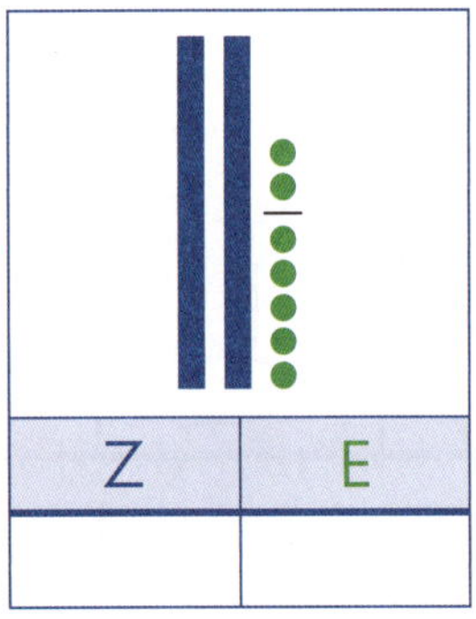

Z	E

▢ ▢ ⬭ ▢ ▢

Z	E

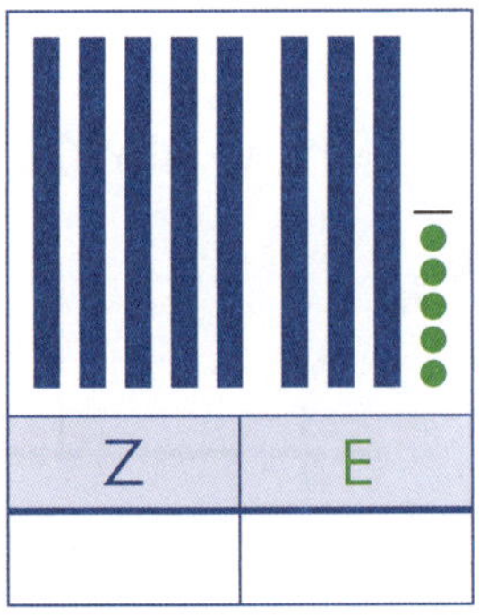

Z	E

▢ ▢ ⬭ ▢ ▢

3

Z	E
1	7

Z	E
3	2

▢ ▢ ⬭ ● ▢

Z	E
5	3

Z	E
3	5

▢ ▢ ⬭ ● ▢

1: Anzahl in Geheimschrift angeben, Zahlen zuordnen, vergleichen, Relationszeichen setzen.
2: Zahlen zuordnen, vergleichen, Relationszeichen setzen.   3: Anzahl in Geheimschrift angeben, Zahlen vergleichen, Relationszeichen setzen.

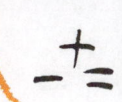

1 Vergleiche. < , = , >

a) 31 ⬤ 51   b) 45 ⬤ 24   c) 61 ⬤ 72   d) 94 ⬤ 100

29 ⬤ 30   47 ⬤ 76   87 ⬤ 87   77 ⬤ 44

89 ⬤ 98   55 ⬤ 61   100 ⬤ 89   54 ⬤ 45

Trage eine passende Zahl ein.

2 a) 25 = ⬛⬛   b) 59 = ⬛⬛   c) 70 > ⬛⬛   d) 99 < ⬛⬛⬛

25 < ⬛⬛   59 < ⬛⬛   70 = ⬛⬛   99 > ⬛⬛

25 > ⬛⬛   59 > ⬛⬛   70 < ⬛⬛   99 = ⬛⬛

3 a) ⬛⬛ = 32   b) ⬛⬛ > 69   c) ⬛⬛ < 84   d) ⬛⬛ < 100

⬛⬛ < 32   ⬛⬛ = 69   ⬛⬛ > 84   ⬛⬛⬛ = 100

⬛⬛ > 32   ⬛⬛ < 69   ⬛⬛ = 84   ⬛⬛ < 100

4 a)

52 37
49 60
78 53
25 31

50 > 25, ⬛⬛ , ⬛⬛ , ⬛⬛

50 < ⬛⬛ , ⬛⬛ , ⬛⬛ , ⬛⬛

b)

49 77
74 27 47
86 95 92

76 > ⬛⬛ , ⬛⬛ , ⬛⬛ , ⬛⬛

76 < ⬛⬛ , ⬛⬛ , ⬛⬛ , ⬛⬛

c)

15 30 23
33 27
31 51 42

32 > ⬛⬛ , ⬛⬛ , ⬛⬛ , ⬛⬛ , ⬛⬛

32 < ⬛⬛ , ⬛⬛ , ⬛⬛ ,

d)

80 90
89 38 84
79 97 86

85 > ⬛⬛ , ⬛⬛ , ⬛⬛ , ⬛⬛

85 < ⬛⬛ , ⬛⬛ , ⬛⬛ , ⬛⬛

1: Zahlen vergleichen, Relationszeichen setzen.   2, 3: Eine passende Zahl zur Relation finden.
4: Zahlen der Relation zuordnen.

35

1 Ordne zu.

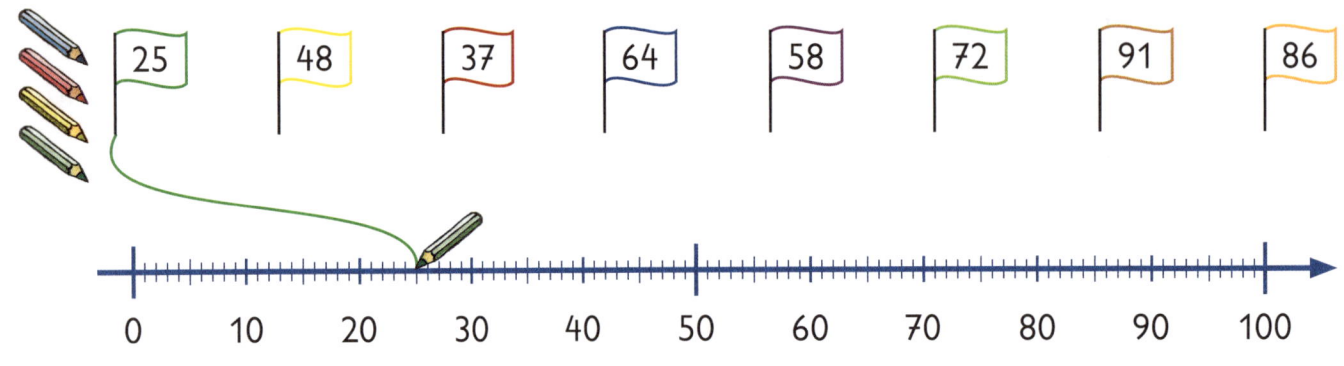

| 25 | 48 | 37 | 64 | 58 | 72 | 91 | 86 |

0 10 20 30 40 50 60 70 80 90 100

Ordne die Zahlen.

2

| 75 | 25 | 57 | 62 | 19 | 30 |

| 19 | | | | | |

| 43 | 86 | 39 | 68 | 32 | 54 |

| 32 | | | | | |

3

| 31 | 84 | 50 | 62 | 93 | 59 |

| 93 | | | | | |

| 69 | 81 | 35 | 58 | 33 | 73 |

| 81 | | | | | |

4

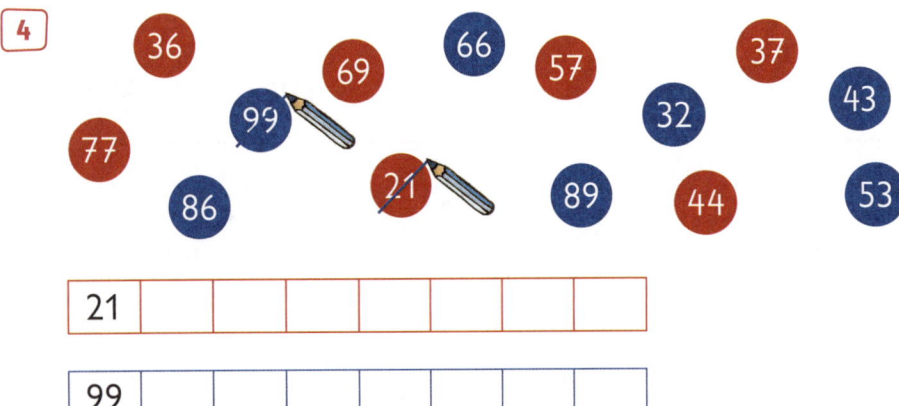

36 69 66 57 37
99 43 98
77 32
86 21 89 44 53 73

| 21 | | | | | | | |

| 99 | | | | | | | |

5 Vervollständige die Zahlenreihe.

| 1 | 11 | 21 | 31 | | | | | | | | |

| 5 | 15 | 25 | | | | | | | | | |

| 11 | 22 | 33 | | | | | | | | |

1: Zahlen am Zahlenstrahl markieren.   2 bis 4: Zahlen nach Vorgabe ordnen, eintragen.
5: Zahlenfolgen vervollständigen.

1

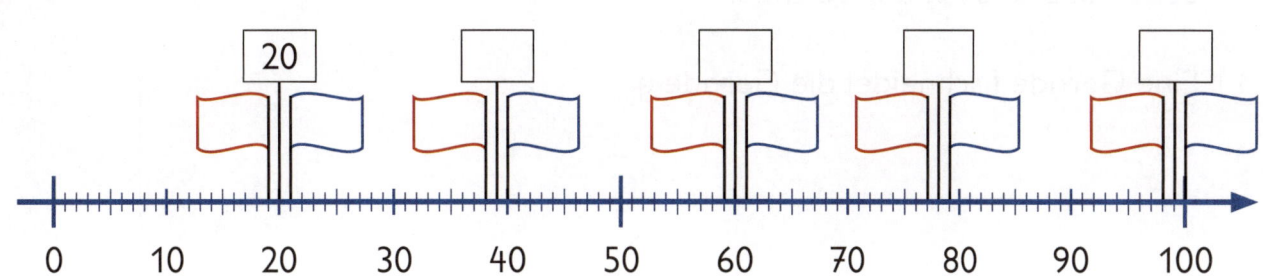

| 0 | 10 | 20 | 30 | 40 | 50 | 60 | 70 | 80 | 90 | 100 |

2

V	Z	N
	30	

V	Z	N
	69	

V	Z	N
	90	

V	Z	N
	61	

3 a)

V	Z	N
	19	
	55	
	40	
	78	
	69	

b)

V	Z	N
29		
48		
66		
59		
98		

c)

V	Z	N
		41
		100
		32
		81
		69

4 a)

V	Z	N
	77	
59		
		71
38		
		90

b)

V	Z	N
	59	
		61
78		
	46	
35		

c)

V	Z	N
98		
	20	
		76
	67	
		50

5 **Freundeaufgabe – Vorgänger und Nachfolger einer Zahl.**

Ein Kind trägt eine Zahl in die Tabelle ein.
Der Lernpartner schreibt den Vorgänger
und den Nachfolger dazu.

1: Zahlen am Zahlenstrahl ablesen und eintragen.   2 bis 4: Tabellen ergänzen.
5: Freundeaufgabe – Zu einer Zahl den Vorgänger und Nachfolger eintragen.

37

Geraden, die einander schneiden

Lege mit Stäbchen und zeichne.

1 Eine Gerade f schneidet die Gerade g.

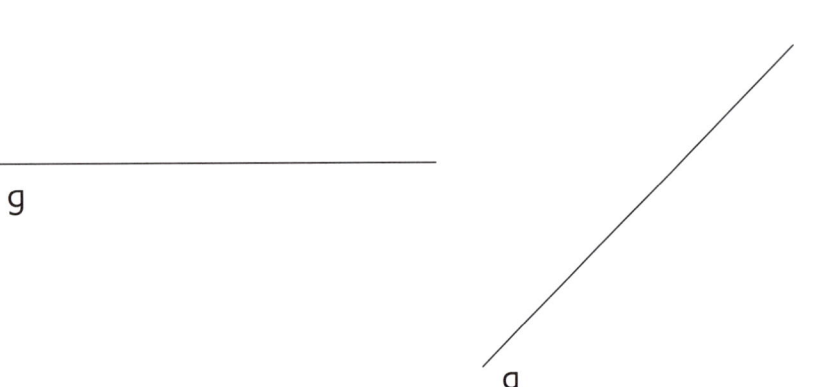

2 Eine Gerade a schneidet die Geraden g und f.

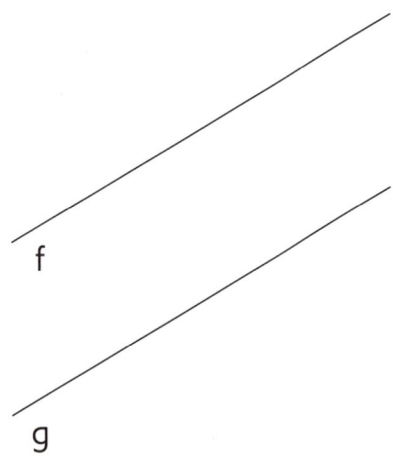

3 Drei Geraden a, b, c schneiden sich in einem Punkt M.

M

1 bis 3: Geraden nach Vorgabe legen und zeichnen.

Lege mit Stäbchen und zeichne.

1 Eine Gerade g schneidet die beiden Geraden e und f.
Benenne die Schnittpunkte.

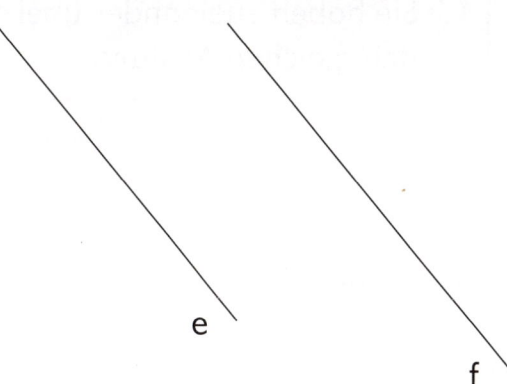

2 Eine Gerade g schneidet die beiden Geraden a und b so,
dass ein Dreieck entsteht.

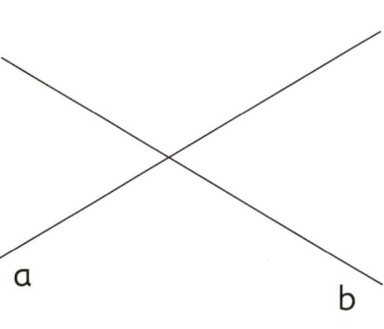

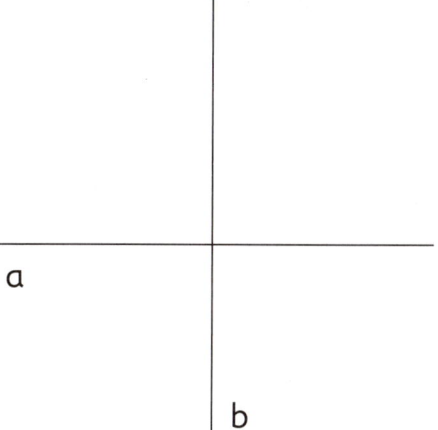

3 Zwei Geraden m und n schneiden die Geraden d und e so,
dass ein Viereck entsteht.

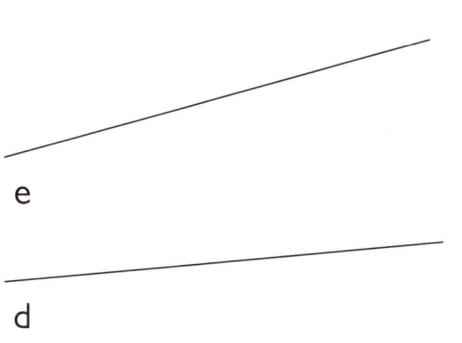

Geraden, die zueinander parallel sind

Zeichne so:

1 Zeichne mit dem Geodreieck zu g eine parallele Gerade h.

g

g

g

2 Zeichne parallele Geraden mit dem Geodreieck.

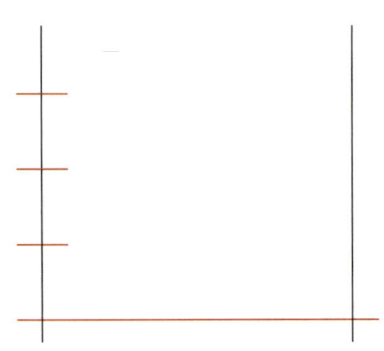

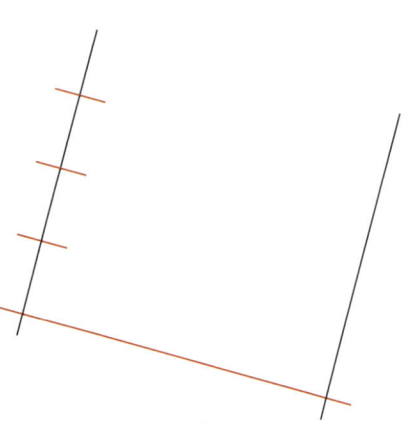

3 Welche Geraden sind zueinander parallel? Überprüfe mit dem Geodreieck.
Zeichne sie mit der gleichen Farbe nach.

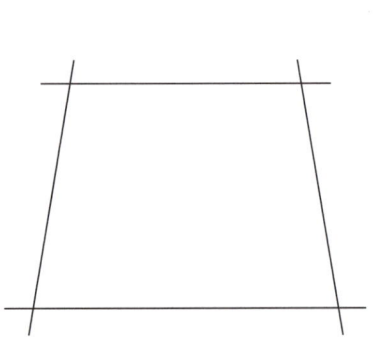

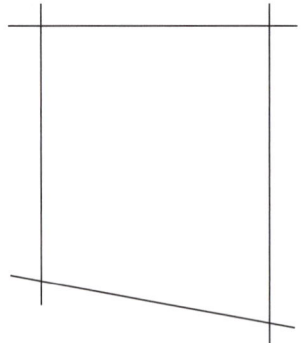

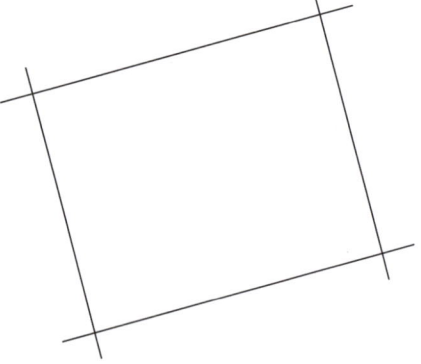

Geraden, die zueinander senkrecht sind

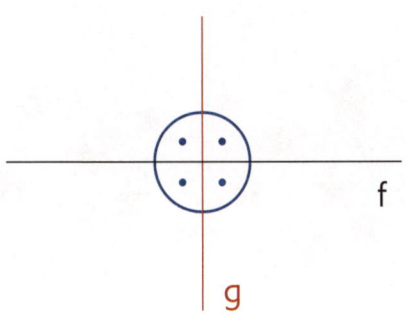

f

g

1 Zeichne Geraden, die zueinander senkrecht sind.
Kennzeichne die rechten Winkel.

Arbeite so:

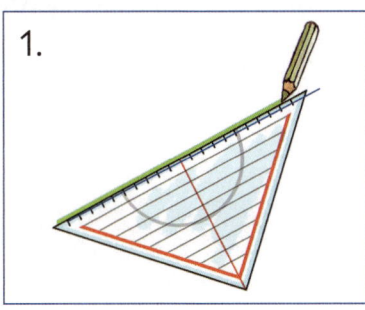

1.

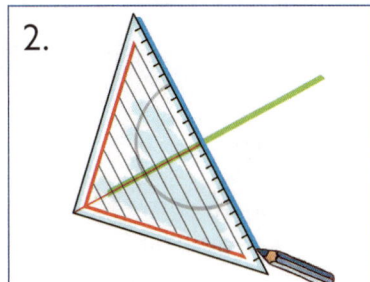

2.

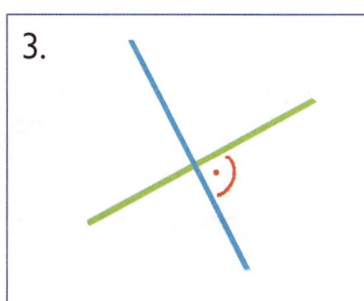

3.

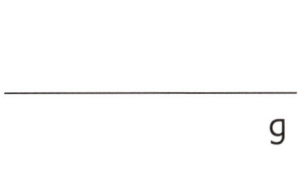

g

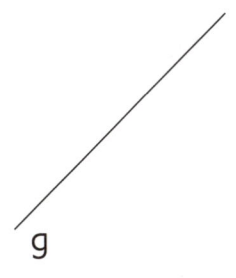

g

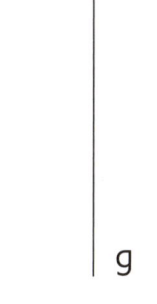

g

2 Senkrecht zueinander: Ja oder Nein ? Prüfe.

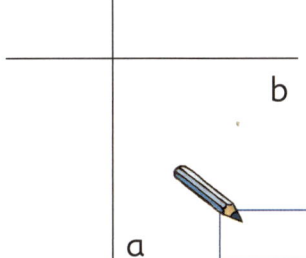

b

a

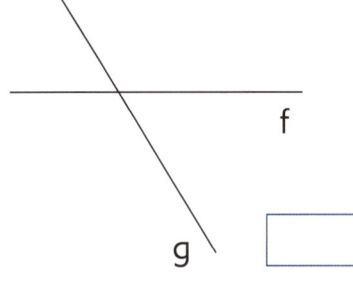

f

g

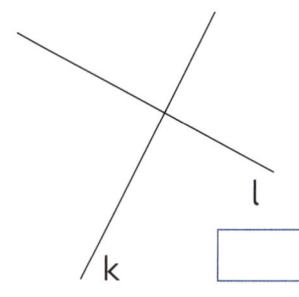

l

k

3 Zeichne die Mauer fertig. Nutze das Geodreieck.

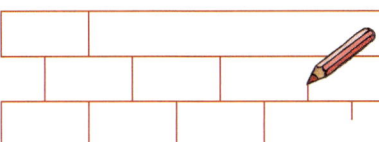

1: Zueinander senkrechte Geraden zeichnen. Rechten Winkel kennzeichnen. 2: Mit dem Geodreieck prüfen.
3: Mit dem Geodreieck Senkrechte zeichnen.

41

Kann ich das schon?

1 Immer 10 Sterne.

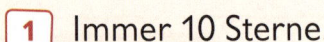

2

Ordne.

3 60, 30, 50, 20, 90, ~~10~~

10				

40, ~~100~~, 70, 10, 80, 0

100				

4 53, 76, 39, 28, 45, ~~24~~

24				

83, 67, 78, 76, 56, ~~96~~

96				

5 Trage ein: 20, 25, 29, ~~34~~, 48, 52, 56, 57, 59, 61, 62, 66

24	
34	35

	49
58	

51	

19	
	30

	67

6 2 + 3 = ☐

20 + 30 = ☐☐

6 + 4 = ☐

☐☐ + ☐☐ = ☐☐

5 + 2 = ☐

☐☐ + ☐☐ = ☐☐

7 4 − 3 = ☐

40 − 30 = ☐☐

7 − 5 = ☐

☐☐ − ☐☐ = ☐☐

10 − 4 = ☐

☐☐ − ☐☐ = ☐☐

8 20 + 10 = ☐☐

30 + 30 = ☐☐

70 + 20 = ☐☐

50 + 50 = ☐☐☐

60 − 20 = ☐☐

50 − 40 = ☐☐

100 − 80 = ☐☐

80 − 30 = ☐☐

10 + 90 = ☐☐☐

70 − 30 = ☐☐

40 + 40 = ☐☐

90 − 20 = ☐☐

1

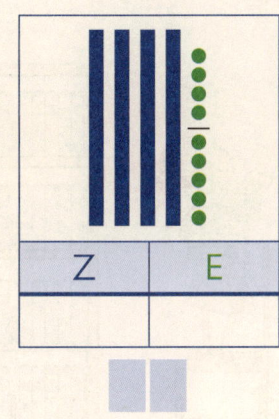
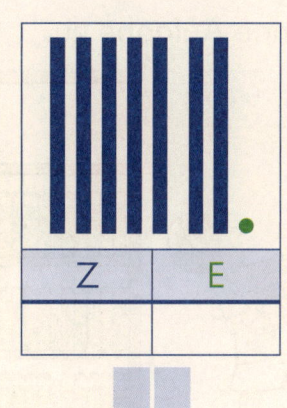
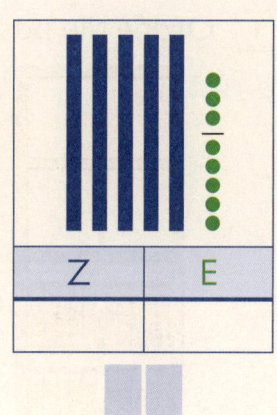

Z	E
3	5

35

2 Vergleiche. < , = , >

18 ◯ 52   47 ◯ 24   59 ◯ 81   63 ◯ 63

34 ◯ 43   74 ◯ 74   62 ◯ 36   47 ◯ 71

85 ◯ 58   69 ◯ 93   37 ◯ 57   96 ◯ 69

3

V	Z	N
	45	

V	Z	N
	76	

V	Z	N
	89	

V	Z	N
	60	

4 Vervollständige die Zahlenreihe.

| 2 | 12 | 22 | 32 | | | | | | |

| 95 | 85 | 75 | | | | | | | |

5 Zeichne:

a) Eine Gerade m schneidet
    die Gerade e.

b) Eine Gerade r schneidet
    die Gerade s.

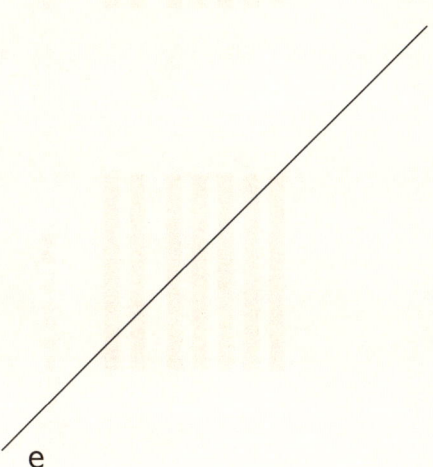

e

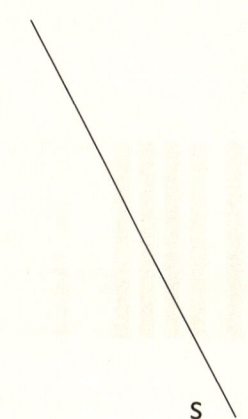

s

Addieren einstelliger Zahlen zu Zehnerzahlen

1 Ordne die passende Aufgabe zu.

50 + 2 = ☐   70 + 2 = ☐   50 + 3 = ☐

20 + 5 = ☐   30 + 6 = ☐

2 Lege und rechne.

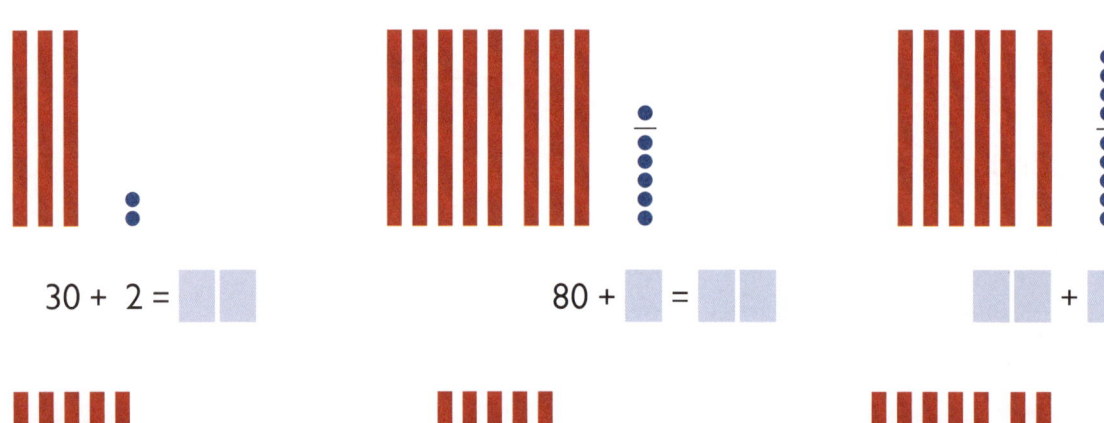

30 + 2 = ☐☐   80 + ☐ = ☐☐   ☐☐ + ☐ = ☐☐

3

☐☐ + ☐ = ☐☐   ☐☐ + ☐ = ☐☐   ☐☐ + ☐ = ☐☐

4

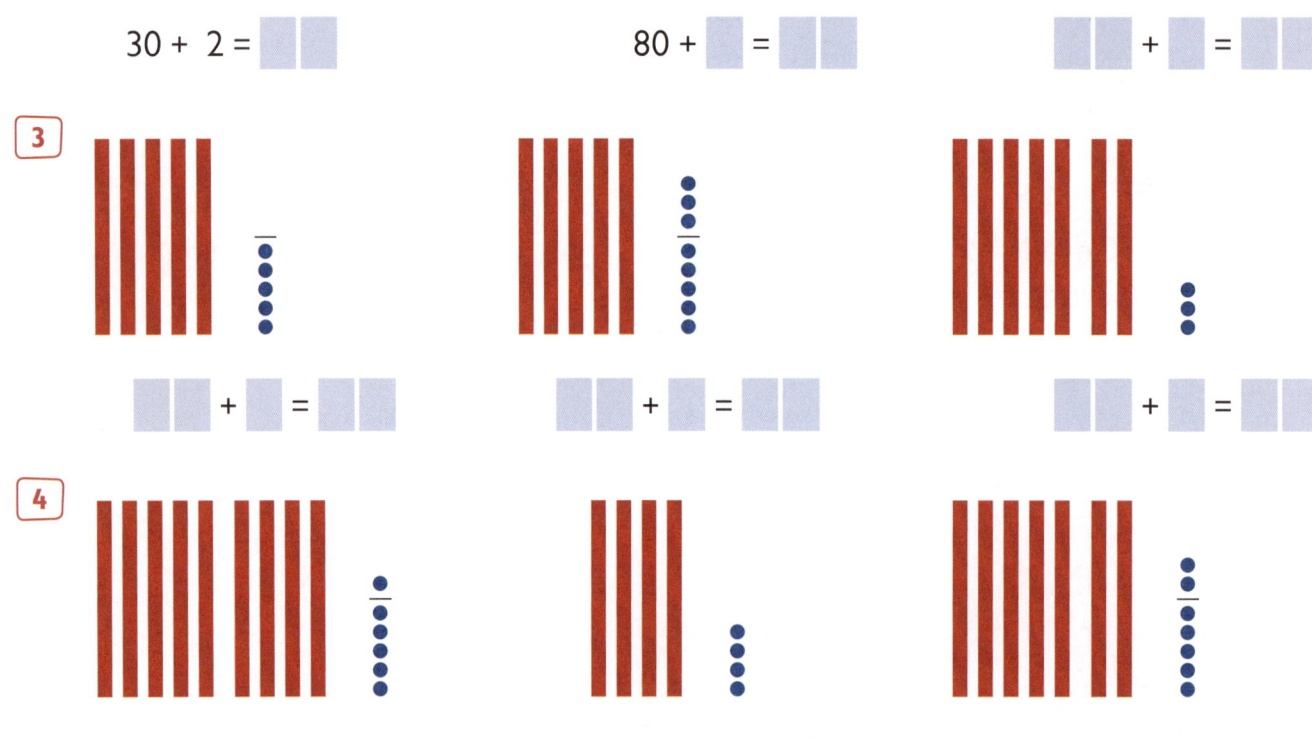

☐☐ + ☐ = ☐☐   ☐☐ + ☐ = ☐☐   ☐☐ + ☐ = ☐☐

1: Bildinhalte erfassen, Aufgaben zuordnen und lösen.   2 bis 4: Aufgaben finden und lösen.

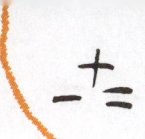

1 Lege, male und rechne.

20 + 4 = ▢▢

40 + 2 = ▢▢

50 + 3 = ▢▢

2

30 + 6 = ▢▢

60 + 5 = ▢▢

70 + 7 = ▢▢

3
20 + 5 = ▢▢
30 + 4 = ▢▢
90 + 2 = ▢▢

50 + 1 = ▢▢
40 + 7 = ▢▢
70 + 8 = ▢▢

60 + 9 = ▢▢
10 + 1 = ▢▢
80 + 3 = ▢▢

4
30 + 6 = ▢▢
80 + 9 = ▢▢
40 + 7 = ▢▢

50 + 5 = ▢▢
60 + 3 = ▢▢
80 + 0 = ▢▢

90 + 6 = ▢▢
40 + 3 = ▢▢
70 + 9 = ▢▢

5
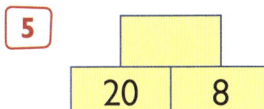
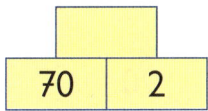
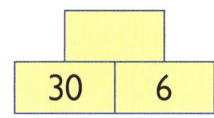
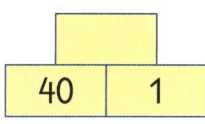

6
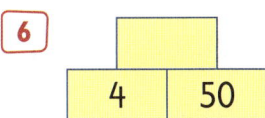
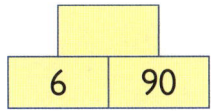
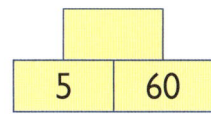
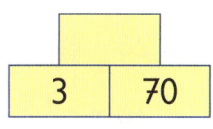

7
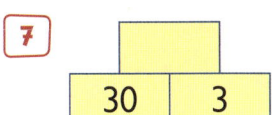
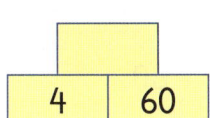
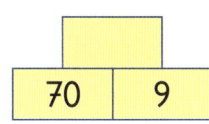
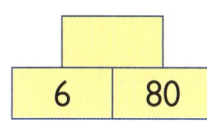

1, 2: Aufgaben legen, zeichnen und lösen. 3, 4: Addieren. 5 bis 7: Zahlenmauern lösen.

Ergänzen zum nächsten Zehner

1

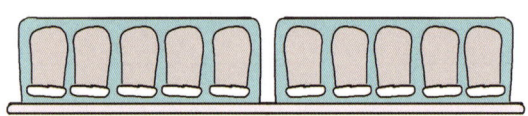 

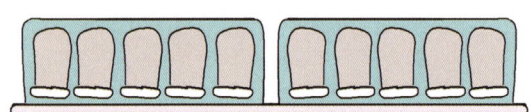 

☐ + ☐ = ☐☐   ☐☐ + ☐ = ☐☐

2 $9 + \square = 10$ $7 + \square = 10$ $8 + \square = 10$

$19 + \square = 20$ $37 + \square = 40$ $68 + \square = 70$

3 $2 + \square = 10$ $5 + \square = 10$ $3 + \square = 10$

$82 + \square = 90$ $45 + \square = 50$ $73 + \square = 80$

4 $5 + \square = 10$ $8 + \square = 10$ $6 + \square = 10$

$25 + \square = \square\square$ $48 + \square = \square\square$ $86 + \square = \square\square$

5 $6 + \square = 10$ $15 + \square = 20$ $58 + \square = 60$

$16 + \square = 20$ $25 + \square = 30$ $68 + \square = 70$

$26 + \square = 30$ $35 + \square = 40$ $78 + \square = 80$

$36 + \square = 40$ $45 + \square = \square\square$ $88 + \square = \square\square$

6 $22 + \square = 30$ $56 + \square = 60$ $31 + \square = 40$

$47 + \square = 50$ $83 + \square = 90$ $75 + \square = 80$

1: Aufgabe zum Bild finden.   2 bis 6: Summand/Summe bestimmen.

1

30		40		70		80	
22	+ 8	35		69		76	
25		38		66		79	
27		33		62		74	
29		36		67		73	

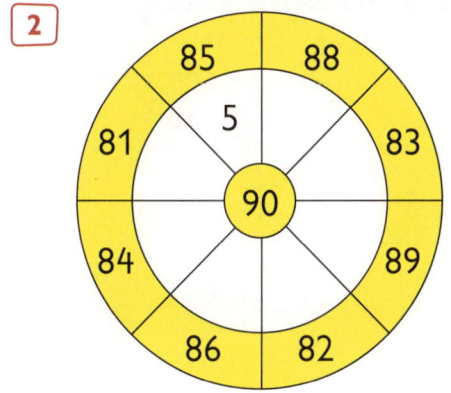
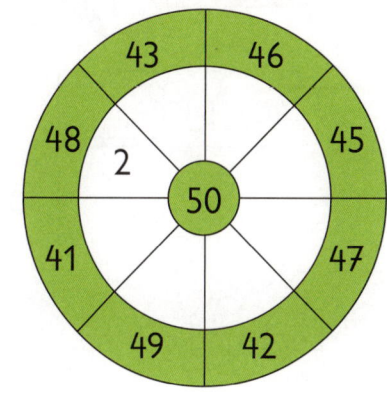

2

Rad 90: 85, 88, 5, 81, 83, 84, 89, 86, 82 — 90

Rad 100: 99, 94, 95, 96, 100, 98, 8, 93, 92, 97

Rad 50: 43, 46, 48, 2, 45, 50, 41, 47, 49, 42

3

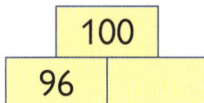
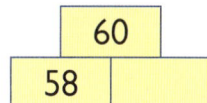

| 40 | | 100 | | 60 | | 70 | |
| 34 | | 96 | | 58 | | 63 | |

4

| 70 | | 50 | | 30 | | 40 | |
| | 66 | | 44 | | 27 | | 33 |

5

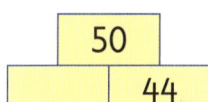

| 20 | | 50 | | 100 | | 80 | |
| | | | | | | | |

6

Freundeaufgabe – Zahlenmauern bauen

Trage eine Zahl von 0 bis 10 in die Zahlenmauern ein.
Dein Lernpartner ergänzt die zweite Zahl.

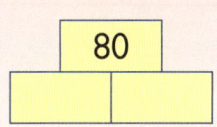
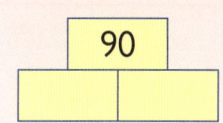

| 40 | | 80 | | 90 | | 60 | |

1, 2: Ergänzen zur Zehnerzahl.   3 bis 5: Zahlenmauern lösen.
6: Freundeaufgabe – Zahlenmauer zur gegebenen Zielzahl bauen.

47

Subtrahieren einstelliger Zahlen von Zehnerzahlen

1 Ordne die passende Aufgabe zu.

40 − 5 = ☐   60 − 9 = ☐   30 − 3 = ☐

70 − 1 = ☐   30 − 5 = ☐

2 Lege und rechne.

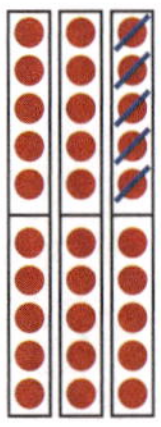

30 − 5 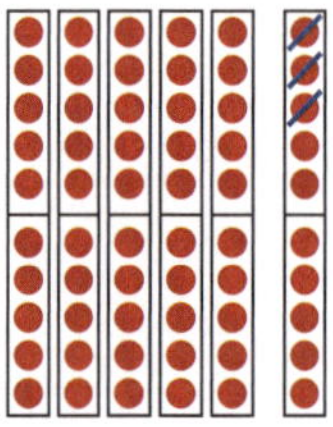 = ☐☐   60 − ☐ = ☐☐   ☐☐ − ☐ = ☐☐

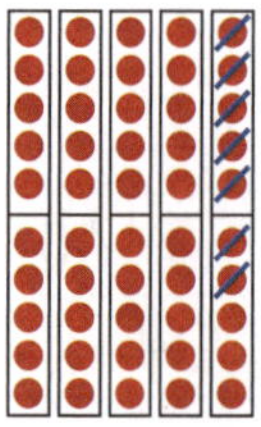

3
☐☐ − ☐ = ☐☐   ☐☐ − ☐ = ☐☐   ☐☐ − ☐ = ☐☐

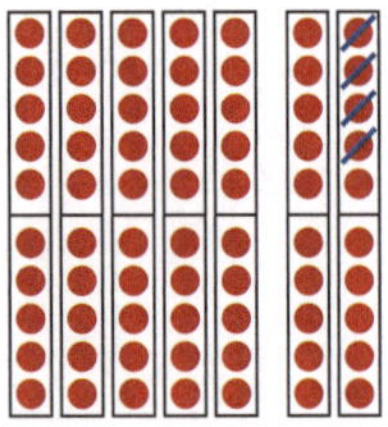

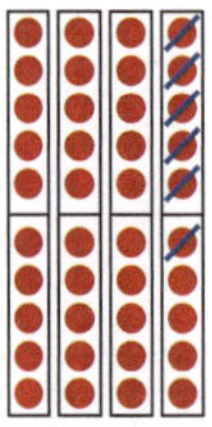

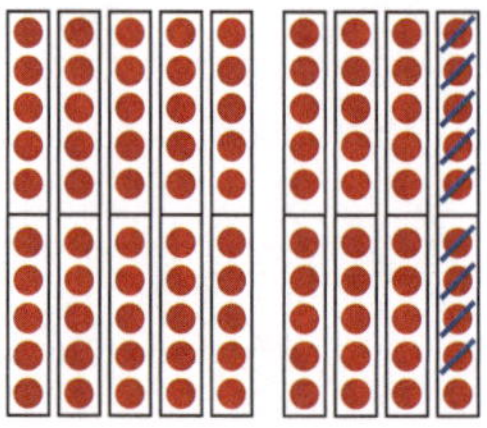

4
☐☐ − ☐ = ☐☐   ☐☐ − ☐ = ☐☐   ☐☐☐ − ☐ = ☐☐

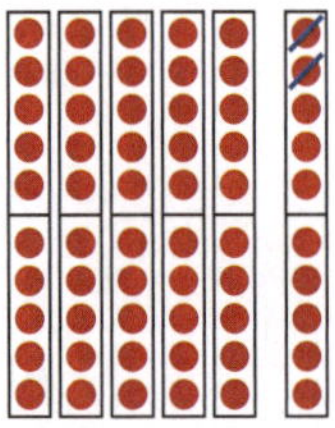

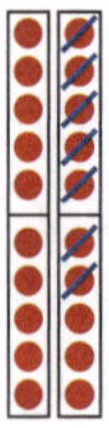

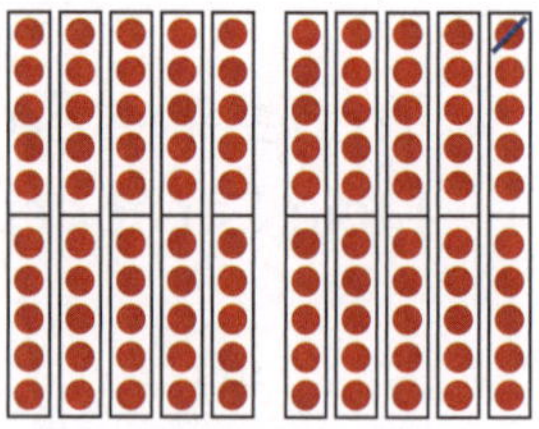

1: Bildinhalt erschließen, Aufgaben zuordnen und lösen.   2 bis 4: Aufgaben finden und lösen.

1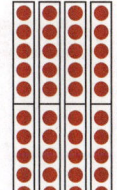

$40 - 3 = $ ▉▉

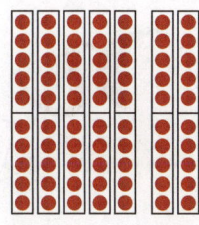

$70 - 7 = $ ▉▉

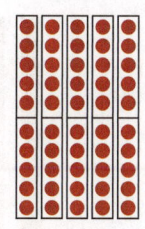

$50 - 4 = $ ▉▉

2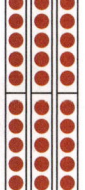

▉▉ $- 6 = $ ▉▉

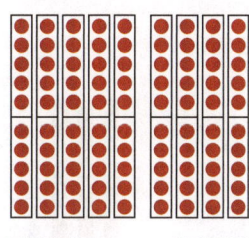

▉▉ $- 5 = $ ▉▉

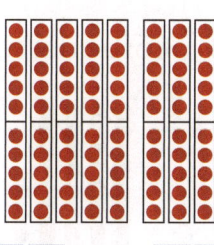

▉▉ $- 8 = $ ▉▉

3

$40 - 1 = $ ▉▉	$30 - 2 = $ ▉▉	$100 - 7 = $ ▉▉
$20 - 5 = $ ▉▉	$40 - 4 = $ ▉▉	$70 - 6 = $ ▉▉
$50 - 2 = $ ▉▉	$60 - 0 = $ ▉▉	$30 - 9 = $ ▉▉
$80 - 3 = $ ▉▉	$70 - 5 = $ ▉▉	$60 - 8 = $ ▉▉

4

$30 - 1 = $ ▉▉	$80 - 2 = $ ▉▉	$50 - 9 = $ ▉▉
$30 - 2 = $ ▉▉	$80 - 4 = $ ▉▉	$50 - 8 = $ ▉▉
$30 - 3 = $ ▉▉	$80 - 5 = $ ▉▉	$50 - 7 = $ ▉▉
$30 - 4 = $ ▉▉	$80 - 6 = $ ▉▉	$50 - 6 = $ ▉▉

5

20	50	40	70
5	2	8	4

6

30	100	80	60
3	9	5	6

1, 2: Aufgabe legen, zeichnen (abstreichen) und lösen.   3, 4: Subtrahieren.   5, 6: Zahlenmauern lösen.

49

Addieren einstelliger Zahlen zu zweistelligen Zahlen

MERKE DIR

Wenn

3 + 2 = 5,

dann ist

23 + 2 = 25.

1 Löse zuerst die bekannte Aufgabe.

45 + 1

5 + 1 =   6

45 + 1 = ▢▢

31 + 4

1 + 4 = ▢

31 + 4 = ▢▢

36 + 3

6 + 3 = ▢

36 + 3 = ▢▢

2

64 + 3

▢ + ▢ = ▢

▢▢ + ▢ = ▢▢

52 + 6

▢ + ▢ = ▢

▢▢ + ▢ = ▢▢

75 + 3

▢ + ▢ = ▢

▢▢ + ▢ = ▢▢

3 Lege und rechne.

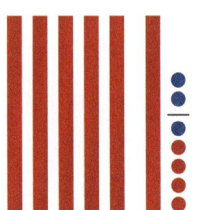

5 + 2 = ▢

25 + 2 = ▢▢

3 + 4 = ▢

53 + 4 = ▢▢

7 + 2 = ▢

37 + 2 = ▢▢

4   4 + 4 = ▢

94 + 4 = ▢▢

6 + 2 = ▢

66 + 2 = ▢▢

4 + 5 = ▢

74 + 5 = ▢▢

Bild: Analogie erkennen.   1, 2: Grundaufgabe erkennen, lösen und übertragen. Lösung mit der Abbildung vergleichen.
3, 4: Aufgaben legen. Grundaufgabe lösen und übertragen.

1
3 + 2 = □　　6 + 3 = □　　2 + 5 = □　　1 + 7 = □

13 + 2 = □□　　16 + 3 = □□　　22 + 5 = □□　　31 + 7 = □□

23 + 2 = □□　　26 + 3 = □□　　42 + 5 = □□　　61 + 7 = □□

33 + 2 = □□　　36 + 3 = □□　　62 + 5 = □□　　91 + 7 = □□

2
46 + 2 = □□　　11 + 8 = □□　　55 + 3 = □□　　34 + 5 = □□

24 + 5 = □□　　72 + 4 = □□　　97 + 2 = □□　　96 + 0 = □□

33 + 3 = □□　　64 + 4 = □□　　41 + 7 = □□　　52 + 5 = □□

43 + 2 = □□　　46 + 3 = □□　　82 + 5 = □□　　71 + 7 = □□

3

+	3	4	5	6	7
31					
32					

+	1	2	3	4	5
64					
63					

4

+	4	3	7	6	8
52					
81					

+	5	2	6	3	0
73					
42					

5 Immer 3 gehören zusammen.

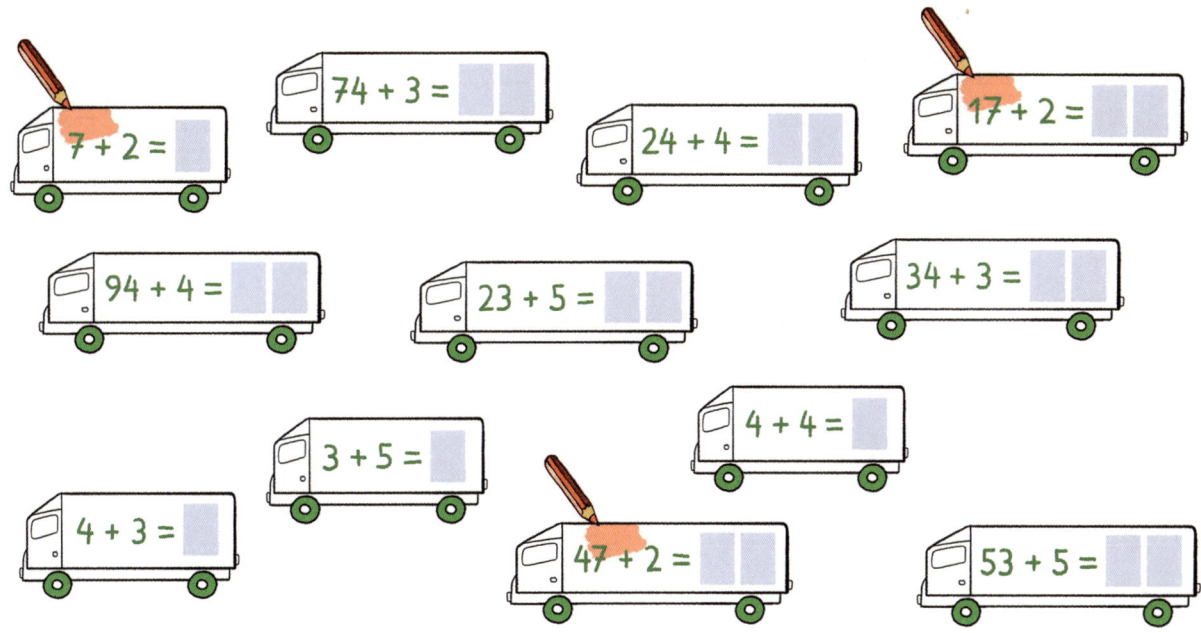

7 + 2 = □　　74 + 3 = □□　　24 + 4 = □□　　17 + 2 = □□

94 + 4 = □□　　23 + 5 = □□　　34 + 3 = □□

4 + 3 = □　　3 + 5 = □　　47 + 2 = □□　　4 + 4 = □　　53 + 5 = □□

Subtrahieren einstelliger Zahlen von zweistelligen Zahlen

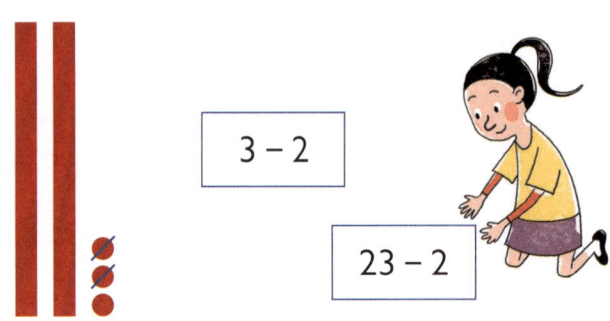

3 – 2

23 – 2

1 Löse zuerst die bekannte Aufgabe.

38 – 3

8 – 3 = ▢

38 – 3 = ▢▢

56 – 4

6 – 4 = ▢

56 – 4 = ▢▢

89 – 7

9 – 7 = ▢

89 – 7 = ▢▢

2

47 – 2

▢ – ▢ = ▢

▢▢ – ▢ = ▢▢

77 – 6

▢ – ▢ = ▢

▢▢ – ▢ = ▢▢

58 – 8

▢ – ▢ = ▢

▢▢ – ▢ = ▢▢

3

4 – 3 = ▢
24 – 3 = ▢▢

6 – 2 = ▢
46 – 2 = ▢▢

8 – 4 = ▢
78 – 4 = ▢▢

9 – 3 = ▢
59 – 3 = ▢▢

4

7 – 4 = ▢
67 – 4 = ▢▢

5 – 5 = ▢
95 – 5 = ▢▢

9 – 2 = ▢
39 – 2 = ▢▢

8 – 6 = ▢
78 – 6 = ▢▢

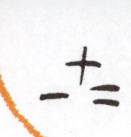

1

6 – 2 =	8 – 3 =	9 – 1 =	5 – 4 =
16 – 2 =	18 – 3 =	29 – 1 =	35 – 4 =
26 – 2 =	28 – 3 =	49 – 1 =	65 – 4 =
36 – 2 =	38 – 3 =	69 – 1 =	95 – 4 =

2

39 – 2 =	29 – 8 =	55 – 3 =	88 – 4 =
26 – 1 =	55 – 4 =	49 – 5 =	17 – 5 =
73 – 3 =	76 – 3 =	95 – 4 =	56 – 3 =
46 – 2 =	48 – 3 =	89 – 1 =	75 – 4 =

3

–	1	2	3	4	5
25					
26					

–	2	3	5	6	7
78					
79					

4

–	4	3	7	6	8
49					
68					

–	5	2	6	3	0
57					
39					

5 Immer 3 gehören zusammen.

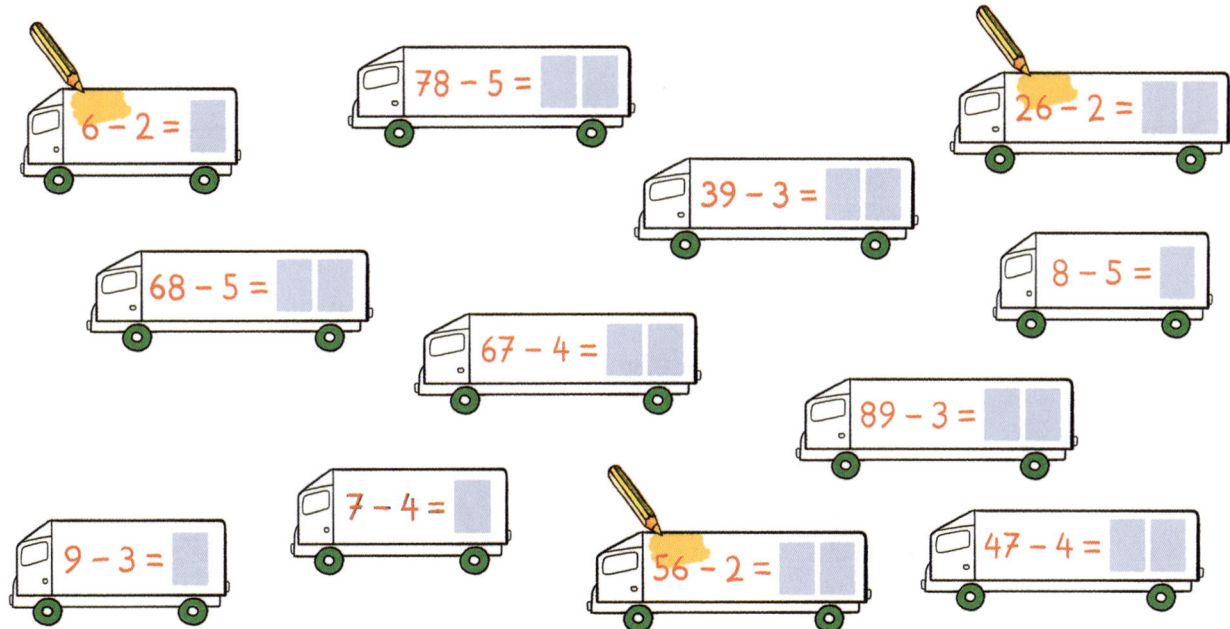

78 – 5 =   26 – 2 =   39 – 3 =   6 – 2 =
68 – 5 =   8 – 5 =   67 – 4 =   89 – 3 =
7 – 4 =   56 – 2 =   47 – 4 =   9 – 3 =

Addieren und Subtrahieren

1 Rechne und kontrolliere mit der Umkehraufgabe.

 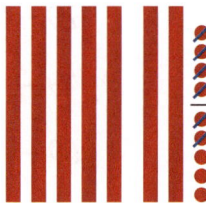

73 + 6 = ▢▢   79 − 6 = ▢▢   73 + 6 = ▢▢

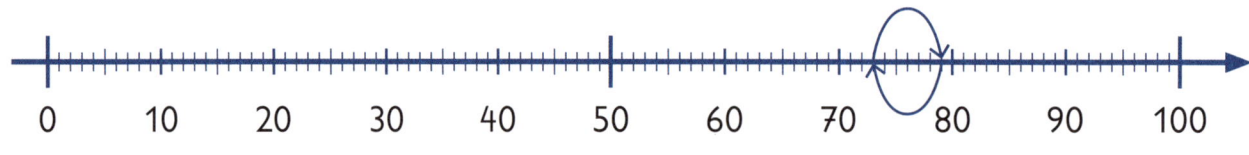

0   10   20   30   40   50   60   70   80   90   100

79 − 6 = ▢▢

2

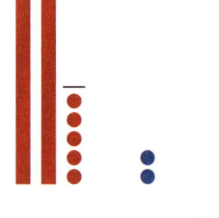 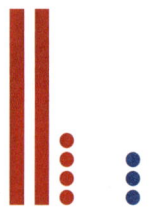  

25 + 2 = ▢▢   ▢▢ + ▢ = ▢▢   48 − 6 = ▢▢   ▢▢ − ▢ = ▢▢

▢▢ − ▢ = ▢▢   ▢▢ − ▢ = ▢▢   ▢▢ + ▢ = ▢▢   ▢▢ + ▢ = ▢▢

3

82 + 6 = ▢▢

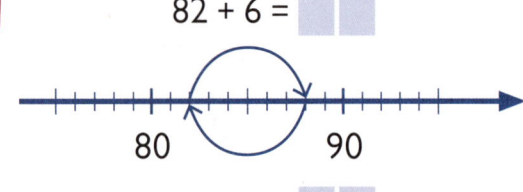

80   90

88 − 6 = ▢▢

59 − 4 = ▢▢

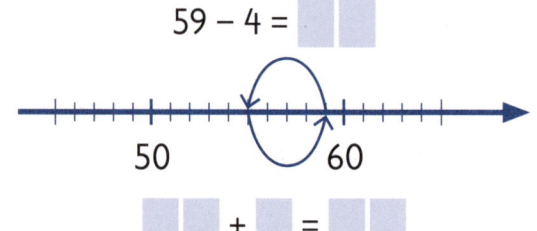

50   60

▢▢ + ▢ = ▢▢

4

▢▢ + ▢ = ▢▢

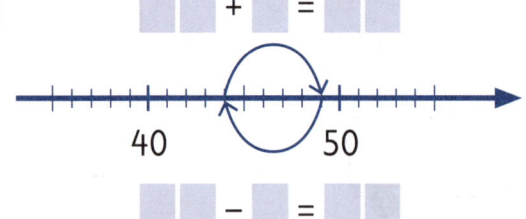

40   50

▢▢ − ▢ = ▢▢

▢▢ − ▢ = ▢▢

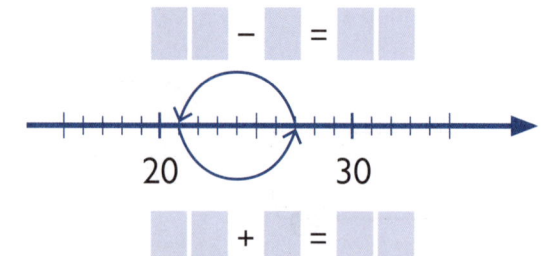

20   30

▢▢ + ▢ = ▢▢

1: Rechenwege erfassen. Aufgabe und Umkehraufgabe lösen.   2 bis 4: Aufgaben und/oder Umkehraufgabe finden und lösen.

1 52 + 7 = ▢▢

50   60

▢▢ − 7 = ▢▢

78 − 7 = ▢▢

70   80

▢▢ + 7 = ▢▢

2

34 + 2 = 36
36 − 2 = 34

25 + 3 = ▢▢
▢▢ − 3 = 25

56 + 2 = ▢▢
▢▢ − 2 = ▢▢

41 + 8 = ▢▢
▢▢ − 8 = ▢▢

64 + 5 = ▢▢
▢▢ − ▢ = ▢▢

74 + 3 = ▢▢
▢▢ − ▢ = ▢▢

84 + 2 = ▢▢
▢▢ − ▢ = ▢▢

96 + 3 = ▢▢
▢▢ − ▢ = ▢▢

3

25 − 4 = 21
21 + 4 = 25

37 − 2 = ▢▢
▢▢ + 2 = 37

64 − 1 = ▢▢
▢▢ + 1 = ▢▢

55 − 2 = ▢▢
▢▢ + 2 = ▢▢

76 − 5 = ▢▢
▢▢ + ▢ = ▢▢

47 − 6 = ▢▢
▢▢ + ▢ = ▢▢

99 − 8 = ▢▢
▢▢ + ▢ = ▢▢

68 − 7 = ▢▢
▢▢ + ▢ = ▢▢

4 Immer 2 gehören zusammen.

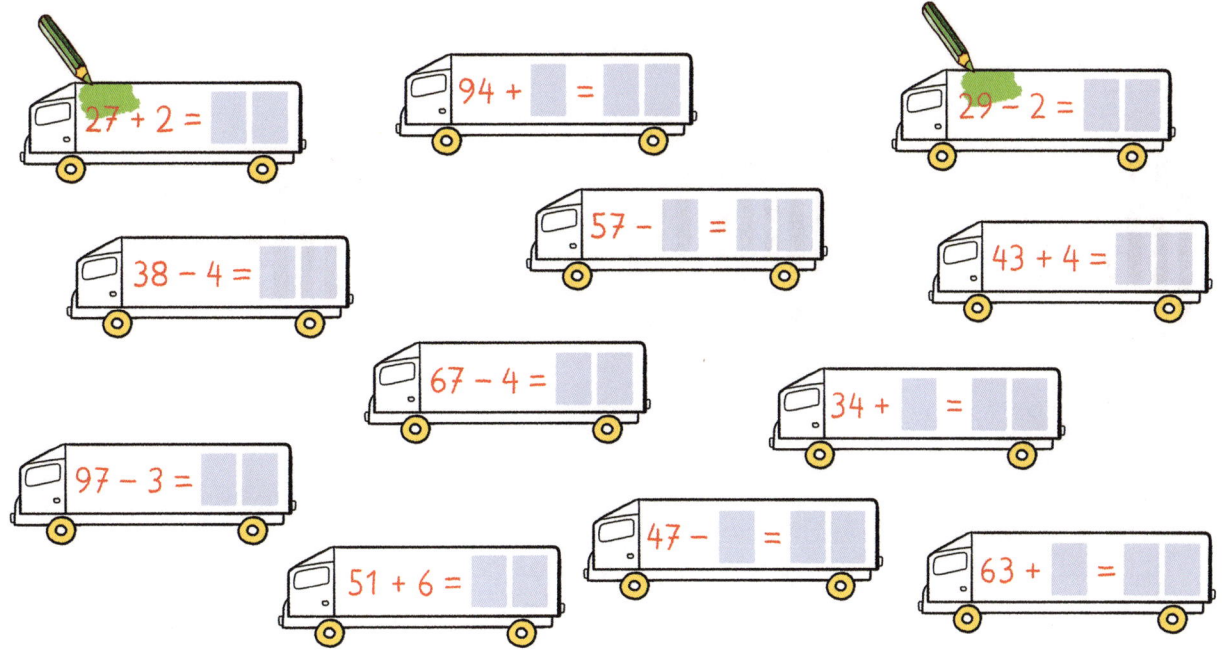

27 + 2 =
94 + ▢ = ▢▢
29 − 2 =
38 − 4 =
57 − ▢ = ▢▢
43 + 4 =
97 − 3 =
67 − 4 =
34 + ▢ = ▢▢
51 + 6 =
47 − ▢ = ▢▢
63 + ▢ = ▢▢

1: Aufgaben und Umkehraufgabe am Zahlenstrahl darstellen und lösen.   2, 3: Umkehraufgabe finden, Aufgabe und Umkehraufgabe lösen.
4: Aufgaben lösen, Aufgabe und zugehörige Umkehraufgabe in gleicher Farbe ausmalen.

55

Addieren mit Zehnerübergang

1

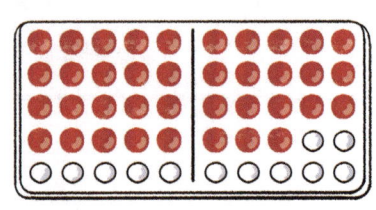

38 + 5 = ☐☐

Rechne so:

38 + 5

Zerlege die zweite Zahl.

38 + 2 = 40

Ergänze zum Zehner.

40 + 3 = 43

Addiere den Rest.

38 + 5 = 43

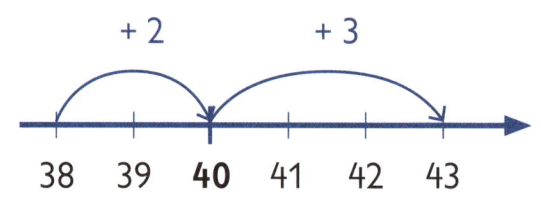

38 + 5 = ☐☐

2

49 + 3
49 + 1 = 50
50 + ☐ = ☐☐
49 + 3 = ☐☐

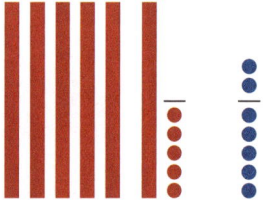

65 + 7
65 + ☐ = 70
☐☐ + ☐ = ☐☐
65 + 7 = ☐☐

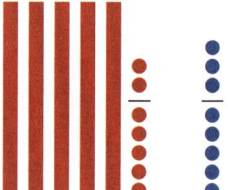

57 + 8
57 + ☐ = ☐☐
☐☐ + ☐ = ☐☐
57 + 8 = ☐☐

3

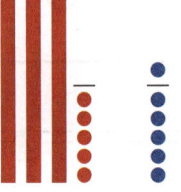

35 + 6
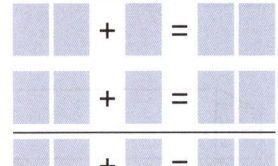

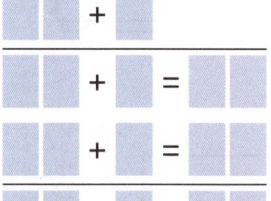

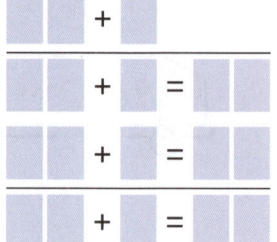

1: Bild/Rechenweg erörtern. Schrittfolge am Zahlenstrahl erklären. 2, 3: Addieren, Anwenden des Verfahrens „Zerlegen".

1

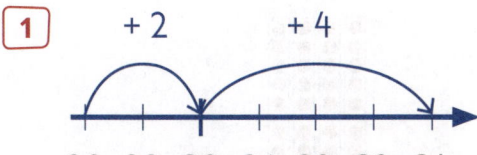

+2	+4

28 29 **30** 31 32 33 34

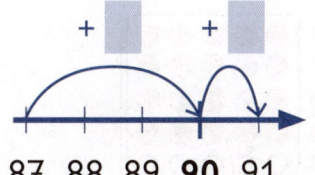

87 88 89 **90** 91

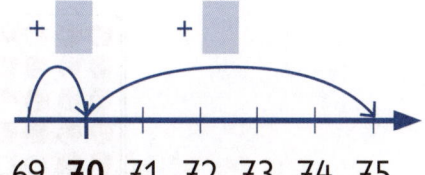

69 **70** 71 72 73 74 75

28 + 6
_____

28 + ▢ = 30

▢▢ + ▢ = ▢▢

28 + 6 = ▢▢

87 + 4
_____

87 + ▢ = ▢▢

▢▢ + ▢ = ▢▢

87 + 4 = ▢▢

69 + 6
_____

▢▢ + ▢ = ▢▢

▢▢ + ▢ = ▢▢

▢▢ + ▢ = ▢▢

2

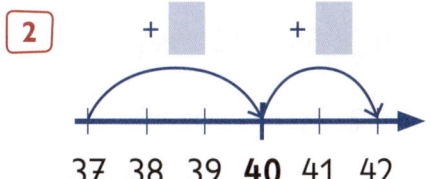

37 38 39 **40** 41 42

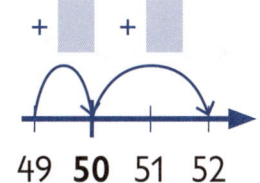

49 **50** 51 52

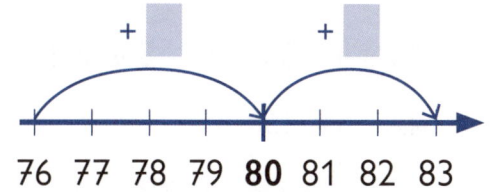

76 77 78 79 **80** 81 82 83

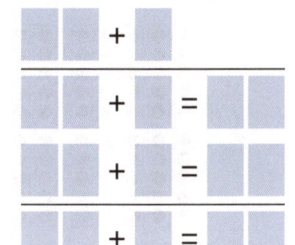

▢▢ + ▢
_____
▢▢ + ▢ = ▢▢
_____
▢▢ + ▢ = ▢▢
_____
▢▢ + ▢ = ▢▢

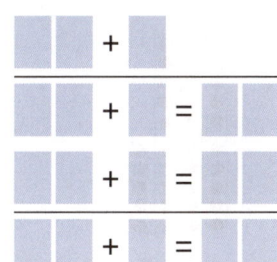

▢▢ + ▢
_____
▢▢ + ▢ = ▢▢
_____
▢▢ + ▢ = ▢▢
_____
▢▢ + ▢ = ▢▢

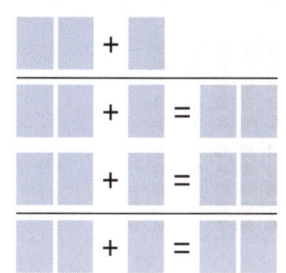

▢▢ + ▢
_____
▢▢ + ▢ = ▢▢
_____
▢▢ + ▢ = ▢▢
_____
▢▢ + ▢ = ▢▢

3

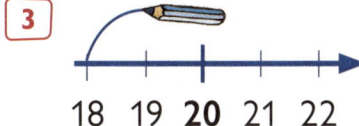

18 19 **20** 21 22

65 66 67 68 69 **70** 71 72

29 **30** 31 32 33 34

18 + 4
_____
▢▢ + ▢ = ▢▢
▢▢ + ▢ = ▢▢
▢▢ + ▢ = ▢▢

65 + 7
_____
▢▢ + ▢ = ▢▢
▢▢ + ▢ = ▢▢
▢▢ + ▢ = ▢▢

29 + 5
_____
▢▢ + ▢ = ▢▢
▢▢ + ▢ = ▢▢
▢▢ + ▢ = ▢▢

4

45 + 7
_____
▢▢ + ▢ = ▢▢
▢▢ + ▢ = ▢▢
▢▢ + ▢ = ▢▢

77 + 8
_____
▢▢ + ▢ = ▢▢
▢▢ + ▢ = ▢▢
▢▢ + ▢ = ▢▢

53 + 9
_____
▢▢ + ▢ = ▢▢
▢▢ + ▢ = ▢▢
▢▢ + ▢ = ▢▢

Subtrahieren mit Zehnerübergang

1

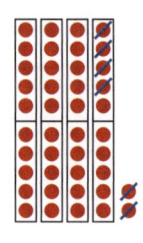

42 − 6 = ☐☐

Rechne so:

42 − 6 ◄── Zerlege die zweite Zahl.

42 − 2 = 40 ◄── Subtrahiere vom Zehner.

40 − 4 = 36 ◄── Subtrahiere den Rest.

42 − 6 = 36

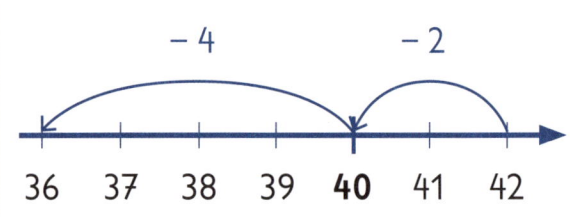

42 − 6 = ☐☐

2

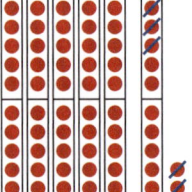
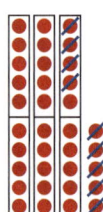
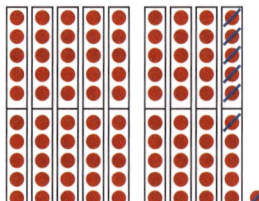

62 − 5

62 − 2 = 60

60 − ☐ = ☐☐

62 − 5 = ☐☐

35 − 9

35 − ☐ = 30

☐☐ − ☐ = ☐☐

35 − 9 = ☐☐

91 − 7

91 − ☐ = ☐☐

☐☐ − ☐☐ = ☐☐

91 − 7 = ☐☐

3

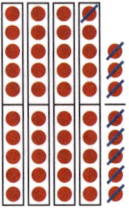

48 − 9

☐☐ − ☐ = ☐☐

☐☐ − ☐ = ☐☐

☐ − ☐ = ☐☐

☐☐ − ☐

☐☐ − ☐ = ☐☐

☐☐ − ☐ = ☐☐

☐ − ☐ = ☐☐

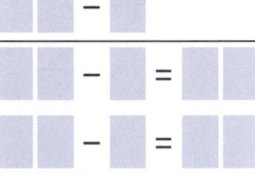

☐☐ − ☐

☐☐ − ☐ = ☐☐

☐☐ − ☐ = ☐☐

☐ − ☐ = ☐

1: Bild / Rechenweg erörtern. Schrittfolge am Zahlenstrahl erklären.   2, 3: Subtrahieren. Anwenden des Verfahrens „Zerlegen".

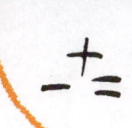

1

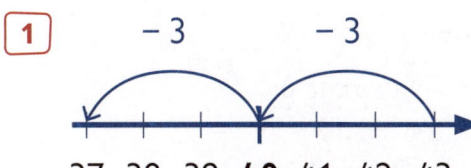

−3   −3

37 38 39 **40** 41 42 43

43 − 6

43 − ⬜ = 40

⬜⬜ − ⬜ = ⬜⬜

43 − 6 = ⬜⬜

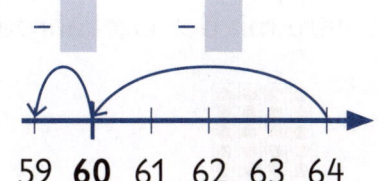

− ⬜   − ⬜

59 **60** 61 62 63 64

64 − 5

64 − ⬜ = ⬜⬜

⬜⬜ − ⬜ = ⬜⬜

64 − 5 = ⬜⬜

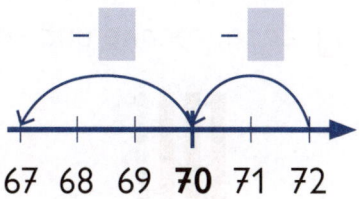

− ⬜   − ⬜

67 68 69 **70** 71 72

72 − 5

⬜⬜ − ⬜ = ⬜⬜

⬜⬜ − ⬜ = ⬜⬜

⬜⬜ − ⬜ = ⬜⬜

2

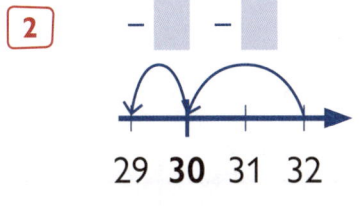

− ⬜   − ⬜

29 **30** 31 32

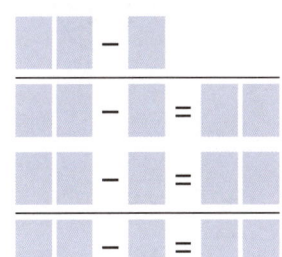

⬜⬜ − ⬜

⬜⬜ − ⬜ = ⬜⬜

⬜⬜ − ⬜ = ⬜⬜

⬜⬜ − ⬜ = ⬜

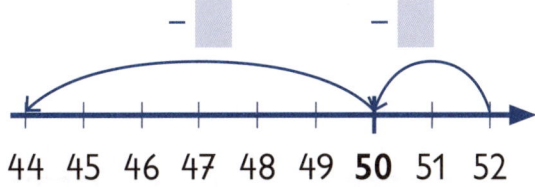

− ⬜   − ⬜

44 45 46 47 48 49 **50** 51 52

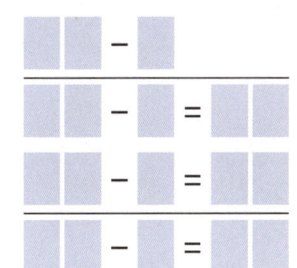

⬜⬜ − ⬜

⬜⬜ − ⬜ = ⬜⬜

⬜⬜ − ⬜ = ⬜⬜

⬜⬜ − ⬜ = ⬜⬜

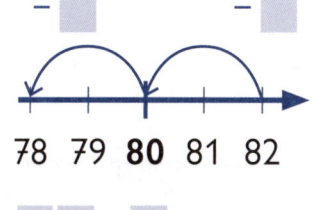

− ⬜   − ⬜

78 79 **80** 81 82

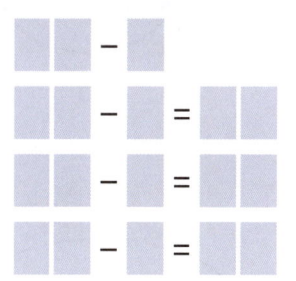

⬜⬜ − ⬜

⬜⬜ − ⬜ = ⬜⬜

⬜⬜ − ⬜ = ⬜⬜

⬜⬜ − ⬜ = ⬜⬜

3

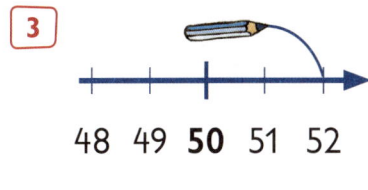

48 49 **50** 51 52

52 − 4

⬜⬜ − ⬜ = ⬜⬜

⬜⬜ − ⬜ = ⬜⬜

⬜⬜ − ⬜ = ⬜⬜

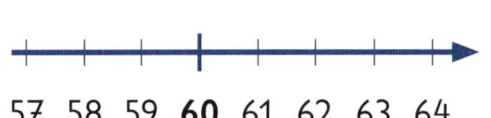

57 58 59 **60** 61 62 63 64

64 − 7

⬜⬜ − ⬜ = ⬜⬜

⬜⬜ − ⬜ = ⬜⬜

⬜⬜ − ⬜ = ⬜⬜

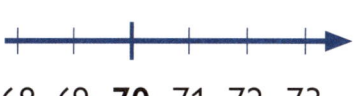

68 69 **70** 71 72 73

73 − 5

⬜⬜ − ⬜ = ⬜⬜

⬜⬜ − ⬜ = ⬜⬜

⬜⬜ − ⬜ = ⬜⬜

4

41 − 3

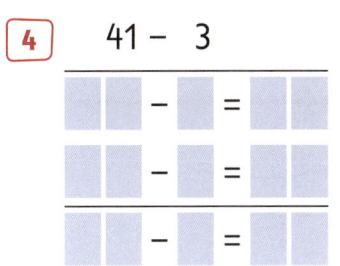

⬜⬜ − ⬜ = ⬜⬜

⬜⬜ − ⬜ = ⬜⬜

⬜⬜ − ⬜ = ⬜⬜

87 − 9

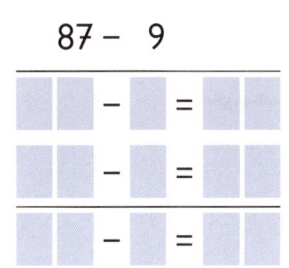

⬜⬜ − ⬜ = ⬜⬜

⬜⬜ − ⬜ = ⬜⬜

⬜⬜ − ⬜ = ⬜⬜

92 − 6

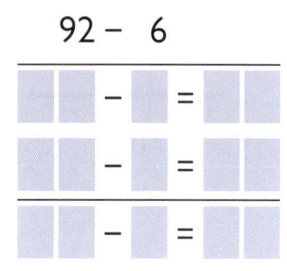

⬜⬜ − ⬜ = ⬜⬜

⬜⬜ − ⬜ = ⬜⬜

⬜⬜ − ⬜ = ⬜⬜

Addieren und Subtrahieren mit Zehnerübergang

1 Lege, rechne und kontrolliere mit der Umkehraufgabe.

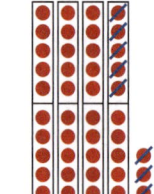

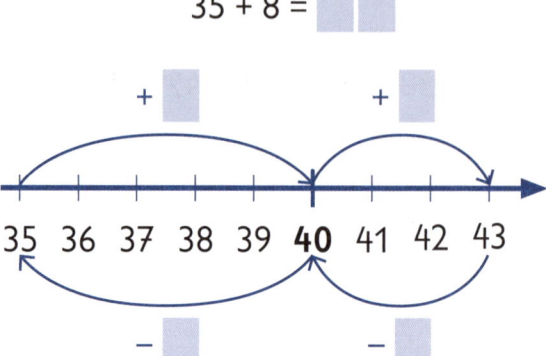

$$35 + 8 = \boxed{}\boxed{}$$

35 + 8

$$35 + \boxed{} = \boxed{}\boxed{}$$

$$\boxed{}\boxed{} + \boxed{} = \boxed{}\boxed{}$$

$$\boxed{}\boxed{} + \boxed{} = \boxed{}\boxed{}$$

43 − 8

$$43 - \boxed{} = \boxed{}\boxed{}$$

$$\boxed{}\boxed{} - \boxed{} = \boxed{}\boxed{}$$

$$\boxed{}\boxed{} - \boxed{} = \boxed{}\boxed{}$$

$$43 - 8 = \boxed{}\boxed{}$$

2

$$48 + 6 = \boxed{}\boxed{}$$

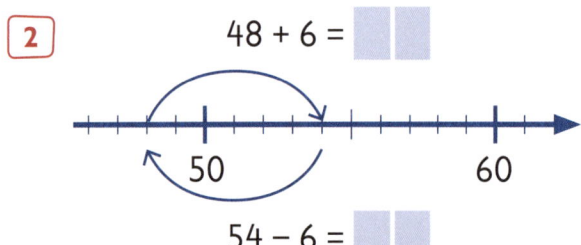

$$54 - 6 = \boxed{}\boxed{}$$

$$38 + 3 = \boxed{}\boxed{}$$

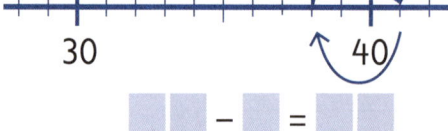

$$\boxed{}\boxed{} - \boxed{} = \boxed{}\boxed{}$$

3

$$\boxed{}\boxed{} + \boxed{} = \boxed{}\boxed{}$$

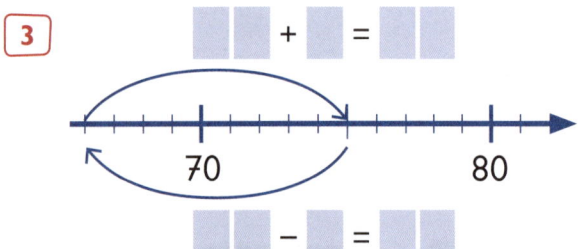

$$\boxed{}\boxed{} - \boxed{} = \boxed{}\boxed{}$$

$$\boxed{}\boxed{} + \boxed{} = \boxed{}\boxed{}$$

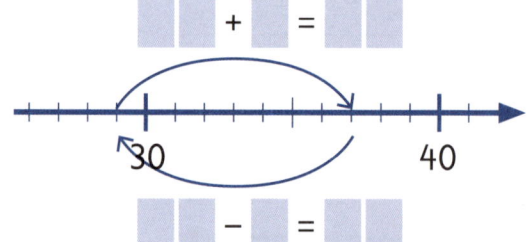

$$\boxed{}\boxed{} - \boxed{} = \boxed{}\boxed{}$$

4

$$\boxed{}\boxed{} + \boxed{} = \boxed{}\boxed{}$$

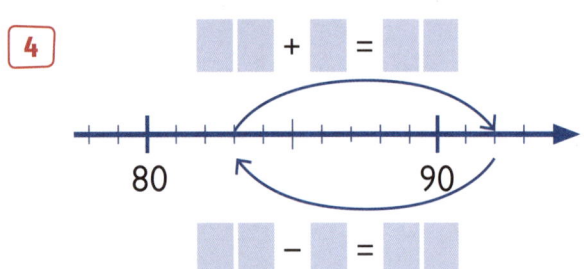

$$\boxed{}\boxed{} - \boxed{} = \boxed{}\boxed{}$$

$$\boxed{}\boxed{} + \boxed{} = \boxed{}\boxed{}$$

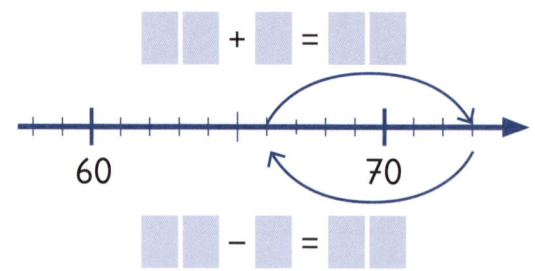

$$\boxed{}\boxed{} - \boxed{} = \boxed{}\boxed{}$$

5

$$\boxed{}\boxed{} + \boxed{} = \boxed{}\boxed{}$$

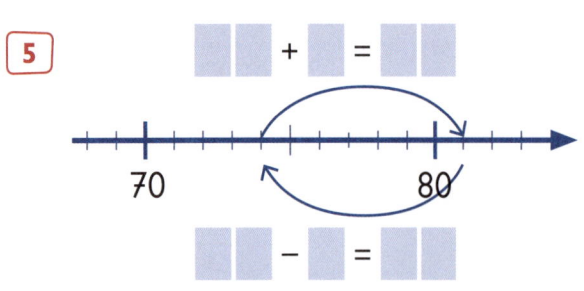

$$\boxed{}\boxed{} - \boxed{} = \boxed{}\boxed{}$$

$$\boxed{}\boxed{} + \boxed{} = \boxed{}\boxed{}$$

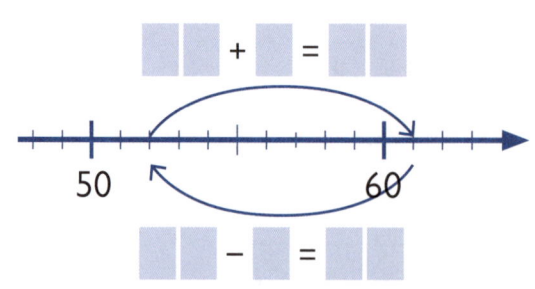

$$\boxed{}\boxed{} - \boxed{} = \boxed{}\boxed{}$$

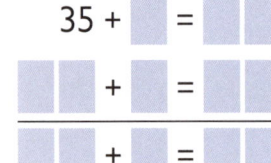

1: Subtrahieren als Umkehroperation erkennen. Subtrahieren über „Zerlegen". Darstellen der Addition/Subtraktion am Zahlenstrahl.
2 bis 5: Aufgaben und Lösungen der Darstellung am Zahlenstrahl zuordnen.

1

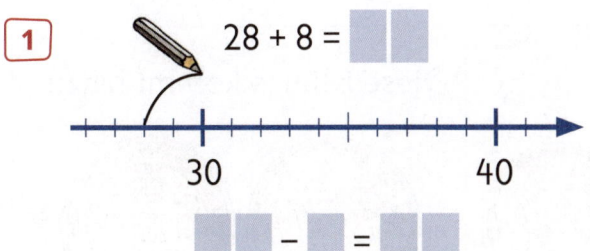

28 + 8 = ▢▢

□□ − □ = □□

87 + 9 = ▢▢

□□ − □ = □□

2

62 − 9 = ▢▢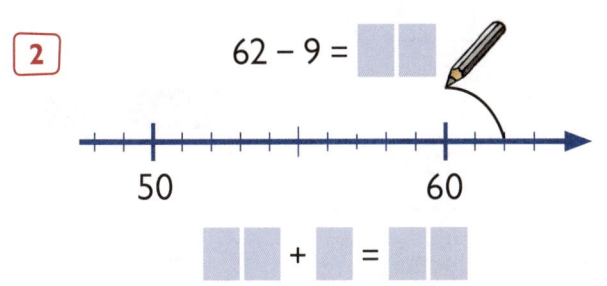

□□ + □ = □□

74 − 7 = ▢▢

□□ + □ = □□

3

46 + 8 = ▢▢   88 + 5 = ▢▢   32 − 4 = ▢▢   65 − 8 = ▢▢

54 − 8 = ▢▢   93 − 5 = ▢▢   □□ + 4 = ▢▢   □□ + 8 = ▢▢

4

24 + 9 = ▢▢   67 + 7 = ▢▢   53 − 5 = ▢▢   74 − 6 = ▢▢

□□ − □ = ▢▢   □□ − □ = ▢▢   □□ + □ = ▢▢   □□ + □ = ▢▢

5

36 + 7 = ▢▢   56 + 7 = ▢▢   91 − 3 = ▢▢   42 − 7 = ▢▢

□□ − □ = ▢▢   □□ − □ = ▢▢   □□ + □ = ▢▢   □□ + □ = ▢▢

6

14 + 9 = ▢▢   45 + 8 = ▢▢   22 − 5 = ▢▢   62 − 7 = ▢▢

24 + 9 = ▢▢   55 + 8 = ▢▢   32 − 5 = ▢▢   72 − 7 = ▢▢

34 + 9 = ▢▢   65 + 8 = ▢▢   42 − 5 = ▢▢   82 − 7 = ▢▢

44 + 9 = ▢▢   75 + 8 = ▢▢   52 − 5 = ▢▢   92 − 7 = ▢▢

7

36 + 5 = ▢▢   47 + 6 = ▢▢   32 − 3 = ▢▢   28 − 9 = ▢▢

27 + 7 = ▢▢   76 + 4 = ▢▢   41 − 5 = ▢▢   63 − 6 = ▢▢

52 + 8 = ▢▢   35 + 7 = ▢▢   93 − 6 = ▢▢   86 − 7 = ▢▢

1, 2: Aufgabe und Umkehraufgabe am Zahlenstrahl darstellen und lösen.   3 bis 5: Umkehraufgabe finden. Aufgabe und Umkehraufgabe lösen.
6, 7: Addieren und Subtrahieren.   6: Struktur erkennen.

Geldwerte bis 100 Cent

1

Diese Münzen kennst du schon:	Diese Münze kommt hinzu:

MERKE DIR

100 ct = 1 €

2 Immer 30 Cent.

3 Immer 50 Cent.

4 Immer 80 Cent.

1: Münzen (Geldbeträge) kennenlernen.   2 bis 4: Bündeln nach Vorgabe.

1 Wie viel Cent?

32 ct

☐☐ ct

☐☐ ct

☐☐ ct

2

☐☐ ct

☐☐ ct

☐☐ ct

☐☐ ct

3

☐☐ ct

☐☐ ct

☐☐ ct

4 Lege 2 Möglichkeiten. Schreibe auf, wie du gelegt hast.

25 ct	⑩ct ⑩ct ⑤ct	⑩ct ⑤ct ⑤ct ◯
100 ct		
44 ct		
83 ct		

1 bis 3: Geldbeträge ermitteln.   4: Geldbeträge legen und zeichnen.

1 Lege und male.

| 80 ct | 50 ct | 40 ct | 70 ct | 90 ct |

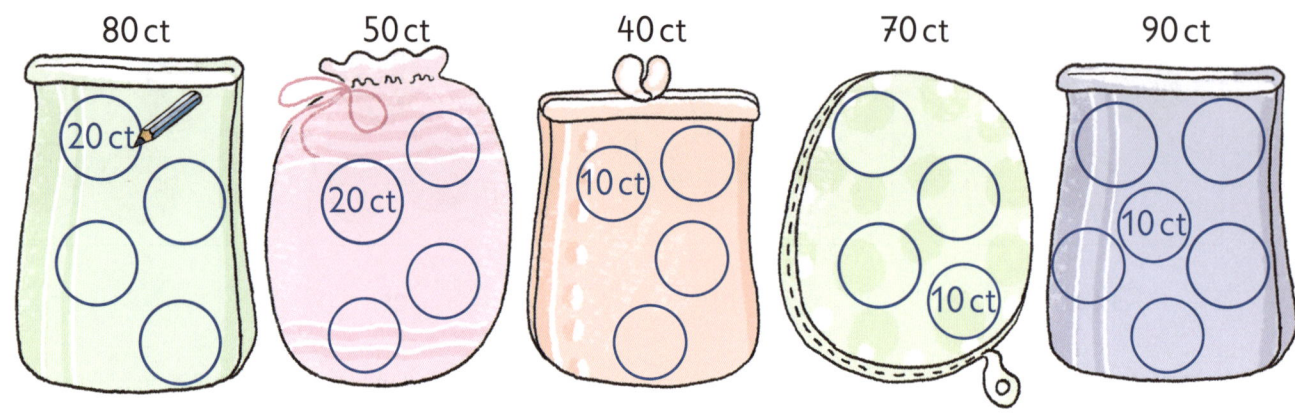

80 ct: 20 ct
50 ct: 20 ct
40 ct: 10 ct
70 ct: 10 ct
90 ct: 10 ct

2 Der Geldwert ist immer 1 €. Lege und male.

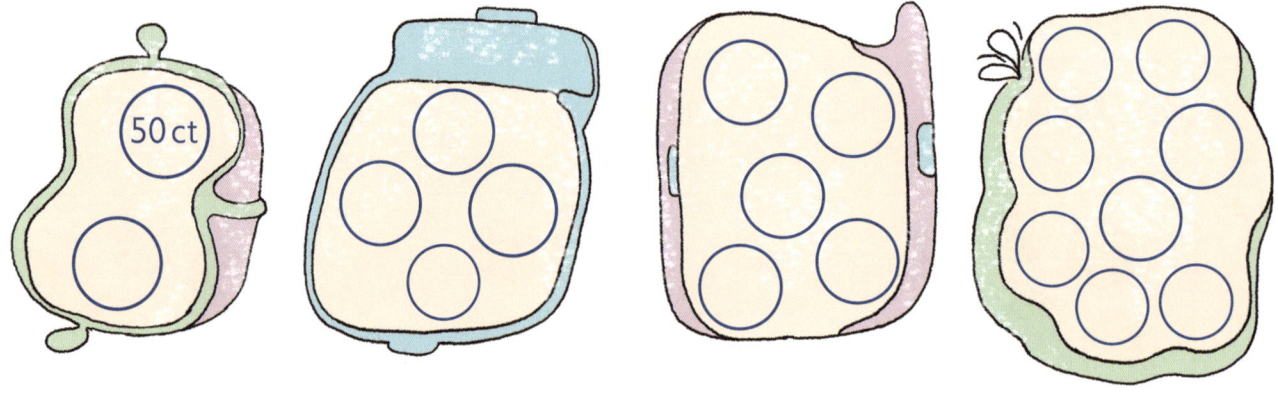

50 ct

3 Vergleiche. < , = , >

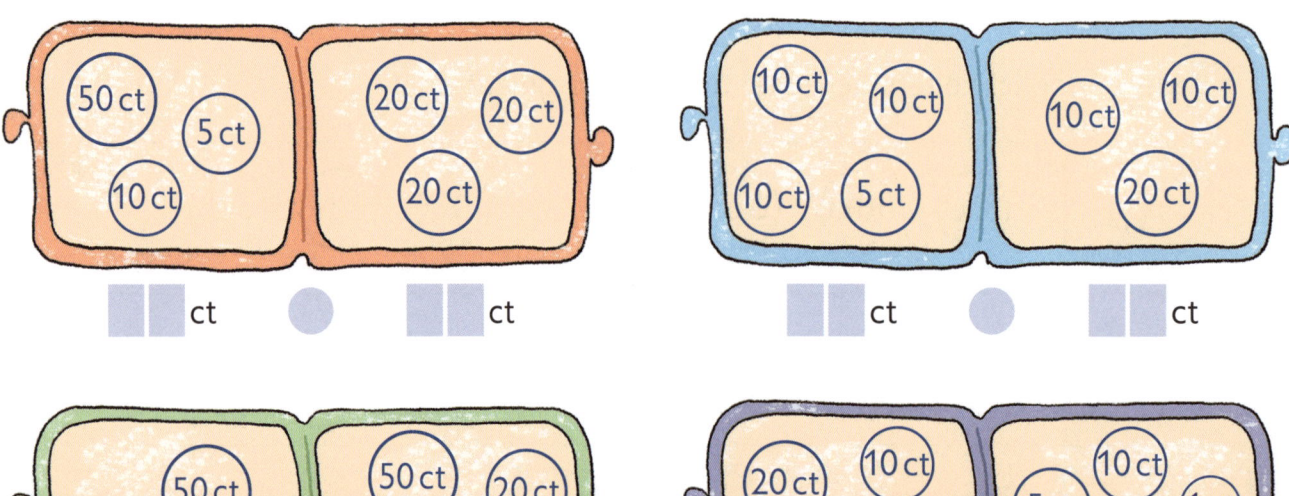

50 ct 5 ct 10 ct   20 ct 20 ct 20 ct

☐☐ ct ● ☐☐ ct

10 ct 10 ct 10 ct 5 ct   10 ct 10 ct 20 ct

☐☐ ct ● ☐☐ ct

50 ct 50 ct   50 ct 20 ct 20 ct

☐☐ ct ● ☐☐ ct

20 ct 10 ct 2 ct 5 ct   10 ct 5 ct 1 ct 5 ct 2 ct

☐☐ ct ● ☐☐ ct

1: Die Geldbeträge mit verschiedenen Münzen legen und malen.   2: Den Geldwert von 1 € mit verschiedenen Münzen legen.
3: Geldbeträge ermitteln und vergleichen.

Rechnen mit Geld bis 100 Cent

1

a) Wer hat mehr Geld als Ben?

_____ ▢▢ ct

_____ ▢▢ ct

b) Wer hat weniger Geld als Anna?

_____ ▢▢ ct

_____ ▢▢ ct

2 Wie viele Cent fehlen noch:

a) bis

4 ct + ▢ ct = 10 ct

1 ct + ▢ ct = 10 ct

5 ct + ▢ ct = 10 ct

7 ct + ▢ ct = 10 ct

b) bis

12 ct + ▢ ct = 20 ct

15 ct + ▢ ct = 20 ct

10 ct + ▢▢ ct = 20 ct

16 ct + ▢ ct = 20 ct

c) bis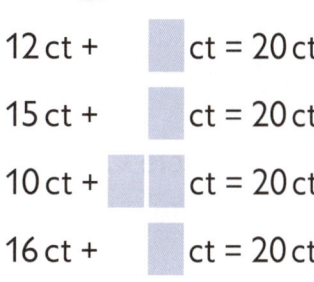

40 ct + ▢▢ ct = 50 ct

20 ct + ▢▢ ct = 50 ct

10 ct + ▢▢ ct = 50 ct

30 ct + ▢▢ ct = 50 ct

d) bis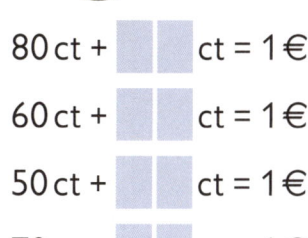

80 ct + ▢▢ ct = 1 €

60 ct + ▢▢ ct = 1 €

50 ct + ▢▢ ct = 1 €

70 ct + ▢▢ ct = 1 €

Tipp!

100 ct = 1 €

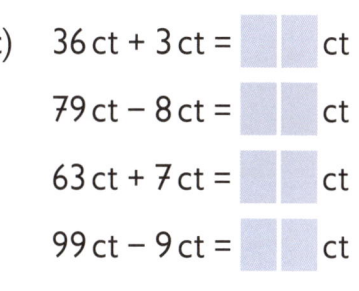

3 a) 22 ct + 8 ct = ▢▢ ct

70 ct + 5 ct = ▢▢ ct

96 ct + 3 ct = ▢▢ ct

45 ct + 5 ct = ▢▢ ct

b) 49 ct – 7 ct = ▢▢ ct

88 ct – 8 ct = ▢▢ ct

76 ct – 5 ct = ▢▢ ct

60 ct – 9 ct = ▢▢ ct

c) 36 ct + 3 ct = ▢▢ ct

79 ct – 8 ct = ▢▢ ct

63 ct + 7 ct = ▢▢ ct

99 ct – 9 ct = ▢▢ ct

1 Max hat:

Lisa hat 20 ct weniger.
Wie viele Cent hat Lisa?

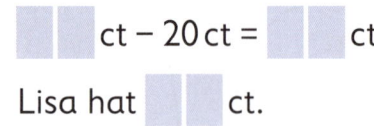
☐☐ ct − 20 ct = ☐☐ ct

Lisa hat ☐☐ ct.

2 Ben hat:

Anna hat doppelt so viele Cent.
Wie viele Cent hat Anna?

☐☐ ct ◯ ☐☐ ct = ☐☐ ct

Anna hat ☐☐ ct.

3 Tom hat:

Maria hat 7 ct weniger.
Wie viele Cent hat Maria?

☐☐ ct ◯ ☐ ct = ☐☐ ct

Maria hat ☐☐ ct.

4 Paul hat:

Nina hat 9 ct mehr.
Wie viele Cent hat Nina?

☐☐ ct ◯ ☐ ct = ☐☐ ct

Nina hat ☐☐ ct.

5 Anna hat:

Lena hat nur halb so viele Cent.
Wie viele Cent hat Lena?

☐☐ ct ◯ ☐☐ ct = ☐☐ ct

Lena hat ☐☐ ct.

6 Wie viel müssen die Kinder bezahlen?

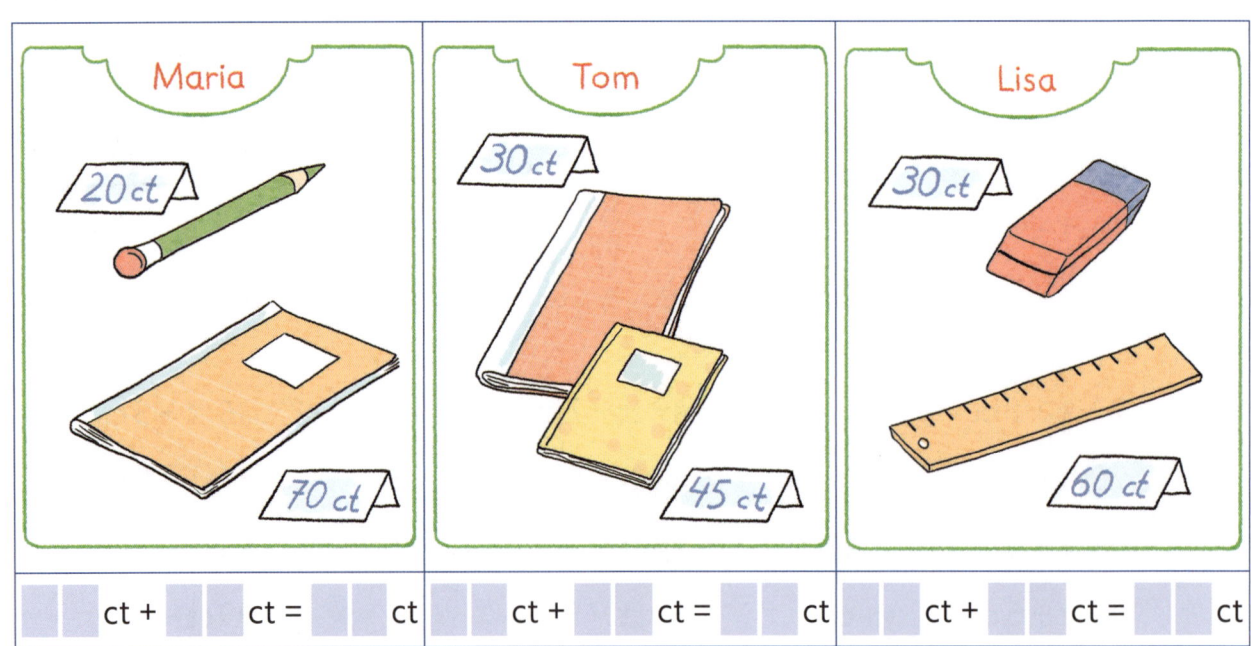

Maria
20 ct
70 ct
☐☐ ct + ☐☐ ct = ☐☐ ct

Tom
30 ct
45 ct
☐☐ ct + ☐☐ ct = ☐☐ ct

Lisa
30 ct
60 ct
☐☐ ct + ☐☐ ct = ☐☐ ct

1 bis 5: Inhalt erfassen. Aufgaben finden, lösen, antworten.   6: Aufgaben finden und lösen.

Geldwerte bis 100 Euro

1

Diese Geldscheine kennst du schon:	Diese Geldscheine sind neu:

2 Immer 60 Euro.

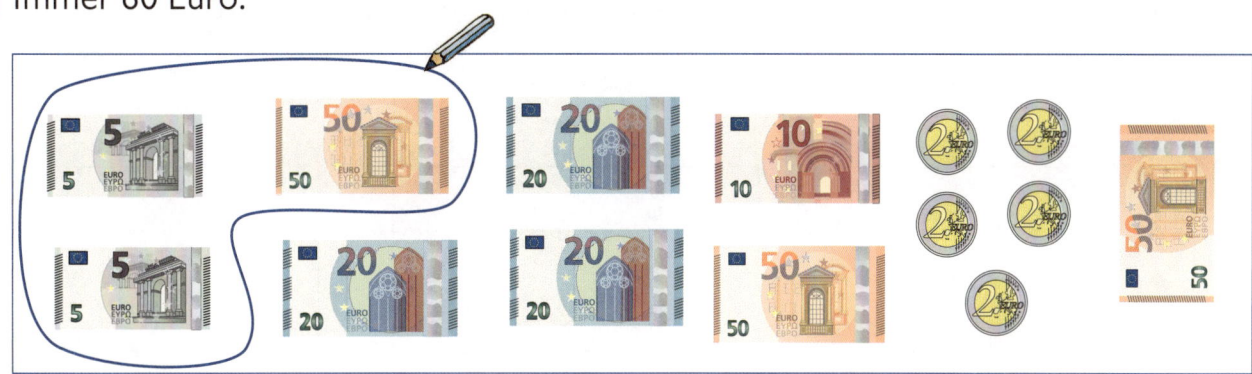

3 Immer 90 Euro.

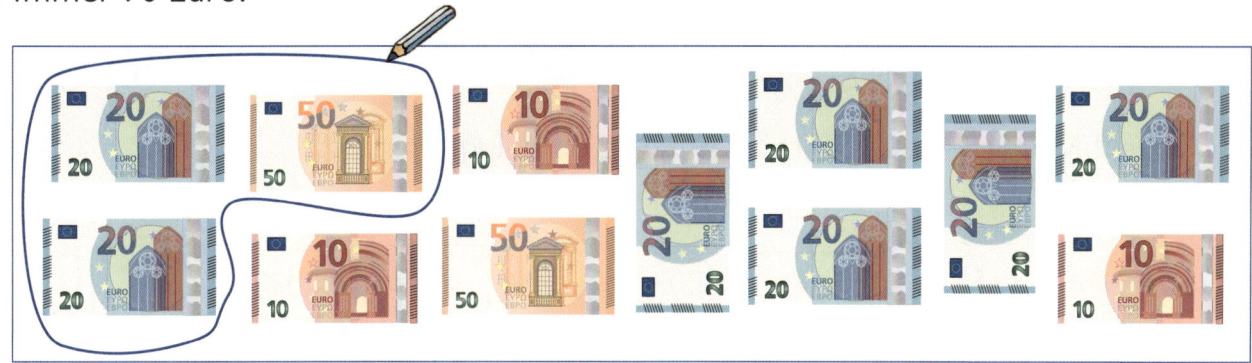

4 Immer 100 Euro.

1

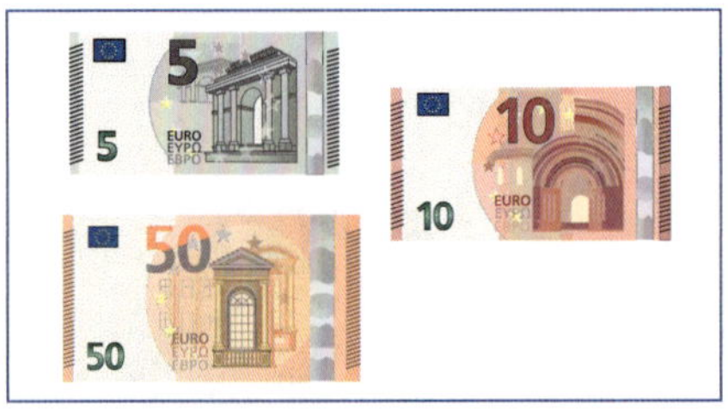

65 €   ⬜⬜ €   ⬜⬜ €

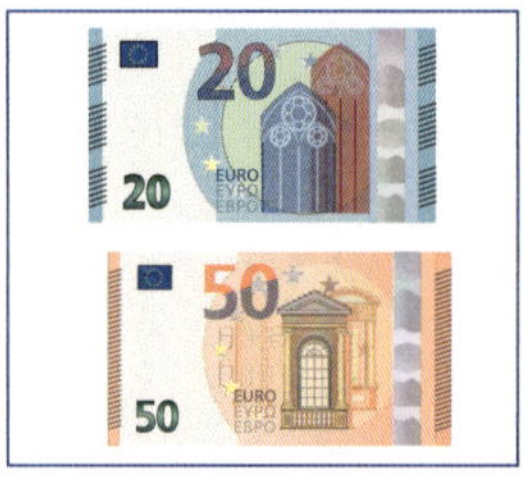

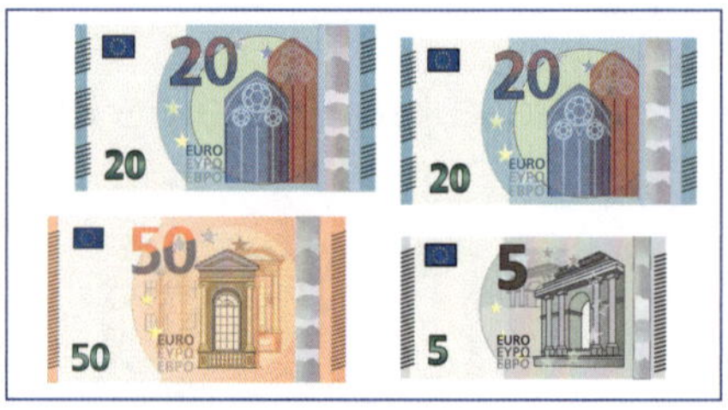

2

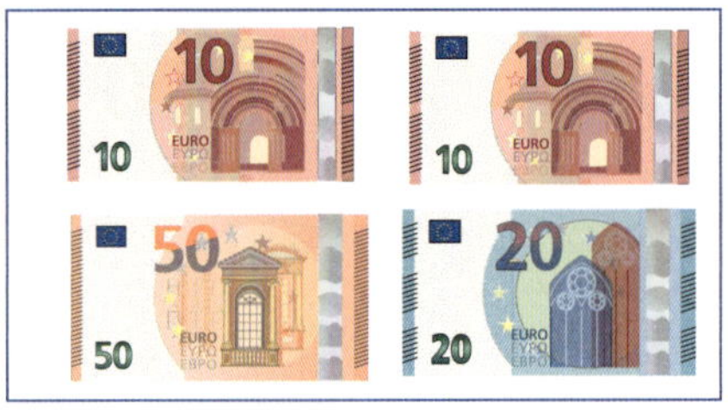

⬜⬜ €   ⬜⬜ €   ⬜⬜ €

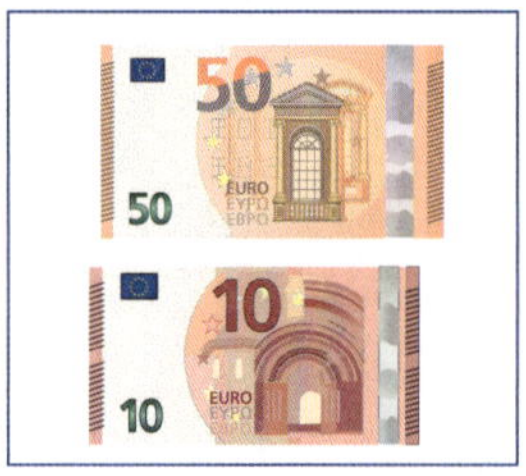

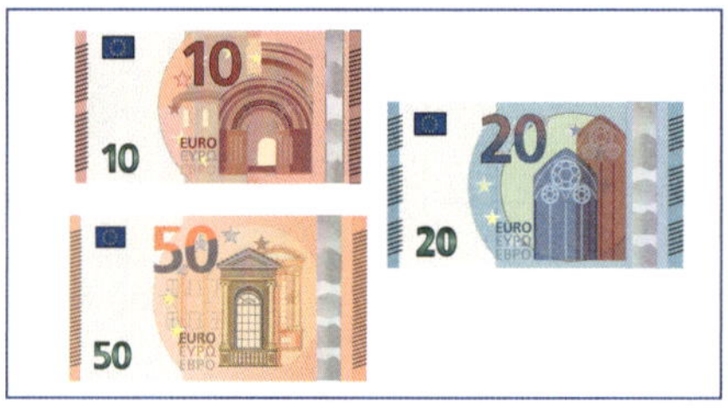

3

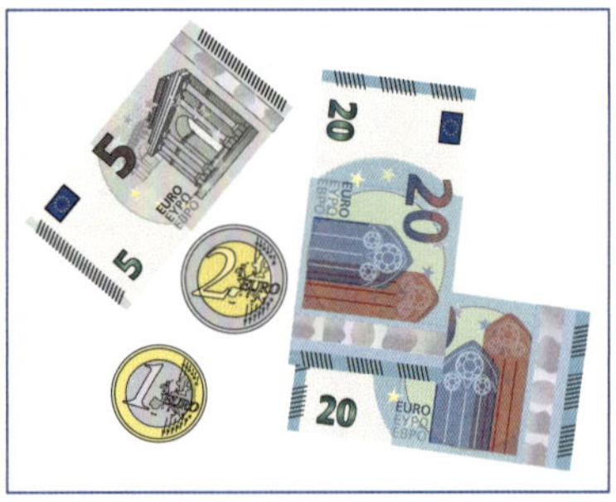

⬜⬜ €   ⬜⬜ €   ⬜⬜ €

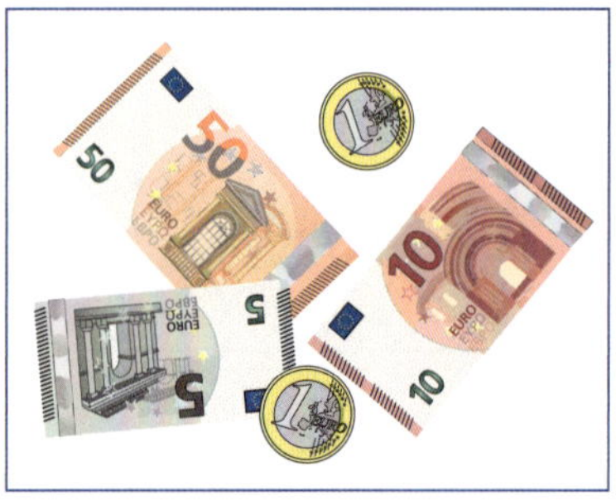

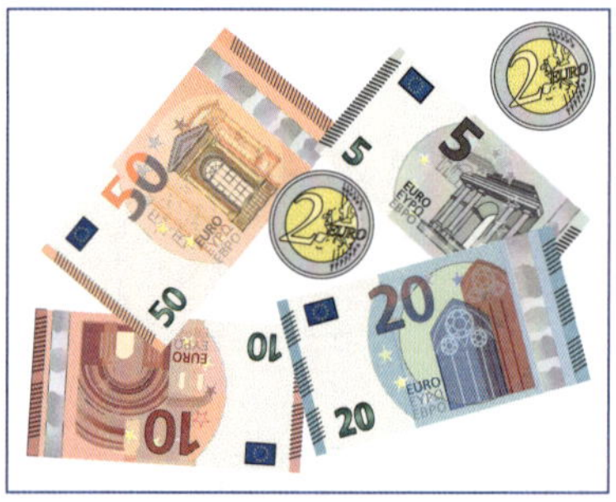

4 Lege 2 Möglichkeiten. Schreibe auf, wie du gelegt hast.

65 €	50 € 10 € ② ② ①	20 € 20 € 20 € 5 €
100 €		
78 €		
92 €		

1 Lege 50 € nur mit Geldscheinen. Schreibe, wie du gelegt hast.

2 Lege 10 € nur mit Geldmünzen. Schreibe, wie du gelegt hast.

3 Vergleiche die Geldbeträge. < , = , >

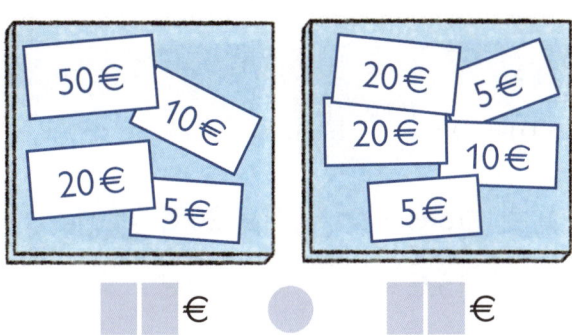

☐☐ €   ○   ☐☐ €   ☐☐ €   ○   ☐☐ €

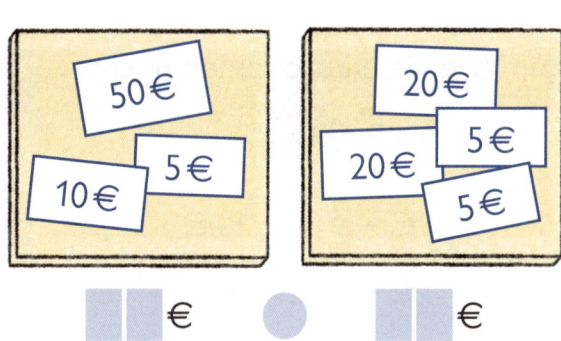

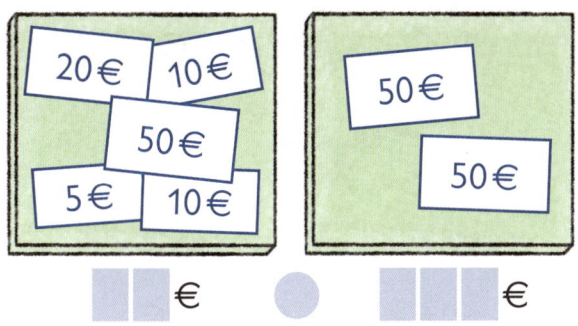

☐☐ €   ○   ☐☐☐ €   ☐☐ €   ○   ☐☐ €

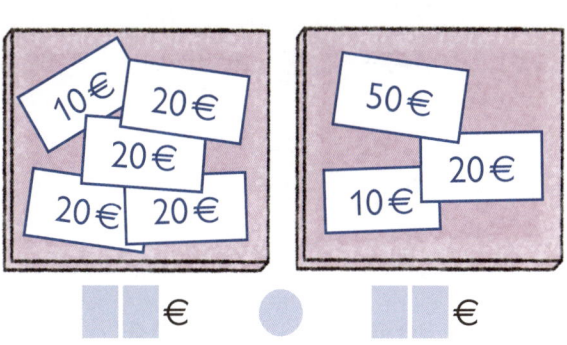

4 Freundeaufgabe – Geldbeträge verschieden legen

Nenne und lege einen Geldbetrag.
Dein Lernpartner legt den gleichen Betrag anders.

Ich lege so.

dreißig Euro

Rechnen mit Geld bis 100 Euro

1

☐ ☐ ct	☐ ☐ ct	☐ ☐ ct	☐ ☐ ct

a) Wer hat mehr Geld als Maria gespart?   _____ ☐ ☐ ct

b) Wer hat weniger Geld als Max gespart?   _____ ☐ ☐ ct

2 Wie viele Euro fehlen noch:

a) bis

6 € + ☐ € = 10 €

1 € + ☐ € = 10 €

5 € + ☐ € = 10 €

7 € + ☐ € = 10 €

b) bis

13 € + ☐ € = 20 €

15 € + ☐ € = 20 €

10 € + ☐ ☐ € = 20 €

14 € + ☐ € = 20 €

c) bis

40 € + ☐ ☐ € = 50 €

20 € + ☐ ☐ € = 50 €

10 € + ☐ ☐ € = 50 €

30 € + ☐ € = 50 €

d) bis

80 € + ☐ ☐ € = 100 €

60 € + ☐ ☐ € = 100 €

50 € + ☐ ☐ € = 100 €

70 € + ☐ ☐ € = 100 €

3

26 € + 8 € = ☐ ☐ €

70 € + 5 € = ☐ ☐ €

96 € + 3 € = ☐ ☐ €

45 € + 5 € = ☐ ☐ €

49 € − 4 € = ☐ ☐ €

88 € − 8 € = ☐ ☐ €

75 € − 5 € = ☐ ☐ €

50 € − 9 € = ☐ ☐ €

100 € − 30 € = ☐ ☐ €

50 € + 50 € = ☐ ☐ ☐ €

40 € + 60 € = ☐ ☐ ☐ €

99 € − 9 € = ☐ ☐ €

1: Geldbeträge bestimmen und vergleichen.   2: Ergänzen zum vorgegebenen Geldbetrag.   3: Addieren/Subtrahieren.

Das können die Kinder kaufen:

15 €	13 €	14 €	7 €	26 €	6 €	9 €	8 €

1 Wie viel Euro müssen die Kinder bezahlen?

Maria

15 € + 8 € = ☐☐ €

Lisa

☐☐ € + ☐ € = ☐☐ €

Tom

☐☐ € + ☐ € = ☐☐ €

Anna

☐☐ € + ☐ € = ☐☐ €

Max

☐ € + ☐☐ € = ☐☐ €

Ben

☐☐ € + ☐ € = ☐☐ €

2

Ben kauft:

9 €

Ben gibt:  20

Ben bekommt zurück:

☐☐ € – ☐ € = ☐☐ €

Lisa kauft:

20 €

Lisa gibt: 50

Lisa bekommt zurück:

☐☐ € – ☐☐ € = ☐☐ €

1

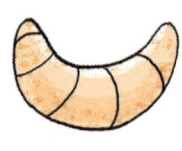   

40 ct   80 ct   30 ct   90 ct

Wie viel Cent bleiben übrig?

a)   Max hat 50 ct. Er kauft 1 Hörnchen.

⬜⬜ ct ⬤ ⬜⬜ ct = ⬜⬜ ct   Es bleiben ⬜⬜ ct übrig.

b)   Lisa hat 100 ct. Sie kauft ein Stück Kuchen.

⬜⬜⬜ ct ⬤ ⬜⬜ ct = ⬜⬜ ct   Es bleiben ⬜⬜ ct übrig.

c)   Ben hat 1 €. Er kauft 1 Brötchen und 1 Hörnchen.

d)   Maria hat 1 €. Sie kauft 2 Hörnchen.

Tipp!

1 € = 100 ct

2 Wie viel Euro sind zu bezahlen?

a)

30 €   9 €

b)

55 €   10 €

c)
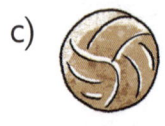 

20 €   14 €   6 €

d)
 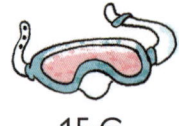

40 €   20 €   15 €

3 0 € +

1, 2: Subtraktions- bzw. Additionsaufgaben bilden und lösen.

1 Die Summe ist:

Immer 80 €.

30 € + ☐☐ € = 80 €

☐☐ € + ☐☐ € = 80 €

☐☐ € + ☐☐ € = 80 €

☐☐ € + ☐☐ € = 80 €

Immer 90 €.

70 € + ☐☐ € = 90 €

☐☐ € + ☐☐ € = 90 €

☐☐ € + ☐☐ € = 90 €

☐☐ € + ☐☐ € = 90 €

2 Die Differenz ist:

Immer 10 €.

70 € − ☐☐ € = 10 €

☐☐ € − ☐☐ € = 10 €

☐☐ € − ☐☐ € = 10 €

☐☐ € − ☐☐ € = 10 €

Immer 20 €.

60 € − ☐☐ € = 20 €

☐☐ € − ☐☐ € = 20 €

☐☐ € − ☐☐ € = 20 €

☐☐ € − ☐☐ € = 20 €

3 Wer hat mehr Geld? Lege und vergleiche. ⟨ < , = , > ⟩

Lisa hat:

Anna hat:

☐☐ € ⬤ ☐☐ €

4

Ben hat:

Tom hat:

☐☐ € ⬤ ☐☐ €

Strecken und Punkte

Eine Strecke hat einen Anfangspunkt und einen Endpunkt.

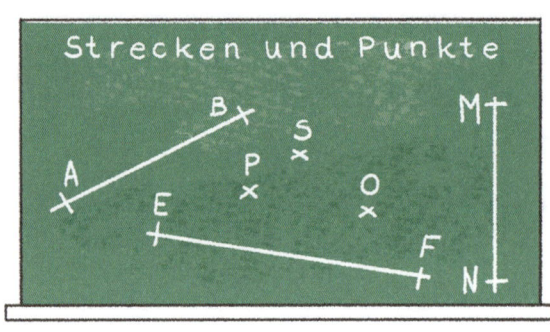

Strecken und Punkte

Punkte und Strecken haben einen Namen.

1 Miss die Länge der Strecken.

A ——————————— B

$\overline{AB}$ = ☐ cm

$\overline{GH}$ = ☐ cm

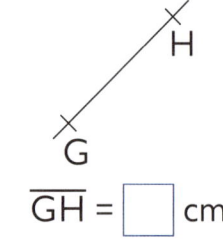

$\overline{LM}$ = ☐ cm

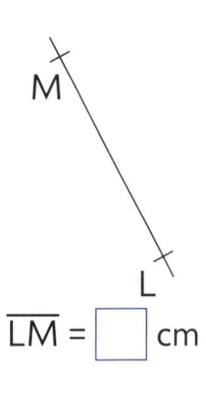

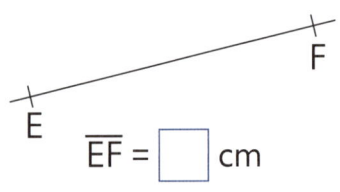

$\overline{EF}$ = ☐ cm

$\overline{CD}$ = ☐ cm

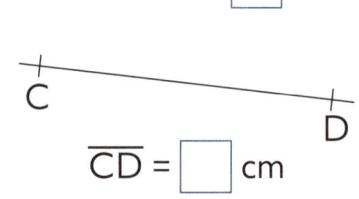

2 Zeichne die Strecken: $\overline{AB}$ = 10 cm $\overline{EF}$ = 5 cm $\overline{CD}$ = 7 cm

3 Schreibe alle Punkte auf:

a)   die zwischen den Punkten A und B liegen.

E,

b)   die nicht auf der Strecke $\overline{AB}$ liegen.

C,

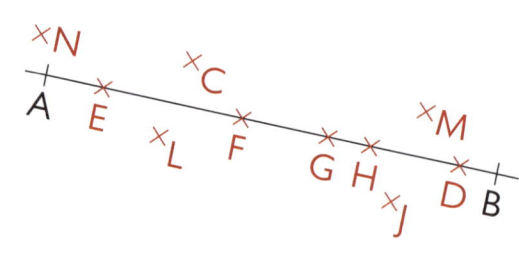

4 Zeichne zur Strecke $\overline{EF}$ eine doppelt so lange Strecke.

E   F

1 Zeichne die Strecken:

a) $\overline{AB}$ = 7 cm

b) $\overline{CD}$ = 8 cm

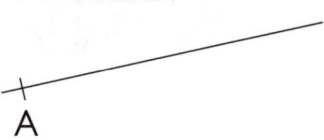

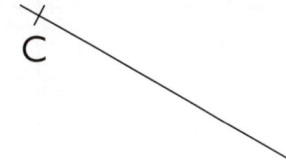

c) $\overline{EF}$ = 9 cm

d) $\overline{GH}$ = 4 cm

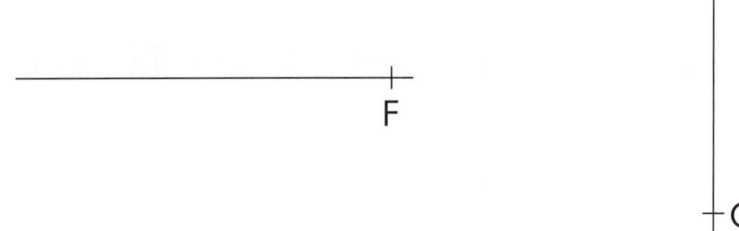

2 Zeichne die Strecken so, dass sie sich schneiden.
Nenne den Schnittpunkt S.

a) $\overline{AB}$ = 9 cm und $\overline{CD}$ = 6 cm

b) $\overline{EF}$ = 4 cm und $\overline{GH}$ = 7 cm

1: Strecke mit gegebener Länge zeichnen.   2: Sich schneidende Strecken zeichnen.

75

Strecken, die zueinander parallel sind

1 Welche Strecken sind zueinander parallel?
Zeichne die Strecken farbig nach.

Tipp!
Prüfe mit dem Geodreieck.

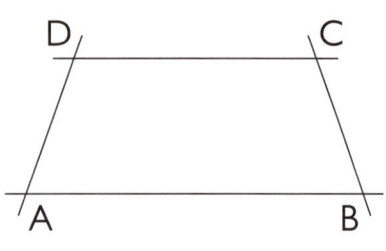

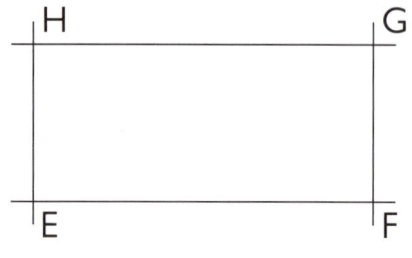

2 Zeichne zu jeder Strecke eine parallele Strecke $\overline{LM}$ = 4 cm.

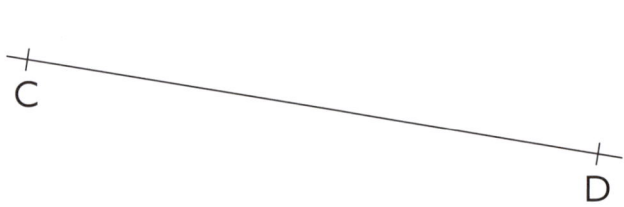

Zeichne so:

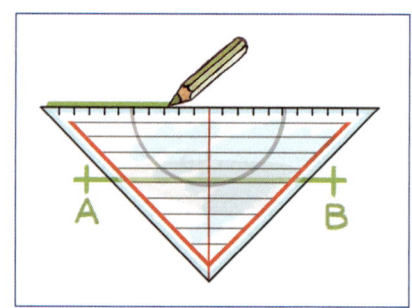

3 Zeichne zur Strecke $\overline{AB}$ die Strecken $\overline{CD}$ = 6 cm und
$\overline{EF}$ = 4 cm so, dass sie parallel zur Strecke $\overline{AB}$ sind.

Zeichne so:

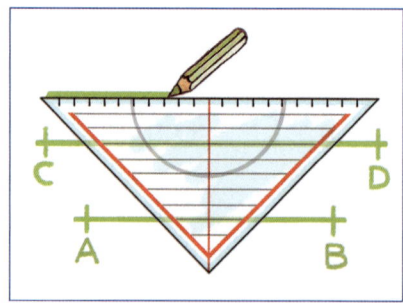

A ———+——— B

1: Parallelität mit dem Geodreieck überprüfen. Strecken nachzeichnen.   2: Strecken nach vorgegebener Länge zeichnen.
3: Zur gegebenen Strecke parallele Strecken zeichnen.

1 Zeichne Strecken, die zueinander parallel sind.

a) $\overline{AB}$ = 7 cm ist parallel zu $\overline{CD}$ = 5 cm

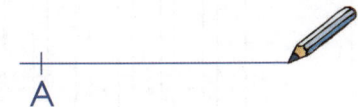

A

b) $\overline{EF}$ = 4 cm ist parallel zu $\overline{GH}$ = 6 cm

E

c) $\overline{LM}$ = 3 cm ist parallel zu $\overline{NO}$ = 9 cm

M

2 Sind die Strecken zueinander parallel?
Prüfe mit dem Geodreieck.

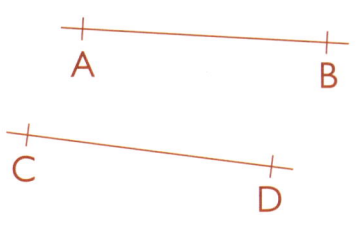

A   B

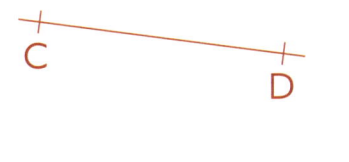

C

D

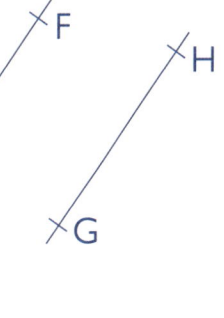

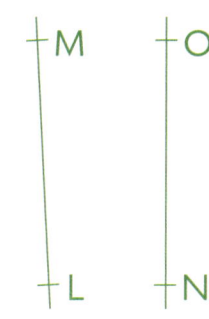

| ja | nein | | ja | nein | | ja | nein |

3 Welche Strecken sind zueinander parallel? Zeichne sie paarweise farbig nach.

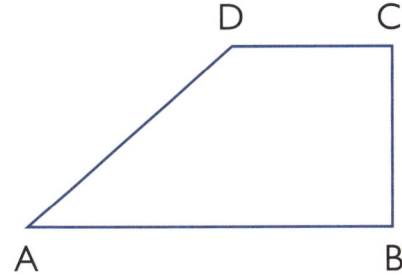

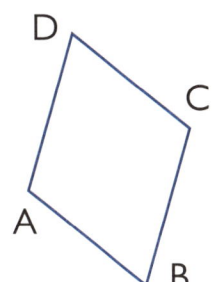

Strecken, die zueinander senkrecht sind

1

  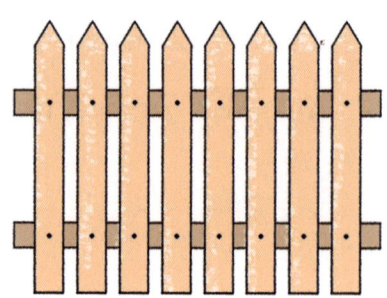

Zeige Strecken, die zueinander senkrecht sind:

a)   auf den Bildern,

b)   an der Zimmertür, den Fenstern und an Bilderrahmen.
     Überprüfe mit dem Geodreieck.

2 Zeichne zwei Strecken $\overline{AB}$ und $\overline{CD}$, die zueinander senkrecht sind.
Zeichne so mit dem Geodreieck:

1. Schritt: 2. Schritt: Überprüfen:

 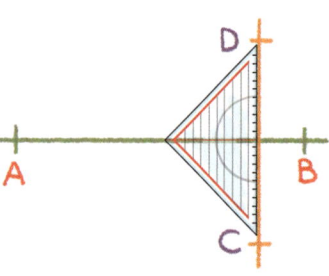 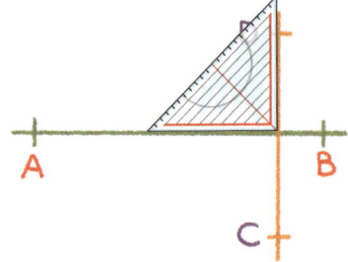

a)   b)

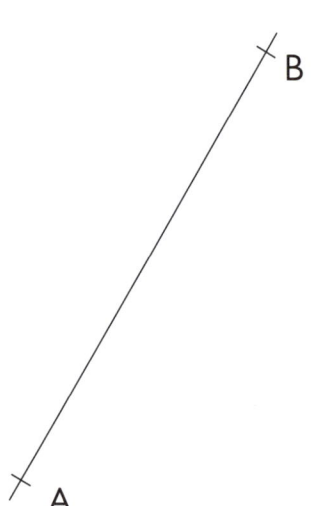

1: Dem Lernpartner Strecken zeigen, die zueinander senkrecht sind.   2: Strecken nach Vorgabe zeichnen.

1 Zeichne die Strecken so, dass sie senkrecht zueinander sind.

a) $\overline{AB}$ = 4 cm und $\overline{CD}$ = 5 cm   b) $\overline{EF}$ = 6 cm und $\overline{GH}$ = 3 cm

2 Sind die Strecken zueinander senkrecht?
Überprüfe mit dem Geodreieck.

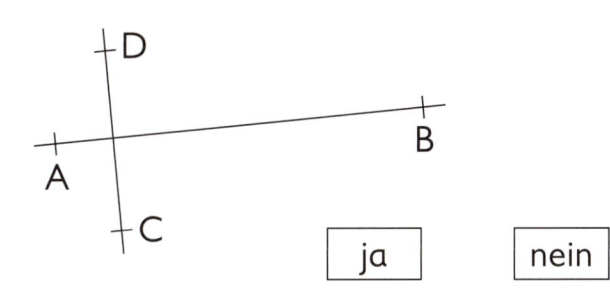

ja   nein

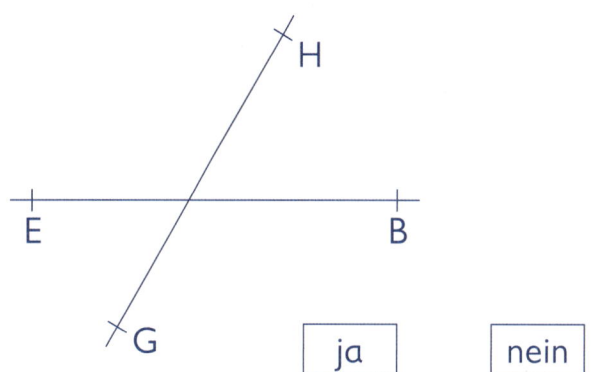

ja   nein

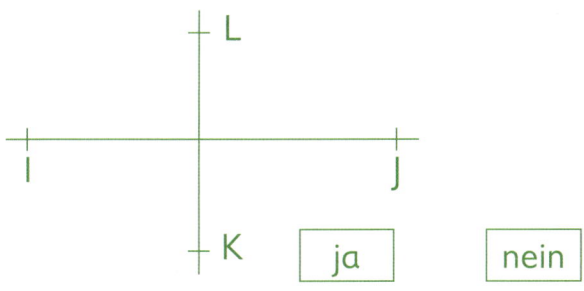

ja   nein

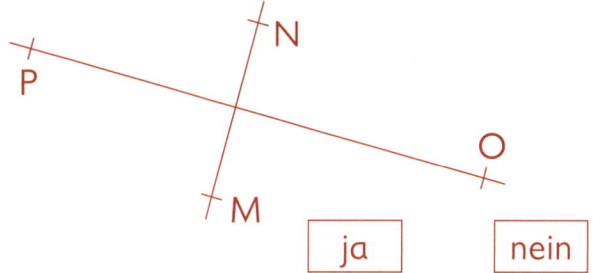

ja   nein

3 Welche Strecken sind zueinander senkrecht? Zeichne sie farbig nach.

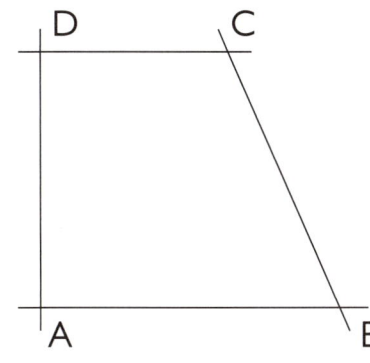

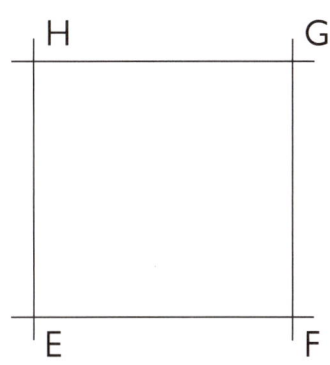

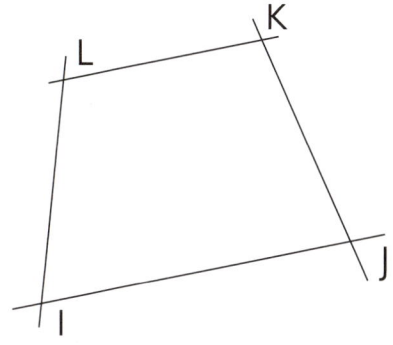

1 Lege die Buchstaben mit Stäbchen.
Male zueinander parallele Strecken mit der gleichen Farbe.

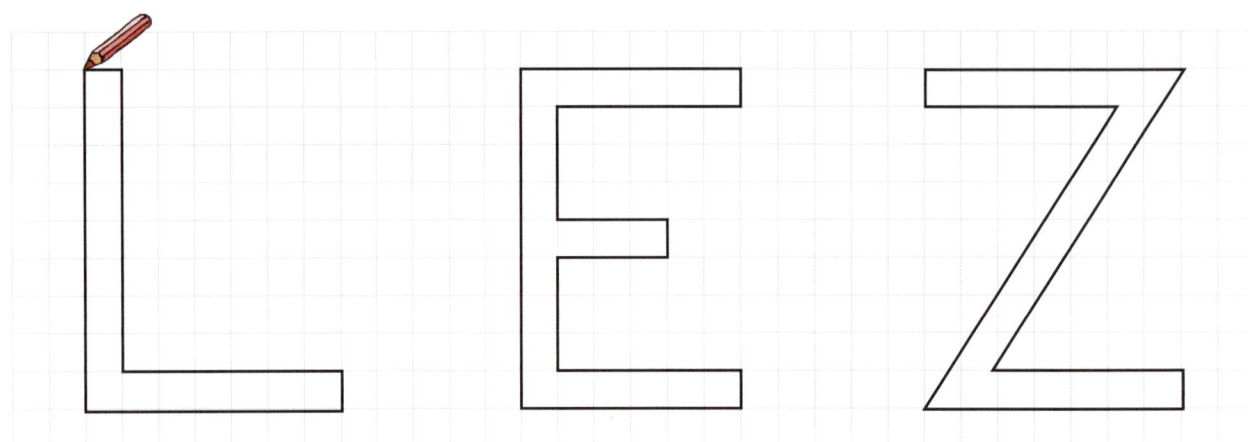

2 Lege und zeichne zwei andere Buchstaben mit zueinander parallelen
und senkrechten Strecken.

3 Zeichne 4 Strecken, die zueinander parallel sind.
Verbinde dazu immer 2 Punkte.

1: Buchstaben mit Stäbchen legen. Zueinander parallele Strecken färben.   2: Buchstaben finden, legen und zeichnen, die zueinander
parallele oder/und senkrechte Strecken haben.   3: Punkte so verbinden, dass zueinander parallele Strecken entstehen.

Mathefreunde 3

Arbeitsbuch Inklusion | Teil B

Herausgegeben von
Edmund Wallis, Leipzig

Erarbeitet von
Petra Franz, Erfurt
Patricia Reichard, Rostock
Birgit Schlabitz, Berlin
Edmund Wallis, Leipzig
Silvia Weisse, Bad Düben

VOLK UND WISSEN

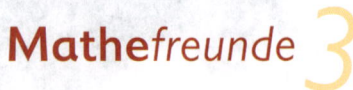

Mathefreunde 3

Arbeitsbuch Inklusion | Teil B

Herausgegeben von
Edmund Wallis, Leipzig

Erarbeitet von
Petra Franz, Erfurt; Patricia Reichard, Rostock; Birgit Schlabitz, Berlin; Edmund Wallis, Leipzig; Silvia Weisse, Bad Düben

Redaktion: Hans Huschens
Illustration: Judith Ganter; Uta Bettzieche (Hunde)
Grafik: Christine Wächter
Umschlaggestaltung und Layout: tritopp, Berlin, Daniel Müller (Illustration)
technische Umsetzung und Layout: Cornelia Gründer, agentur corngreen, Leipzig

wwwcornelsen.de

1. Auflage, 4. Druck 2021

Alle Drucke dieser Auflage sind inhaltlich unverändert
und können im Unterricht nebeneinander verwendet werden.

© 2016 Cornelsen Schulverlag GmbH, Berlin
© 2018 Cornelsen Verlag GmbH, Berlin

Druck: Athesiadruck GmbH

ISBN 978-3-06-083738-0 (Paket mit den Teilen A und B)

Inhalt

An den Symbolen
kannst du
erkennen, worum
es gerade geht.

Zahlen und
Operationen $\overset{-}{:}\overset{\cdot}{+}$

Größen und
Messen

Geometrie

Daten, Häufigkeit und
Wahrscheinlichkeit ||||

Die Aufgaben sind
so nummeriert:

1

Auf den Zetteln
findest du
die Lösungen:

0 1

Merkkasten

MERKE DIR

Freundeaufgaben

Addieren mit zweistelligen Zahlen und Zehnerzahlen

1

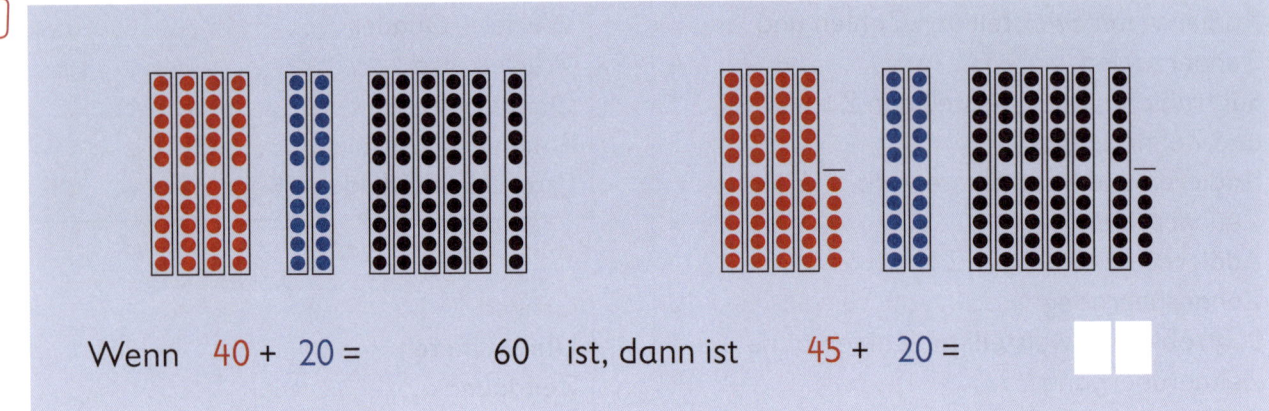

Wenn 40 + 20 = 60 ist, dann ist 45 + 20 = ⬜⬜

2 Lege erst, rechne dann.

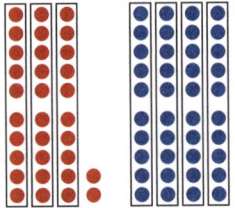

32 + 40 = ⬜⬜

46 + 30 = ⬜⬜

26 + 30 = ⬜⬜   34 + 40 = ⬜⬜   62 + 20 = ⬜⬜

57 + 30 = ⬜⬜   35 + 30 = ⬜⬜   44 + 40 = ⬜⬜

73 + 20 = ⬜⬜   63 + 30 = ⬜⬜   54 + 40 = ⬜⬜

3

37 + 50 = ⬜⬜

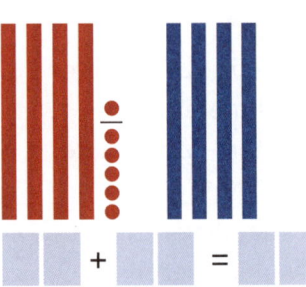

⬜⬜ + ⬜⬜ = ⬜⬜   ⬜⬜ + ⬜⬜ = ⬜⬜

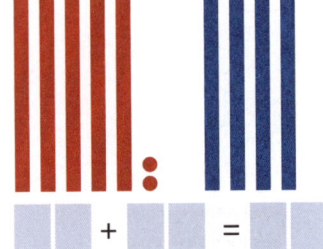

⬜⬜ + ⬜⬜ = ⬜⬜

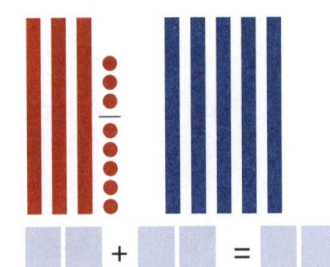

⬜⬜ + ⬜⬜ = ⬜⬜

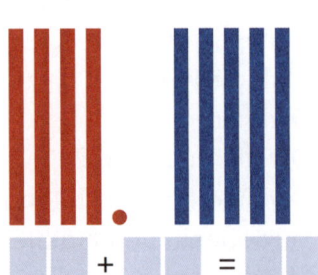

⬜⬜ + ⬜⬜ = ⬜⬜

1, 2: Aufgaben legen und lösen.   3: Aufgaben zuordnen und lösen.

1 Male und rechne.

24 + 30 = ▢▢   32 + 20 = ▢▢   51 + 30 = ▢▢

42 + 30 = ▢▢   25 + 20 = ▢▢   32 + 40 = ▢▢

2
61 + 30 = ▢▢   53 + 30 = ▢▢   16 + 30 = ▢▢
27 + 40 = ▢▢   42 + 20 = ▢▢   66 + 30 = ▢▢
34 + 40 = ▢▢   69 + 20 = ▢▢   53 + 20 = ▢▢
12 + 40 = ▢▢   45 + 40 = ▢▢   33 + 20 = ▢▢

3

74   64   +20   34   54   44

36   35   +30   37   39   38

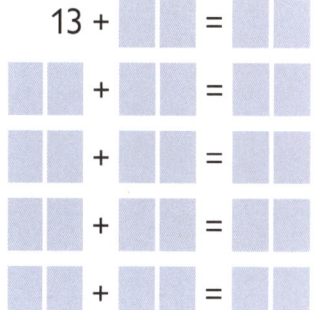

46   35   +40   57   24   13

64 + 20 = ▢▢   35 + ▢▢ = ▢▢   13 + ▢▢ = ▢▢
▢▢ + ▢ = ▢▢   ▢▢ + ▢▢ = ▢▢   ▢▢ + ▢▢ = ▢▢
▢▢ + ▢▢ = ▢▢   ▢▢ + ▢▢ = ▢▢   ▢▢ + ▢▢ = ▢▢
▢▢ + ▢▢ = ▢▢   ▢▢ + ▢▢ = ▢▢   ▢▢ + ▢▢ = ▢▢
▢▢ + ▢▢ = ▢▢   ▢▢ + ▢▢ = ▢▢   ▢▢ + ▢▢ = ▢▢

1: Zu Aufgaben Zahlbilder malen und Aufgaben lösen.   2: Addieren.   3: Aufgaben finden und lösen.

5

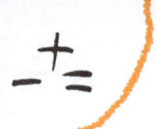

1

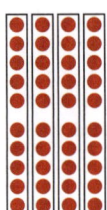

40 + 32 = ▢▢

32 + 40 = ▢▢

2

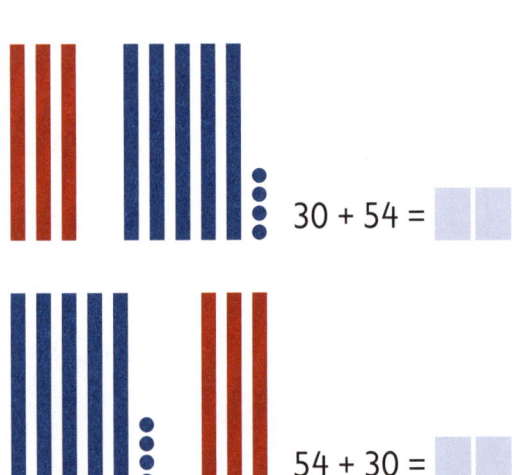

30 + 54 = ▢▢

54 + 30 = ▢▢

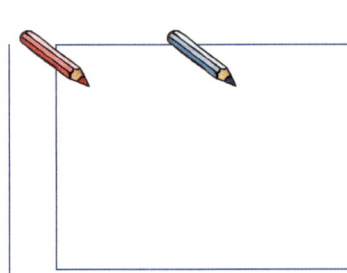

40 + 43 = ▢▢

▢▢ + ▢▢ = ▢▢

3 Bilde die Tauschaufgabe. Rechne.

20 + 75 = ▢▢
75 + ▢▢ = ▢▢

50 + 46 = ▢▢
▢▢ + ▢▢ = ▢▢

40 + 39 = ▢▢
▢▢ + ▢▢ = ▢▢

30 + 51 = ▢▢
▢▢ + ▢▢ = ▢▢

10 + 62 = ▢▢
▢▢ + ▢▢ = ▢▢

20 + 56 = ▢▢
▢▢ + ▢▢ = ▢▢

40 + 57 = ▢▢
▢▢ + ▢▢ = ▢▢

20 + 43 = ▢▢
▢▢ + ▢▢ = ▢▢

30 + 57 = ▢▢
▢▢ + ▢▢ = ▢▢

1: Aufgaben lösen.   2: Aufgabe und Tauschaufgabe darstellen und lösen.
3: Tauschaufgaben bilden und Aufgaben lösen.

Subtrahieren mit zweistelligen Zahlen und Zehnerzahlen

1

Wenn 60 – 20 = 40 ist, dann ist 65 – 20 = ☐☐

2 Lege erst, rechne dann.

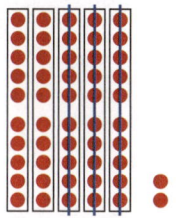

52 – 30 = ☐☐

76 – 30 = ☐☐
57 – 30 = ☐☐
83 – 40 = ☐☐

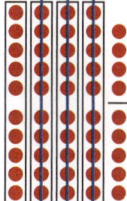

49 – 30 = ☐☐

84 – 20 = ☐☐
95 – 30 = ☐☐
62 – 30 = ☐☐

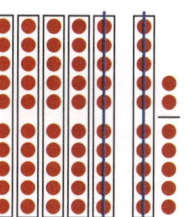

67 – 20 = ☐☐

41 – 20 = ☐☐
64 – 30 = ☐☐
53 – 40 = ☐☐

3

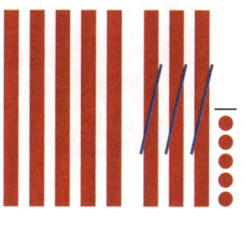

85 – 30 = ☐☐

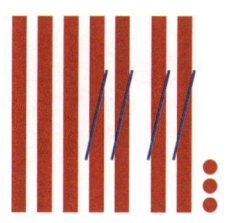

73 – ☐☐ = ☐☐

☐☐ – ☐☐ = ☐☐

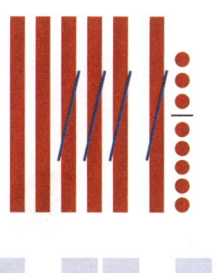

☐☐ – ☐☐ = ☐☐

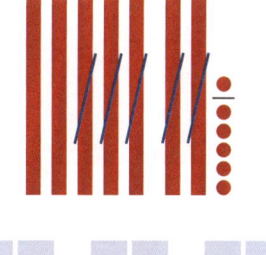

☐☐ – ☐☐ = ☐☐

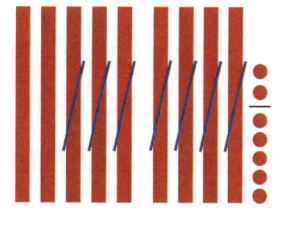

☐☐ – ☐☐ = ☐☐

1, 2: Aufgaben legen und lösen.   3: Aufgaben zuordnen und lösen.

7

1 Male und rechne.

66 − 20 = ⬜⬜

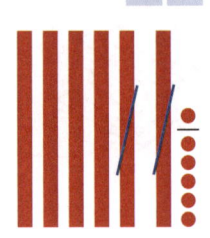

62 − 40 = ⬜⬜

72 − 50 = ⬜⬜

57 − 30 = ⬜⬜

91 − 40 = ⬜⬜

84 − 40 = ⬜⬜

2
41 − 30 = ⬜⬜   65 − 30 = ⬜⬜   87 − 50 = ⬜⬜

76 − 40 = ⬜⬜   59 − 40 = ⬜⬜   92 − 50 = ⬜⬜

56 − 40 = ⬜⬜   64 − 50 = ⬜⬜   44 − 30 = ⬜⬜

86 − 60 = ⬜⬜   93 − 60 = ⬜⬜   75 − 60 = ⬜⬜

3

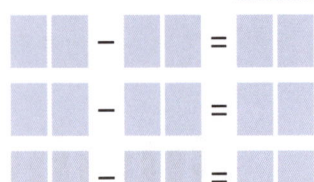
38 − 20 = ⬜⬜
⬜⬜ − ⬜⬜ = ⬜⬜
⬜⬜ − ⬜⬜ = ⬜⬜
⬜⬜ − ⬜⬜ = ⬜⬜

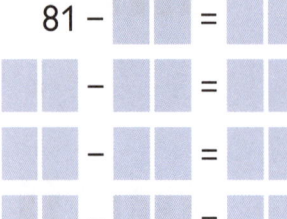
81 − ⬜⬜ = ⬜⬜
⬜⬜ − ⬜⬜ = ⬜⬜
⬜⬜ − ⬜⬜ = ⬜⬜
⬜⬜ − ⬜⬜ = ⬜⬜

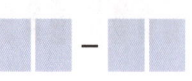
⬜⬜ − ⬜⬜ = ⬜⬜
⬜⬜ − ⬜⬜ = ⬜⬜
⬜⬜ − ⬜⬜ = ⬜⬜
⬜⬜ − ⬜⬜ = ⬜⬜

4 Ben hat 63 Bilder. Anne hat 20 Bilder weniger.
Wie viele Bilder hat Anne?

⬜⬜ ⭕ ⬜⬜ = ⬜⬜

Antwort: _____

8

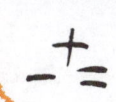

Addieren und Subtrahieren mit Zehnerzahlen

1 40 + 35 = ◻◻   42 + 20 = ◻◻   12 + 10 = ◻◻

40 + 36 = ◻◻   42 + 30 = ◻◻   24 + 20 = ◻◻

40 + 37 = ◻◻   42 + 40 = ◻◻   39 + 30 = ◻◻

40 + 38 = ◻◻   42 + 50 = ◻◻   46 + 40 = ◻◻

2 82 – 50 = ◻◻   75 – 30 = ◻◻   94 – 30 = ◻◻

83 – 50 = ◻◻   75 – 40 = ◻◻   84 – 30 = ◻◻

84 – 50 = ◻◻   75 – 50 = ◻◻   74 – 30 = ◻◻

85 – 50 = ◻◻   75 – 60 = ◻◻   64 – 30 = ◻◻

3

+	20	50	30	40	60
25					

–	30	20	40	50	70
83					

4 Färbe die Luftballons.

37+40   27+30   37+30   27+20   77-20

97-20   77-10   87-40   27+40   97-40

57 (rot)   67 (gelb)   77 (grün)   47 (blau)

1

23 + 60 =	52 − 10 =	50 + 43 =
32 + 50 =	63 − 20 =	82 − 60 =
45 + 40 =	71 − 30 =	30 + 64 =
53 + 30 =	84 − 40 =	96 − 80 =

2 Finde die Lösungswörter.

O	E	A	S	T	P	I	R	L
22	35	36	45	52	54	63	67	76

25 + 20 =	65 − 20 =	85 − 40 =
84 − 30 =	92 − 40 =	30 + 24 =
93 − 30 =	76 − 40 =	72 − 50 =
75 − 40 =	27 + 40 =	37 + 30 =
50 + 26 =	12 + 40 =	82 − 30 =

3

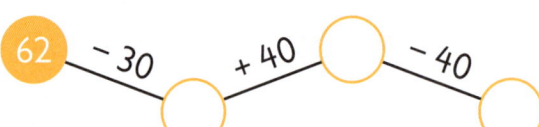
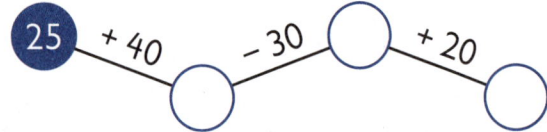
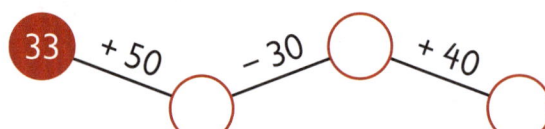
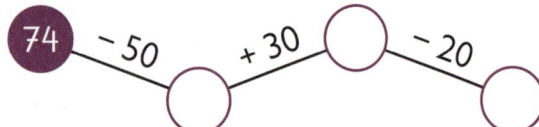
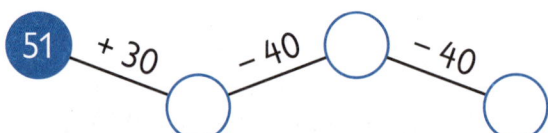
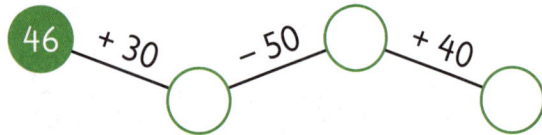
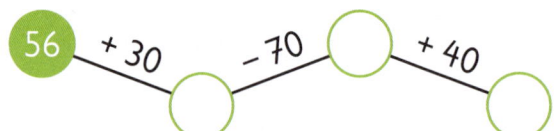
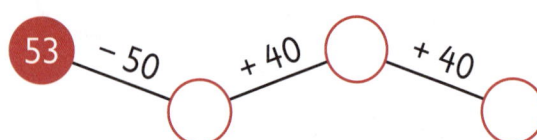
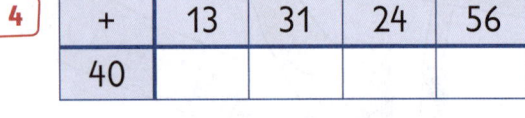

4

+	13	31	24	56
40				

+	25	46	39	57
30				

−	50	40	30	20
53				

−	10	30	50	70
73				

1: Addieren und Subtrahieren.　2: Aufgaben lösen und mit dem Lösungswort kontrollieren.　3: Kettenaufgaben lösen.　4: Tabellen lösen.

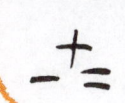

1 Lege und rechne.

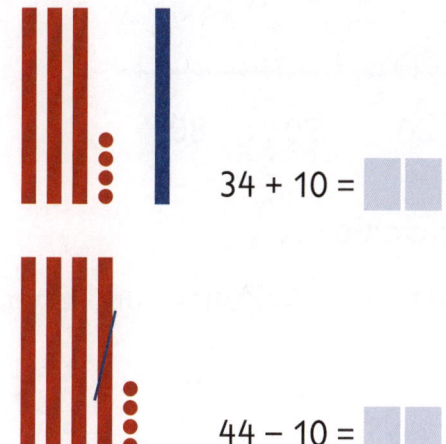

$34 + 10 =$ ▢▢

$54 + 30 =$ ▢▢

$44 - 10 =$ ▢▢

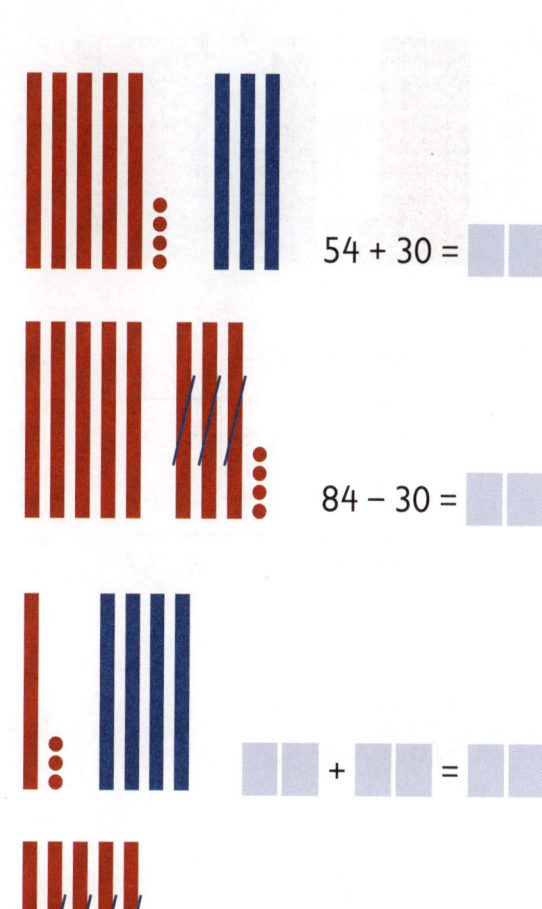

$84 - 30 =$ ▢▢

2

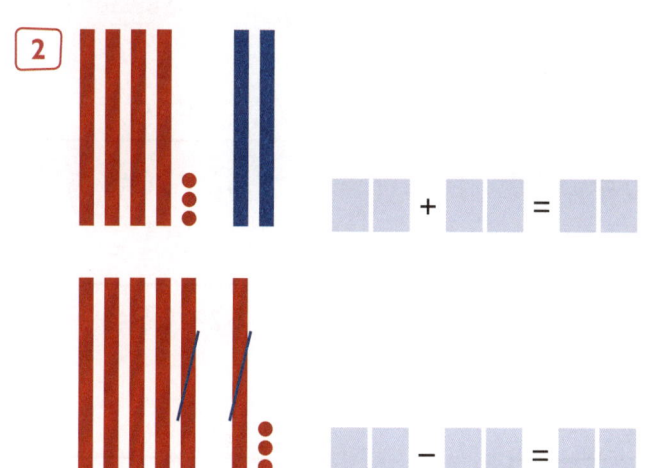

▢▢ $+$ ▢▢ $=$ ▢▢

▢▢ $+$ ▢▢ $=$ ▢▢

▢▢ $-$ ▢▢ $=$ ▢▢

▢▢ $-$ ▢▢ $=$ ▢▢

3 Finde die Umkehraufgabe. Löse die Aufgaben.

$45 + 50 =$ ▢▢

$53 +\ \ \ 40 =$ ▢▢

$67 +\ \ \ 30 =$ ▢▢

$95 - 50 =$ ▢▢

▢▢ $-$ ▢▢ $=$ ▢▢

▢▢ $-$ ▢▢ $=$ ▢▢

$66 +\ \ \ 20 =$ ▢▢

$42 +\ \ \ 50 =$ ▢▢

$38 +\ \ \ 60 =$ ▢▢

▢▢ $-$ ▢▢ $=$ ▢▢

▢▢ $-$ ▢▢ $=$ ▢▢

▢▢ $-$ ▢▢ $=$ ▢▢

4

$94 - 40 =$ ▢▢

$77 -\ \ \ 40 =$ ▢▢

$86 -\ \ \ 50 =$ ▢▢

$54 + 40 =$ ▢▢

▢▢ $+$ ▢▢ $=$ ▢▢

▢▢ $+$ ▢▢ $=$ ▢▢

$61 -\ \ \ 50 =$ ▢▢

$58 -\ \ \ 40 =$ ▢▢

$99 -\ \ \ 40 =$ ▢▢

▢▢ $+$ ▢▢ $=$ ▢▢

▢▢ $+$ ▢▢ $=$ ▢▢

▢▢ $+$ ▢▢ $=$ ▢▢

1, 2: Aufgaben zuordnen und lösen.   3, 4: Umkehraufgaben bilden. Aufgaben und Umkehraufgaben lösen.

11

Addieren zweistelliger Zahlen ohne Zehnerübergang

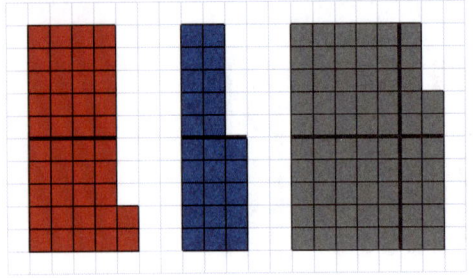

1

```
+ [ ][ ]    + [ ]
```

40   50   60   70   80

42 + 25
42 + 20 = 62
62 +   5 = 67
42 + 25 = 67

Rechne und schreibe so:

Zerlege die zweite Zahl in Zehner und Einer.

Addiere erst die Zehner.

Addiere dann die Einer.

2

26 + 32	34 + 45	62 + 25
26 + 30 = ▢▢	34 + 40 = ▢▢	62 + 20 = ▢▢
▢▢ + 2 = ▢▢	▢▢ + ▢ = ▢▢	▢▢ + ▢ = ▢▢
26 + 32 = ▢▢	34 + 45 = ▢▢	62 + 25 = ▢▢

3

55 + 34	36 + 33	41 + 46
55 + 30 = ▢▢	36 + 30 = ▢▢	41 + 40 = ▢▢
▢▢ + ▢ = ▢▢	▢▢ + ▢ = ▢▢	▢▢ + ▢ = ▢▢
55 + 34 = ▢▢	36 + 33 = ▢▢	41 + 46 = ▢▢

4

73 + 24	62 + 36	51 + 48
73 + 20 = ▢▢	62 + 30 = ▢▢	51 + 40 = ▢▢
▢▢ + ▢ = ▢▢	▢▢ + ▢ = ▢▢	▢▢ + ▢ = ▢▢
73 + 24 = ▢▢	62 + 36 = ▢▢	51 + 48 = ▢▢

5

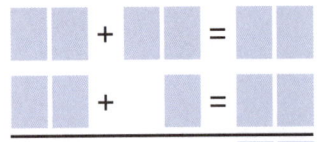

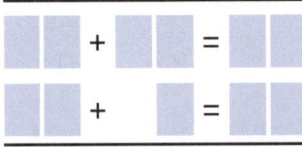

34 + 64	28 + 51	16 + 63
▢▢ + ▢▢ = ▢▢	▢▢ + ▢ = ▢▢	▢▢ + ▢ = ▢▢
▢▢ + ▢ = ▢▢	▢▢ + ▢ = ▢▢	▢▢ + ▢ = ▢▢
34 + 64 = ▢▢	28 + 51 = ▢▢	▢▢ + ▢▢ = ▢

12

1: Rechenweg erfassen und am Zahlenstrahl darstellen. Lösungsschritte versprachlichen.
2 bis 5: Addieren unter Anwendung des Verfahrens „Zerlegen".

1

$$56 \rceil + 23 \rceil = \square\square$$
$$50 + 20 = 70$$
$$6 + 3 = \square$$
$$70 + \square = \square\square$$
$$56 + 23 = \square\square$$

So kannst du auch rechnen:

← Zerlege beide Zahlen in Zehner und Einer.

← Addiere erst die Zehner.

← Addiere dann die Einer.

← Addiere dann die Summen.

2 63 + 25

$$60 + 20 = \square\square$$
$$3 + 5 = \square$$
$$\square\square + \square = \square\square$$
$$63 + 25 = \square\square$$

32 + 45

$$30 + \square\square = \square\square$$
$$2 + \square = \square$$
$$\square\square + \square = \square\square$$
$$32 + 45 = \square\square$$

24 + 54

$$\square\square + \square\square = \square\square$$
$$\square + \square = \square\square$$
$$\square\square + \square = \square\square$$
$$24 + 54 = \square\square$$

3 55 + 22

$$\square\square + \square\square = \square\square$$
$$\square + \square = \square$$
$$\square\square + \square = \square\square$$
$$55 + 22 = \square\square$$

23 + 26

$$\square\square + \square\square = \square\square$$
$$\square + \square = \square$$
$$\square\square + \square = \square\square$$
$$23 + 26 = \square\square$$

42 + 52

$$\square\square + \square\square = \square\square$$
$$\square + \square = \square$$
$$\square\square + \square = \square\square$$
$$42 + 52 = \square\square$$

4 27 + 22

$$\square\square + \square\square = \square\square$$
$$\square + \square = \square$$
$$\square\square + \square = \square\square$$
$$\square\square + \square = \square\square$$

43 + 34

$$\square\square + \square\square = \square\square$$
$$\square + \square = \square$$
$$\square\square + \square = \square\square$$
$$\square\square + \square = \square\square$$

62 + 35

$$\square\square + \square\square = \square\square$$
$$\square + \square = \square$$
$$\square\square + \square = \square\square$$
$$\square\square + \square = \square\square$$

5 42 + 24

$$\square\square + \square\square = \square\square$$
$$\square + \square = \square$$
$$\square\square + \square = \square\square$$
$$\square\square + \square\square = \square\square$$

61 + 27

$$\square\square + \square\square = \square\square$$
$$\square + \square = \square$$
$$\square\square + \square = \square\square$$
$$\square\square + \square\square = \square\square$$

53 + 42

$$\square\square + \square\square = \square\square$$
$$\square + \square = \square$$
$$\square\square + \square = \square\square$$
$$\square\square + \square\square = \square\square$$

1: Rechenweg erfassen und nachvollziehen.
2 bis 5: Anwenden des Verfahrens „Zerlegen". Kommentieren der Rechenschritte.

Subtrahieren mit zweistelligen Zahlen ohne Zehnerübergang

1

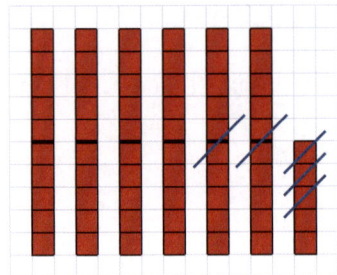

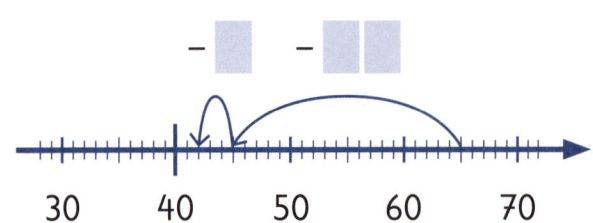

65	−	23	
65	−	20	= 45
45	−	3	= 42
65	−	23	= 42

Rechne und schreibe so:

Subtrahiere von der ersten Zahl die Zehner.

Subtrahiere dann die Einer.

2

76 − 32	84 − 23	47 − 35
76 − 30 = 46	84 − 20 = ☐☐	47 − 30 = ☐☐
46 − 2 = ☐☐	☐☐ − ☐ = ☐☐	☐☐ − ☐ = ☐☐
76 − 32 = ☐☐	84 − 23 = ☐☐	47 − 35 = ☐☐

3

56 − 24	98 − 55	69 − 43
56 − 20 = ☐☐	98 − 50 = ☐☐	69 − 40 = ☐☐
☐☐ − ☐ = ☐☐	☐☐ − ☐ = ☐☐	☐☐ − ☐ = ☐☐
56 − 24 = ☐☐	98 − 55 = ☐☐	69 − 43 = ☐☐

4

85 − 34	69 − 36	57 − 45
85 − 30 = ☐☐	69 − 30 = ☐☐	57 − 40 = ☐☐
☐☐ − ☐ = ☐☐	☐☐ − ☐ = ☐☐	☐☐ − ☐ = ☐☐
85 − 34 = ☐☐	69 − 36 = ☐☐	57 − 45 = ☐☐

5

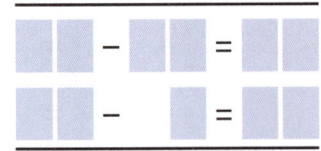

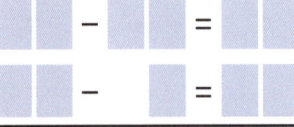

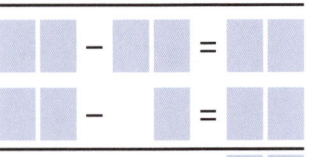

97 − 53	88 − 45	66 − 33
☐☐ − ☐☐ = ☐☐	☐☐ − ☐☐ = ☐☐	☐☐ − ☐☐ = ☐☐
☐☐ − ☐ = ☐☐	☐☐ − ☐ = ☐☐	☐☐ − ☐ = ☐☐
97 − 53 = ☐☐	88 − 45 = ☐☐	66 − 33 = ☐☐

1: Rechenweg erfassen und nachvollziehen.
2 bis 5: Anwenden des Verfahrens „Zerlegen". Kommentieren der Rechenschritte.

1

76 − 43 = ☐☐

70 − 40 = ☐☐
6 − 3 = ☐
☐☐ + ☐ = ☐☐
76 − 43 = ☐☐

So kannst du auch rechnen:

← Subtrahiere erst die Zehner.

← Subtrahiere dann die Einer.

← Addiere nun die Ergebnisse.

2

57 − 22

50 − 20 = ☐☐
7 − 2 = ☐
☐☐ + ☐ = ☐☐
57 − 22 = ☐☐

68 − 35

60 − ☐☐ = ☐☐
8 − ☐ = ☐
☐☐ + ☐ = ☐☐
68 − 35 = ☐☐

49 − 27

☐☐ − ☐☐ = ☐☐
☐ − ☐ = ☐
☐☐ + ☐ = ☐☐
49 − 27 = ☐☐

3

76 − 43

☐☐ − ☐☐ = ☐☐
☐ − ☐ = ☐
☐☐ + ☐ = ☐☐
76 − 43 = ☐☐

38 − 17

☐☐ − ☐☐ = ☐☐
☐ − ☐ = ☐
☐☐ + ☐ = ☐☐
38 − 17 = ☐☐

99 − 55

☐☐ − ☐☐ = ☐☐
☐ − ☐ = ☐
☐☐ + ☐ = ☐☐
99 − 55 = ☐☐

4

65 − 42

☐☐ − ☐☐ = ☐☐
☐ − ☐ = ☐
☐☐ + ☐ = ☐☐
☐☐ − ☐☐ = ☐☐

89 − 34

☐☐ − ☐☐ = ☐☐
☐ − ☐ = ☐
☐☐ + ☐ = ☐☐
☐☐ − ☐☐ = ☐☐

66 − 35

☐☐ − ☐☐ = ☐☐
☐ − ☐ = ☐
☐☐ + ☐ = ☐☐
☐☐ − ☐☐ = ☐☐

5

69 − 57

☐☐ − ☐☐ = ☐☐
☐ − ☐ = ☐
☐☐ + ☐ = ☐☐
☐☐ − ☐☐ = ☐☐

58 − 47

☐☐ − ☐☐ = ☐☐
☐ − ☐ = ☐
☐☐ + ☐ = ☐☐
☐☐ − ☐☐ = ☐☐

88 − 44

☐☐ − ☐☐ = ☐☐
☐ − ☐ = ☐
☐☐ + ☐ = ☐☐
☐☐ − ☐☐ = ☐☐

1: Rechenweg erfassen und nachvollziehen.
2 bis 5: Anwenden des Verfahrens „Zerlegen". Kommentieren der Rechenschritte.

Addieren und Subtrahieren zweistelliger Zahlen ohne Zehnerübergang

1

| 34 + 23 | 43 + 25 | 65 + 34 |

34 + 20 = ☐☐   43 + ☐☐ = ☐☐   65 + ☐☐ = ☐☐

☐☐ + ☐ = ☐☐   ☐☐ + ☐ = ☐☐   ☐☐ + ☐ = ☐☐

☐☐ + ☐☐ = ☐☐   ☐☐ + ☐☐ = ☐☐   ☐☐ + ☐☐ = ☐☐

2

| 67 − 13 | 48 − 35 | 87 − 44 |

67 − 10 = ☐☐   48 − ☐☐ = ☐☐   87 − ☐☐ = ☐☐

☐☐ − ☐ = ☐☐   ☐☐ − ☐ = ☐☐   ☐☐ − ☐ = ☐☐

☐☐ − ☐☐ = ☐☐   ☐☐ − ☐☐ = ☐☐   ☐☐ − ☐☐ = ☐☐

3

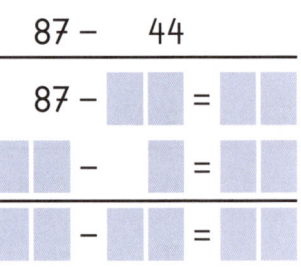

| 10 | 20 | 30 | | 20 | 10 | 30 | | 20 | 10 | (30 im oberen Stein) |

4

| 15 | 5 | 25 | | 26 | 4 | 36 | | 43 | 7 | 13 |

5

| 38 | 2 | 34 | | 56 | 4 | 24 | | 32 | 8 | (15 im oberen Stein) |

6

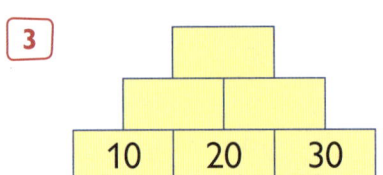 60 + 20 = ☐☐

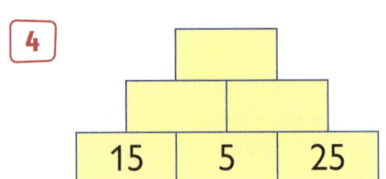 60 + 21 = ☐☐

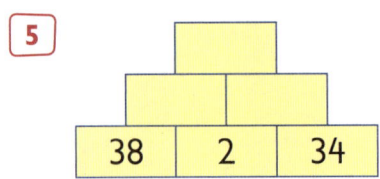 60 + 22 = ☐☐

60 + 23 = ☐☐

60 + 24 = ☐☐

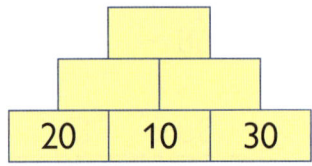 66 + 20 = ☐☐

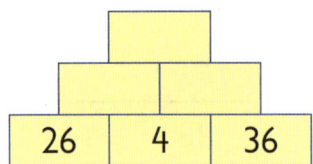 66 + 21 = ☐☐

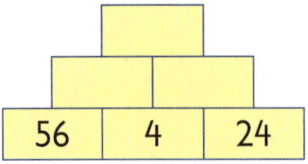 66 + 22 = ☐☐

66 + 23 = ☐☐

66 + 24 = ☐☐

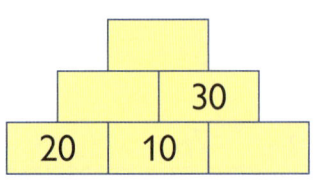 48 + 10 = ☐☐

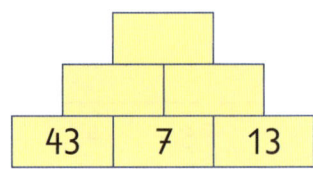 48 + 11 = ☐☐

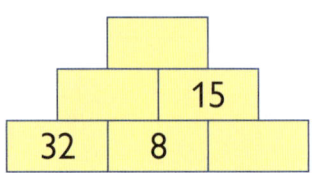 48 + 12 = ☐☐

48 + 13 = ☐☐

48 + 14 = ☐☐

1, 2: Addieren bzw. Subtrahieren. Lösungsschritte kommentieren.   3 bis 5: Zahlenmauern lösen.
6: Veränderung des Summanden erkennen und zum Lösen nutzen.

Addieren zweistelliger Zahlen mit Zehnerübergang

1

Lege und rechne.

27 + 25 =

27 + 25
27 + 20 = 47
47 + 5 = 52
27 + 25 = 52

2

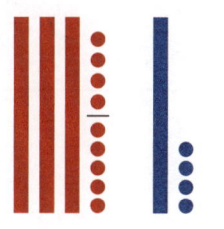

39 + 14

39 + 10 = ☐☐

☐☐ + 4 = ☐☐

39 + 14 = ☐☐

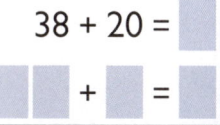

38 + 23

38 + 20 = ☐☐

☐☐ + ☐ = ☐

38 + 23 = ☐☐

47 + 26

47 + ☐ = ☐☐

☐☐ + ☐ = ☐☐

47 + 26 = ☐☐

3

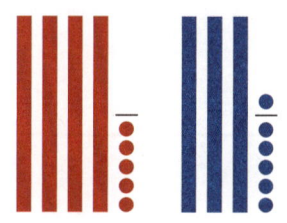

45 + 36

☐☐ + ☐☐ = ☐☐

☐☐ + ☐ = ☐☐

45 + 36 = ☐☐

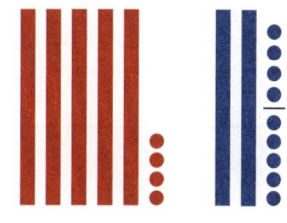

54 + 29

☐☐ + ☐☐ = ☐☐

☐☐ + ☐ = ☐☐

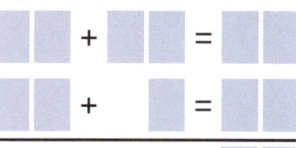

54 + 29 = ☐☐

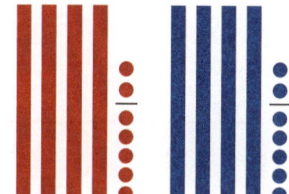

47 + 47

☐☐ + ☐☐ = ☐☐

☐☐ + ☐ = ☐☐

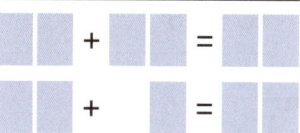

47 + 47 = ☐☐

4

56 + 26

☐☐ + ☐☐ = ☐☐

☐☐ + ☐ = ☐☐

☐☐ + ☐☐ = ☐☐

63 + 28

☐☐ + ☐☐ = ☐☐

☐☐ + ☐ = ☐☐

☐☐ + ☐☐ = ☐☐

45 + 39

☐☐ + ☐☐ = ☐☐

☐☐ + ☐ = ☐☐

☐☐ + ☐☐ = ☐☐

53   61   73   81   82   83   84   91   94

1: Bild besprechen, Aufgabe legen und lösen.   2, 3: Aufgaben legen und lösen.   4: Aufgaben lösen.
2 bis 4: Eigene Ergebnisse mit Lösungszahlen vergleichen.

17

1 28 + 24

| +   = |
| +   = |
| +   = |

36 + 17

| +   = |
| +   = |
| +   = |

37 + 26

| +   = |
| +   = |
| +   = |

2 58 + 23

| +   = |
| +   = |
| +   = |

45 + 37

| +   = |
| +   = |
| +   = |

35 + 48

| +   = |
| +   = |
| +   = |

3 76 + 16

| +   = |
| +   = |
| +   = |

56 + 28

| +   = |
| +   = |
| +   = |

69 + 22

| +   = |
| +   = |
| +   = |

52   53   63   81   82   83   84   91   92

1 bis 3: Aufgaben darstellen und lösen. Eigene Ergebnisse mit Lösungszahlen vergleichen.

Finde die Aufgabe und rechne.

1

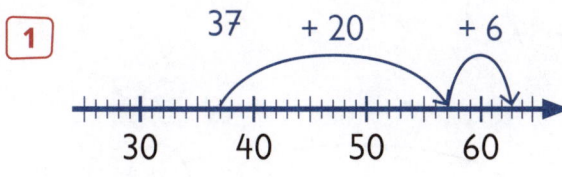

37 + 20 ... + 6

(number line 30 40 50 60)

37 + 26

☐☐ + 20 = ☐☐

☐☐ + 6 = ☐☐

☐☐ + ☐☐ = ☐☐

25 + 20 ... + 7

(number line 20 30 40 50)

25 + ☐☐

25 + ☐☐ = ☐☐

☐☐ + 7 = ☐☐

☐☐ + ☐☐ = ☐☐

2

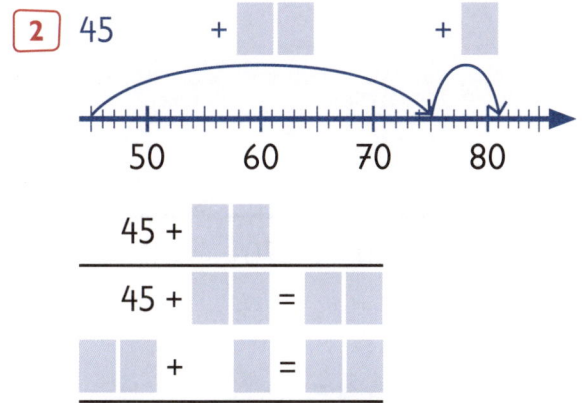

45 + ☐☐ ... + ☐

(number line 50 60 70 80)

45 + ☐☐

45 + ☐☐ = ☐☐

☐☐ + ☐ = ☐☐

☐☐ + ☐☐ = ☐☐

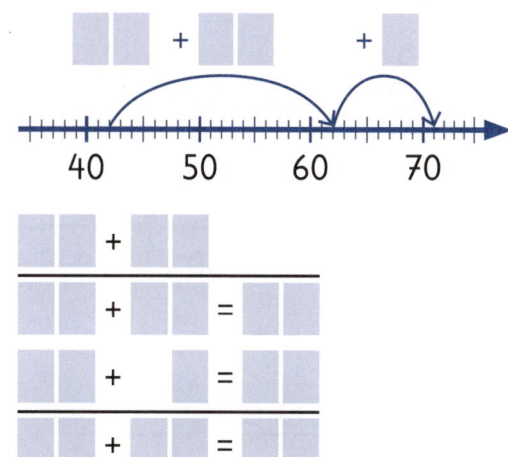

☐☐ + ☐☐ ... + ☐

(number line 40 50 60 70)

☐☐ + ☐☐

☐☐ + ☐☐ = ☐☐

☐☐ + ☐ = ☐☐

☐☐ + ☐☐ = ☐☐

3

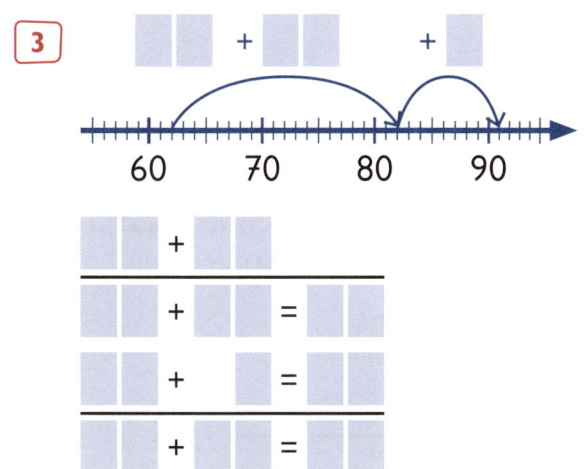

☐☐ + ☐☐ ... + ☐

(number line 60 70 80 90)

☐☐ + ☐☐

☐☐ + ☐☐ = ☐☐

☐☐ + ☐ = ☐☐

☐☐ + ☐☐ = ☐☐

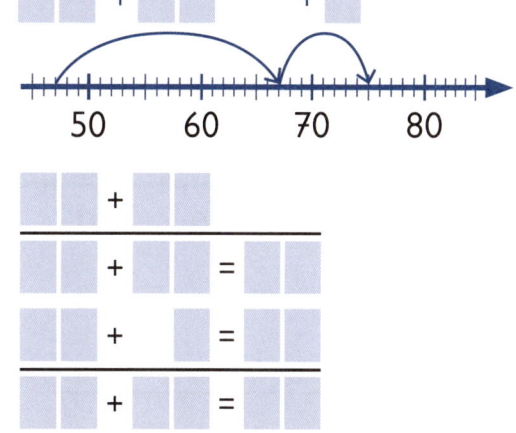

☐☐ + ☐☐ ... + ☐

(number line 50 60 70 80)

☐☐ + ☐☐

☐☐ + ☐☐ = ☐☐

☐☐ + ☐ = ☐☐

☐☐ + ☐☐ = ☐☐

52   63   71   75   81   91

Finde die Aufgabe.

1 28 + 35 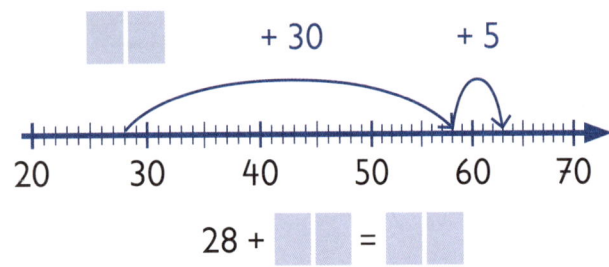   36 + 37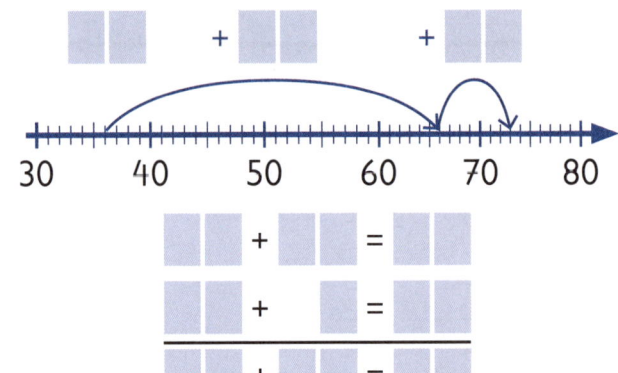

2 45 + 26 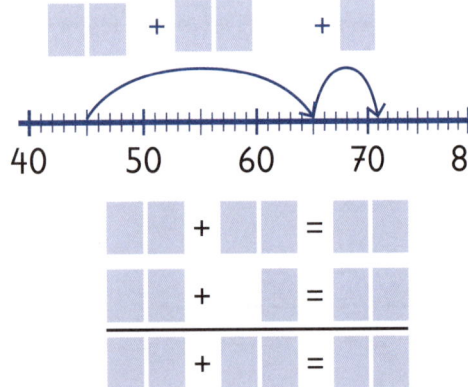   37 + 46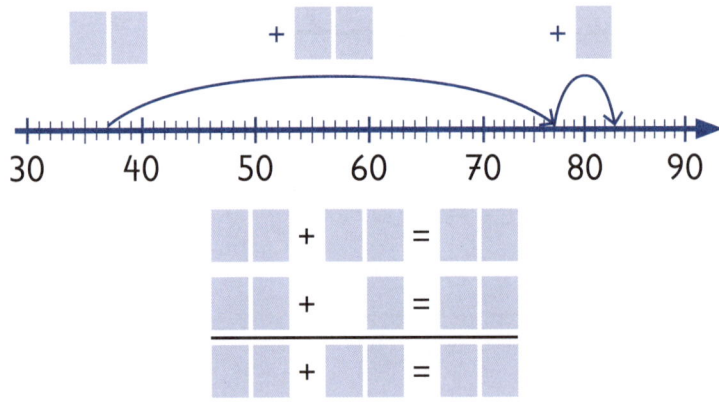

3 54 + 27 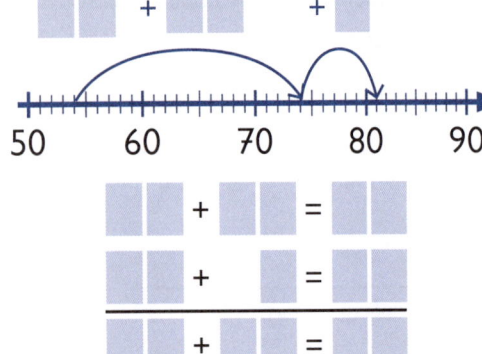   26 + 48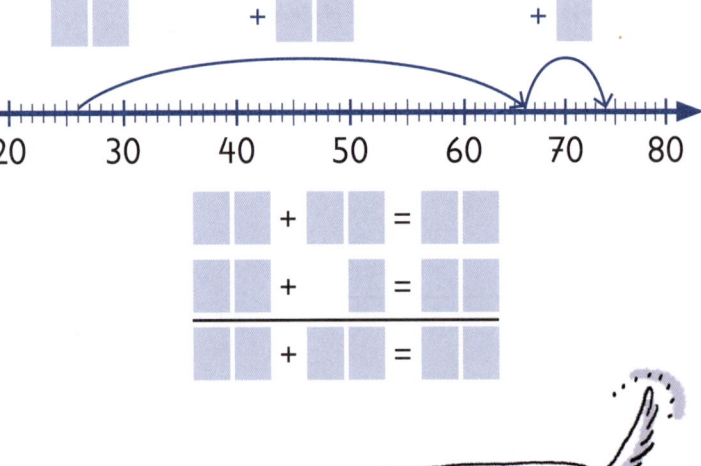

63   71   73   74   81   83

1 bis 3: Zur Zahlendarstellung die Zahlen und Aufgaben finden, Aufgaben lösen. Eigene Ergebnisse mit Lösungszahlen vergleichen.

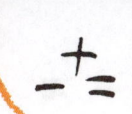

1

25 + 17

25 + 10 = □□
□□ + 7 = □□
25 + 17 = □□

34 + 28

34 + 20 = □□
□□ + □ = □□
34 + 28 = □□

57 + 16

□□ + □□ = □□
□□ + □ = □□
57 + 16 = □□

2

46 + 26

□□ + □□ = □□
□□ + □ = □□
46 + 26 = □□

67 + 25

□□ + □□ = □□
□□ + □ = □□
67 + 25 = □□

73 + 18

□□ + □□ = □□
□□ + □ = □□
73 + 18 = □□

3

39 + 43

□□ + □□ = □□
□□ + □ = □□
39 + 43 = □□

56 + 36

□□ + □□ = □□
□□ + □ = □□
56 + 36 = □□

68 + 23

□□ + □□ = □□
□□ + □ = □□
68 + 23 = □□

4

67 + 18

□□ + □□ = □□
□□ + □ = □□
67 + 18 = □□

47 + 27

□□ + □□ = □□
□□ + □ = □□
47 + 27 = □□

56 + 37

□□ + □□ = □□
□□ + □ = □□
56 + 37 = □□

5

26 + 20 = □□
26 + 24 = □□
26 + 25 = □□
26 + 26 = □□

55 + 20 = □□
55 + 25 = □□
55 + 26 = □□
55 + 27 = □□

43 + 20 = □□
43 + 27 = □□
43 + 28 = □□
43 + 29 = □□

6

18 + 4 = □□
18 + 14 = □□
18 + 24 = □□
18 + 34 = □□

57 + 6 = □□
57 + 16 = □□
57 + 26 = □□
57 + 36 = □□

34 + 7 = □□
34 + 17 = □□
34 + 27 = □□
34 + 37 = □□

1 bis 4: Addieren. 5, 6: Addieren, Systematik erkennen und beim Rechnen nutzen.

1 **Rechne und schreibe so:**

34 + 19	**Rechne zuerst:**	53 + 29	**Rechne zuerst:**
34 + 20 = ⬜⬜ ⬅	+ 20,	53 + 30 = ⬜⬜ ⬅	+ 30,
54 − 1 = ⬜⬜ ⬅	dann − 1.	83 − 1 = ⬜⬜ ⬅	dann − 1.
34 + 19 = ⬜⬜		53 + 29 = ⬜⬜	

Nutze den Rechenvorteil.

2 Zuerst + 20, dann − 1.

35 + 19	23 + 19	46 + 19
35 + 20 = ⬜⬜	23 + 20 = ⬜⬜	46 + 20 = ⬜⬜
55 − 1 = ⬜⬜	⬜⬜ − 1 = ⬜⬜	⬜⬜ − 1 = ⬜⬜
35 + 19 = ⬜⬜	23 + 19 = ⬜⬜	46 + 19 = ⬜⬜

3 Zuerst + 30, dann − 1.

42 + 29	65 + 29	54 + 29
42 + 30 = ⬜⬜	65 + 30 = ⬜⬜	54 + 30 = ⬜⬜
72 − 1 = ⬜⬜	⬜⬜ − 1 = ⬜⬜	⬜⬜ − ⬜ = ⬜⬜
42 + 29 = ⬜⬜	65 + 29 = ⬜⬜	54 + 29 = ⬜⬜

4 Zuerst + 40, dann − 1.

27 + 39	43 + 39	35 + 39
27 + 40 = ⬜⬜	43 + 40 = ⬜⬜	35 + 40 = ⬜⬜
67 − 1 = ⬜⬜	⬜⬜ − 1 = ⬜⬜	⬜⬜ − ⬜ = ⬜⬜
27 + 39 = ⬜⬜	43 + 39 = ⬜⬜	35 + 39 = ⬜⬜

5
53 + 20 = ⬜⬜	46 + 30 = ⬜⬜	57 + 40 = ⬜⬜
53 + 19 = ⬜⬜	46 + 29 = ⬜⬜	57 + 39 = ⬜⬜

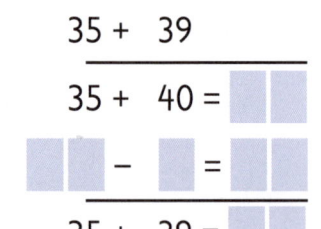

1 bis 5: Rechenvorteil erkennen und zum Lösen der Aufgaben nutzen.

Subtrahieren zweistelliger Zahlen mit Zehnerübergang

1

45 − 28 =

Lege und rechne.

45 − 28	
45 − 20 =	
25 − 8 =	
45 − 28 =	

2

55 − 26

55 − 20 =

 − 6 =

55 − 26 =

67 − 39

67 − 30 =

 − 9 =

67 − 39 =

75 − 28

75 − =

 − =

75 − 28 =

3

45 − 27

 − =

 − =

45 − 27 =

81 − 35

 − =

 − =

81 − 35 =

63 − 36

 − =

 − =

63 − 36 =

4

56 − 18

 − =

 − =

56 − 18 =

74 − 26

 − =

 − =

74 − 26 =

84 − 27

 − =

 − =

84 − 27 =

18   27   28   29   38   46   47   48   57

1: Schrittfolge beim Lösen erfassen, Aufgabe legen und lösen.   2, 3: Aufgabe legen und lösen.   4: Aufgaben lösen.
2 bis 4: Eigene Ergebnisse mit Lösungszahlen vergleichen.

23

Streiche ab und rechne.

1 46 – 17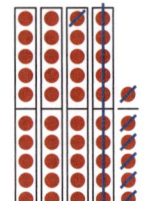

46 – 10 = ▢▢
▢▢ – 7 = ▢▢
46 – 17 = ▢▢

32 – 13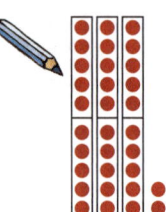

32 – 10 = ▢▢
▢▢ – 3 = ▢▢
32 – 13 = ▢▢

55 – 28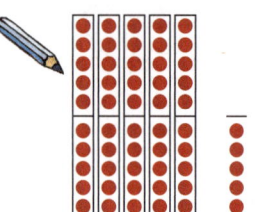

▢▢ – ▢▢ = ▢▢
▢▢ – ▢ = ▢▢
55 – 28 = ▢▢

2 74 – 46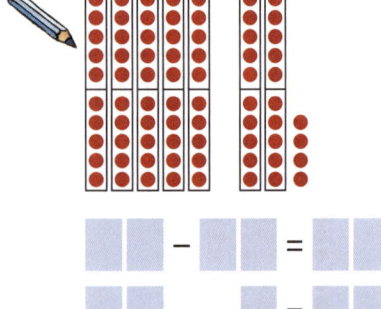

▢▢ – ▢ = ▢▢
▢▢ – ▢ = ▢▢
74 – 46 = ▢▢

43 – 25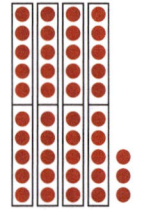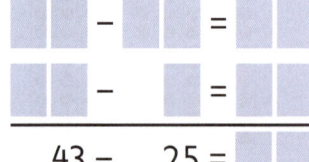

▢▢ – ▢▢ = ▢▢
▢▢ – ▢ = ▢▢
43 – 25 = ▢▢

61 – 35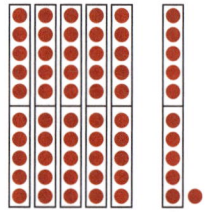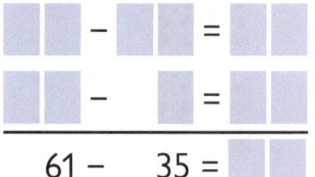

▢▢ – ▢▢ = ▢▢
▢▢ – ▢ = ▢▢
61 – 35 = ▢▢

3 55 – 38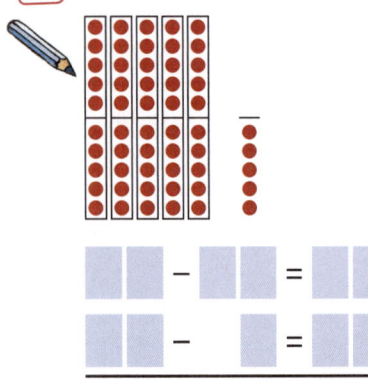

▢▢ – ▢ = ▢▢
▢▢ – ▢ = ▢▢
55 – 38 = ▢▢

53 – 28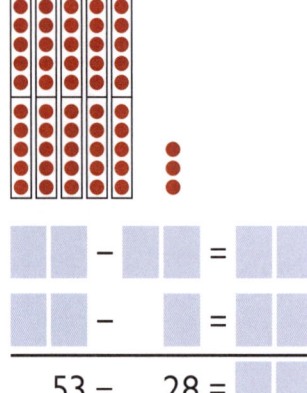

▢▢ – ▢▢ = ▢▢
▢▢ – ▢ = ▢▢
53 – 28 = ▢▢

62 – 24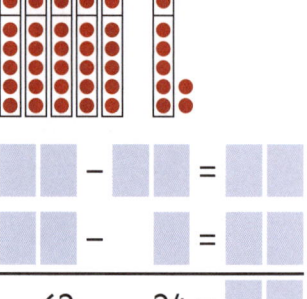

▢▢ – ▢▢ = ▢▢
▢▢ – ▢ = ▢▢
62 – 24 = ▢▢

17   18   19   25   26   27   28   29   38

1 bis 3: Aufgaben lösen. Eigene Ergebnisse mit Lösungszahlen vergleichen.

1 Finde die Aufgabe und rechne.

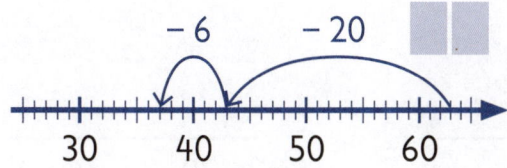

$$63 - 26$$

$$63 - 20 = \boxed{}$$

$$\boxed{} - 6 = \boxed{}$$

$$\boxed{} - \boxed{} = \boxed{}$$

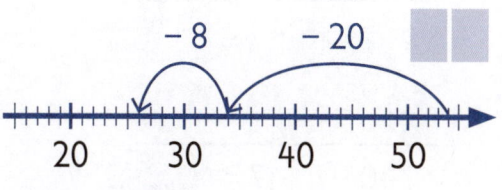

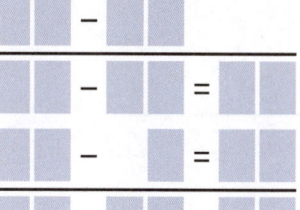

2

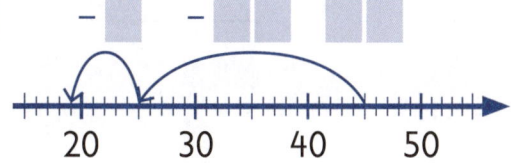

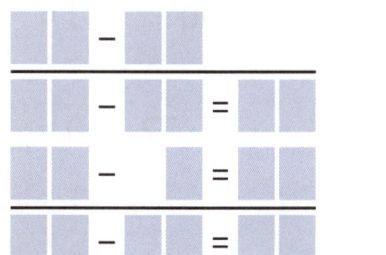

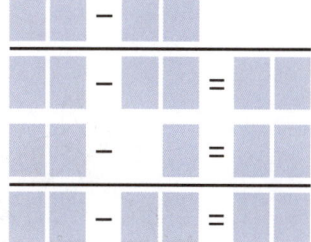

3

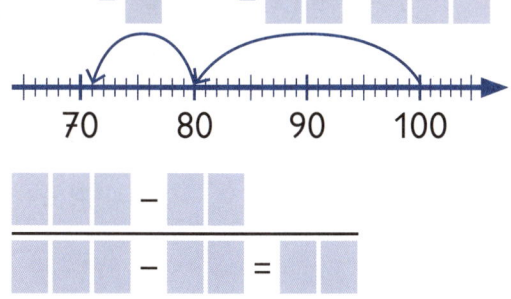

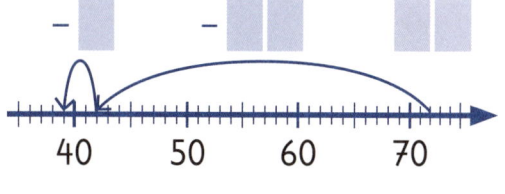

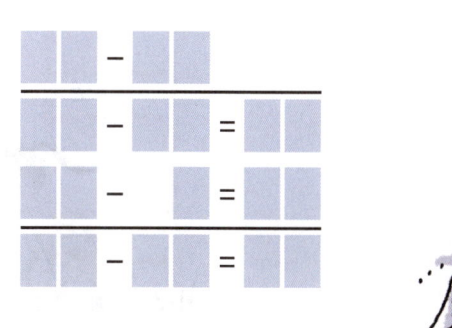

19   27   37   39   65   71

1

40 – 17

☐☐ – ☐☐ = ☐☐
☐☐ – ☐ = ☐☐
40 – 17 = ☐☐

50 – 23

☐☐ – ☐☐ = ☐☐
☐☐ – ☐ = ☐☐
50 – 23 = ☐☐

70 – 36

☐☐ – ☐☐ = ☐☐
☐☐ – ☐ = ☐☐
70 – 36 = ☐☐

2

60 – 34

☐☐ – ☐ = ☐☐
☐☐ – ☐ = ☐☐
60 – 34 = ☐☐

80 – 52

☐☐ – ☐ = ☐☐
☐☐ – ☐ = ☐☐
80 – 52 = ☐☐

100 – 61

☐☐☐ – ☐ = ☐☐
☐☐ – ☐ = ☐☐
100 – 61 = ☐☐

3

50 – 36

☐☐ – ☐☐ = ☐☐
☐☐ – ☐ = ☐☐
50 – 36 = ☐☐

60 – 48

☐☐ – ☐☐ = ☐☐
☐☐ – ☐ = ☐☐
60 – 48 = ☐☐

90 – 53

☐☐ – ☐☐ = ☐☐
☐☐ – ☐ = ☐☐
90 – 53 = ☐☐

4

61 – 20 = ☐☐
61 – 21 = ☐☐
61 – 22 = ☐☐
61 – 23 = ☐☐

83 – 30 = ☐☐
83 – 31 = ☐☐
83 – 32 = ☐☐
83 – 33 = ☐☐

72 – 40 = ☐☐
72 – 41 = ☐☐
72 – 42 = ☐☐
72 – 43 = ☐☐

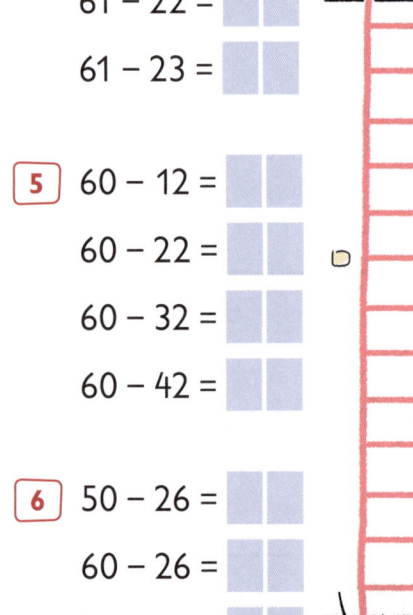

5

60 – 12 = ☐☐
60 – 22 = ☐☐
60 – 32 = ☐☐
60 – 42 = ☐☐

100 – 37 = ☐☐
100 – 47 = ☐☐
100 – 57 = ☐☐
100 – 67 = ☐☐

90 – 28 = ☐☐
90 – 38 = ☐☐
90 – 48 = ☐☐
90 – 58 = ☐☐

6

50 – 26 = ☐☐
60 – 26 = ☐☐
70 – 26 = ☐☐
80 – 26 = ☐☐

80 – 34 = ☐☐
70 – 34 = ☐☐
60 – 34 = ☐☐
50 – 34 = ☐☐

40 – 23 = ☐☐
50 – 23 = ☐☐
60 – 23 = ☐☐
70 – 23 = ☐☐

1 bis 3: Subtrahieren in Teilschritten. 4 bis 6: Gedächtnismäßiges Subtrahieren, Veränderung des Minuenden/Subtrahenden erfassen.

1

$93 - 55$

☐☐ − ☐☐ = ☐☐
☐☐ − ☐ = ☐
$93 - 55 = $ ☐☐

$72 - 48$

☐☐ − ☐☐ = ☐☐
☐☐ − ☐ = ☐
$72 - 48 = $ ☐☐

$64 - 29$

☐☐ − ☐☐ = ☐☐
☐☐ − ☐ = ☐
$64 - 29 = $ ☐☐

2

$46 - 28$

☐☐ − ☐☐ = ☐☐
☐☐ − ☐ = ☐
$46 - 28 = $ ☐☐

$66 - 49$

☐☐ − ☐☐ = ☐☐
☐☐ − ☐ = ☐
$66 - 49 = $ ☐☐

$83 - 44$

☐☐ − ☐☐ = ☐☐
☐☐ − ☐ = ☐
☐☐ − ☐ = ☐

3

$37 - 19$

☐☐ − ☐☐ = ☐☐
☐☐ − ☐ = ☐
☐☐ − ☐☐ = ☐

$77 - 28$

☐☐ − ☐☐ = ☐☐
☐☐ − ☐ = ☐
☐☐ − ☐☐ = ☐

$92 - 77$

☐☐ − ☐☐ = ☐☐
☐☐ − ☐ = ☐
☐☐ − ☐☐ = ☐

4

$52 - 23 = $ ☐☐
$52 - 24 = $ ☐☐
$52 - 25 = $ ☐☐
$52 - 26 = $ ☐☐

$64 - 35 = $ ☐☐
$64 - 36 = $ ☐☐
$64 - 37 = $ ☐☐
$64 - 38 = $ ☐☐

$83 - 55 = $ ☐☐
$83 - 56 = $ ☐☐
$83 - 57 = $ ☐☐
$83 - 58 = $ ☐☐

5

$41 - 24 = $ ☐☐
$42 - 24 = $ ☐☐
$43 - 24 = $ ☐☐
$44 - 24 = $ ☐☐

$72 - 49 = $ ☐☐
$73 - 49 = $ ☐☐
$74 - 49 = $ ☐☐
$75 - 49 = $ ☐☐

$93 - 68 = $ ☐☐
$94 - 68 = $ ☐☐
$95 - 68 = $ ☐☐
$96 - 68 = $ ☐☐

6

$31 - 19 = $ ☐☐
$32 - 18 = $ ☐☐
$33 - 17 = $ ☐☐
$34 - 16 = $ ☐☐

$47 - 29 = $ ☐☐
$46 - 28 = $ ☐☐
$45 - 27 = $ ☐☐
$44 - 26 = $ ☐☐

$53 - 24 = $ ☐☐
$54 - 25 = $ ☐☐
$55 - 26 = $ ☐☐
$56 - 27 = $ ☐☐

1 bis 3: Subtrahieren in Teilschritten. 4 bis 6: Gedächtnismäßiges Subtrahieren, Veränderung des Minuenden/Subtrahenden erfassen.

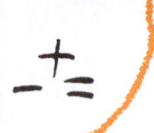

1   **Rechne und schreibe so:**

34 – 19
_____

34 – 20 = ☐☐ ⟵ **Rechne zuerst:**   – 20,

14 + 1 = ☐☐ ⟵ dann + 1.

34 – 19 = ☐☐
_____

53 – 29
_____

53 – 30 = ☐☐ ⟵ **Rechne zuerst:**   – 30,

23 + 1 = ☐☐ ⟵ dann + 1.

53 – 29 = ☐☐
_____

Nutze den Rechenvorteil.

2   Zuerst – 20, dann + 1.

35 – 19
_____

35 – 20 = ☐☐

15 + 1 = ☐☐

35 – 19 = ☐☐
_____

23 – 19
_____

23 – 20 = ☐☐

3 + 1 = ☐

23 – 19 = ☐☐
_____

46 – 19
_____

46 – 20 = ☐☐

☐☐ + 1 = ☐☐

46 – 19 = ☐☐
_____

3   Zuerst – 30, dann + 1.

42 – 29
_____

42 – 30 = ☐☐

12 + 1 = ☐☐

42 – 29 = ☐☐
_____

65 – 29
_____

65 – 30 = ☐☐

☐☐ + 1 = ☐☐

65 – 29 = ☐☐
_____

54 – 29
_____

54 – 30 = ☐☐

☐☐ + ☐ = ☐☐

54 – 29 = ☐☐
_____

4   Zuerst – 40, dann + 1.

47 – 39
_____

47 – 40 = ☐☐

7 + 1 = ☐☐

47 – 39 = ☐☐
_____

53 – 39
_____

53 – 40 = ☐☐

☐☐ + ☐ = ☐☐

53 – 39 = ☐☐
_____

75 – 39
_____

75 – 40 = ☐☐

☐☐ + ☐ = ☐☐

75 – 39 = ☐☐
_____

5   23 – 20 = ☐☐

23 – 19 = ☐☐

46 – 30 = ☐☐

46 – 29 = ☐☐

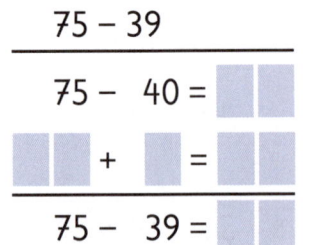

67 – 40 = ☐☐

67 – 39 = ☐☐

Addieren und Subtrahieren zweistelliger Zahlen mit Zehnerübergang

1   46 +   15   27 +   24   59 +   32

▢▢ + ▢▢ = ▢▢   ▢▢ + ▢▢ = ▢▢   ▢▢ + ▢▢ = ▢▢

▢▢ + ▢ = ▢▢   ▢▢ + ▢ = ▢▢   ▢▢ + ▢ = ▢▢

▢▢ + ▢▢ = ▢▢   ▢▢ + ▢▢ = ▢▢   ▢▢ + ▢▢ = ▢▢

2   67 +   24   78 +   15   58 +   23

▢▢ + ▢▢ = ▢▢   ▢▢ + ▢▢ = ▢▢   ▢▢ + ▢▢ = ▢▢

▢▢ + ▢ = ▢▢   ▢▢ + ▢ = ▢▢   ▢▢ + ▢ = ▢▢

▢▢ + ▢▢ = ▢▢   ▢▢ + ▢▢ = ▢▢   ▢▢ + ▢▢ = ▢▢

3      37 + 30 = ▢▢   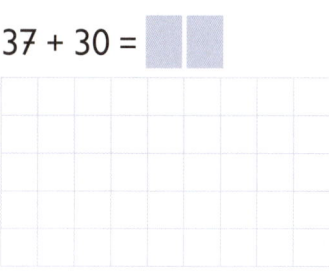   16 + 40 = ▢▢

4   45 −   16   54 −   27   82 −   39

▢▢ − ▢▢ = ▢▢   ▢▢ − ▢▢ = ▢▢   ▢▢ − ▢▢ = ▢▢

▢▢ − ▢ = ▢▢   ▢▢ − ▢ = ▢▢   ▢▢ − ▢ = ▢▢

▢▢ − ▢▢ = ▢▢   ▢▢ − ▢▢ = ▢▢   ▢▢ − ▢▢ = ▢▢

5   64 −   26   75 −   18   93 −   25

▢▢ − ▢ = ▢▢   ▢▢ − ▢ = ▢▢   ▢▢ − ▢ = ▢▢

▢▢ − ▢ = ▢▢   ▢▢ − ▢ = ▢▢   ▢▢ − ▢ = ▢▢

▢▢ − ▢▢ = ▢▢   ▢▢ − ▢▢ = ▢▢   ▢▢ − ▢▢ = ▢▢

6      37 − 30 = ▢   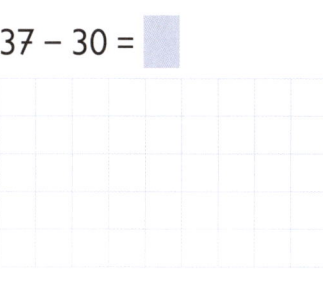   56 − 40 = ▢▢

1, 2: Additionsaufgaben halbschriftlich rechnen. 3: Aufgaben finden und lösen.
4, 5: Subtraktionsaufgaben halbschriftlich rechnen. 6: Aufgaben finden und lösen.

29

1
30 + 17 = ☐☐
30 + 18 = ☐☐
30 + 19 = ☐☐
30 + 20 = ☐☐
30 + 21 = ☐☐

30 + 17 = ☐☐
31 + 17 = ☐☐
32 + 17 = ☐☐
33 + 17 = ☐☐
34 + 17 = ☐☐

40 + 20 = ☐☐
41 + 21 = ☐☐
42 + 22 = ☐☐
43 + 23 = ☐☐
44 + 24 = ☐☐

2
48 + 10 = ☐☐
48 + 11 = ☐☐
48 + 12 = ☐☐
48 + 13 = ☐☐
48 + 14 = ☐☐

57 + 20 = ☐☐
57 + 21 = ☐☐
57 + 22 = ☐☐
57 + 23 = ☐☐
57 + 24 = ☐☐

30 + 40 = ☐☐
35 + 40 = ☐☐
35 + 45 = ☐☐
35 + 46 = ☐☐
35 + 47 = ☐☐

3
59 + 1 = ☐☐
59 + 11 = ☐☐
59 + 21 = ☐☐
59 + 31 = ☐☐
59 + 41 = ☐☐

43 + 7 = ☐☐
43 + 17 = ☐☐
43 + 27 = ☐☐
43 + 37 = ☐☐
43 + 47 = ☐☐

55 + 5 = ☐☐
55 + 6 = ☐☐
55 + 16 = ☐☐
55 + 26 = ☐☐
55 + 36 = ☐☐

4

60 –   3 = ☐☐
60 – 13 = ☐☐
60 – 23 = ☐☐
60 – ☐☐ = ☐☐
60 – ☐☐ = ☐☐

85 –   5 = ☐☐
85 – 15 = ☐☐
85 – ☐☐ = ☐☐

97 – 6 = ☐☐
97 – 7 = ☐☐
97 – 17 = ☐☐

1 bis 3: Aufbauprinzip der Päckchen erkennen und zur Lösung nutzen.
4: Subtraktionsaufgaben finden und lösen.

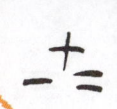

1

10	15

20	23

40	34

50	33

2

47	20

56	30

72	20

45	40

3

29	2

39	3

59	4

49	5

4

38	7

48	3

57	6

63	8

5

4	30	30

7	20	50

8	10	40

6

20	30	8

30	30	5

50	20	9

7

25	5	25

36	4	36

40	23	7

8

40		
38		34

60		
56		24

40		
32		7

9

	50	
38		44

	50	
35		43

	40	
38		37

1 bis 9: Fehlende Felder in den Zahlenmauern ausfüllen.

 52 20 72

| 52 + 20 = 72 | 72 − 20 = 52 |
| 20 + 52 = 72 | 72 − 52 = 20 |

1 Bilde Aufgabenfamilien.

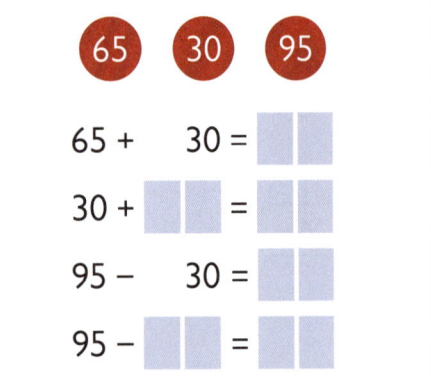

65 30 95

65 + 30 = ☐☐
30 + ☐☐ = ☐☐
95 − 30 = ☐☐
95 − ☐☐ = ☐☐

40 19 59

☐☐ + ☐☐ = ☐☐
☐☐ + ☐☐ = ☐☐
☐☐ − ☐☐ = ☐☐
☐☐ − ☐☐ = ☐☐

2

28 40 68

☐☐ + ☐☐ = ☐☐
☐☐ + ☐☐ = ☐☐
☐☐ − ☐☐ = ☐☐
☐☐ − ☐☐ = ☐☐

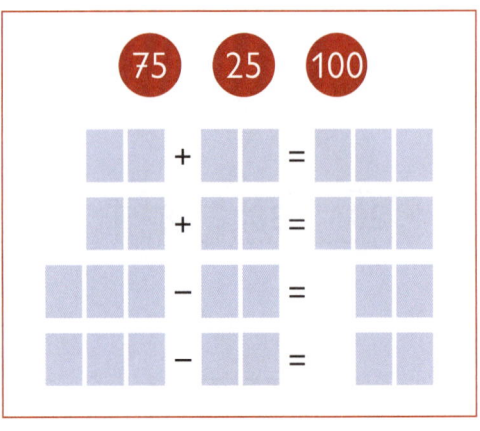

75 25 100

☐☐ + ☐☐ = ☐☐☐
☐☐ + ☐☐ = ☐☐☐
☐☐☐ − ☐☐ = ☐☐
☐☐☐ − ☐☐ = ☐☐

3

85 8 93

☐☐ + ☐ = ☐☐
☐ + ☐☐ = ☐☐
☐☐ − ☐ = ☐☐
☐☐ − ☐☐ = ☐

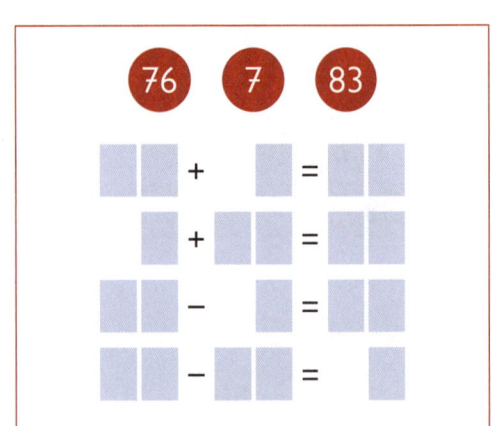

76 7 83

☐☐ + ☐ = ☐☐
☐ + ☐☐ = ☐☐
☐☐ − ☐ = ☐☐
☐☐ − ☐☐ = ☐

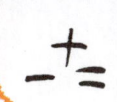

1 30 + ⬜⬜ = 50   30 + ⬜⬜ = 60   46 + ⬜ = 50

40 + ⬜⬜ = 80   30 + ⬜⬜ = 65   46 + ⬜⬜ = 60

20 + ⬜⬜ = 90   30 + ⬜⬜ = 67   46 + ⬜⬜ = 70

50 + ⬜⬜ = 100   30 + ⬜⬜ = 69   46 + ⬜⬜ = 80

2 40 − 1 = ⬜⬜   60 − 3 = ⬜⬜   75 − 5 = ⬜⬜

40 − 11 = ⬜⬜   60 − 13 = ⬜⬜   75 − 6 = ⬜⬜

40 − 21 = ⬜⬜   60 − 23 = ⬜⬜   75 − 16 = ⬜⬜

40 − 31 = ⬜   60 − 33 = ⬜⬜   75 − 26 = ⬜⬜

3 Rechne. Male die Ergebnisfelder braun aus.

50 + 23 = ⬜⬜   59 + 6 = ⬜⬜   67 − 20 = ⬜⬜

23 − 5 = ⬜⬜   51 − 6 = ⬜⬜   78 + 4 = ⬜⬜

50 + 25 = ⬜⬜   32 − 6 = ⬜⬜   87 + 4 = ⬜⬜

55 − 6 = ⬜⬜   79 + 8 = ⬜⬜   88 − 60 = ⬜⬜

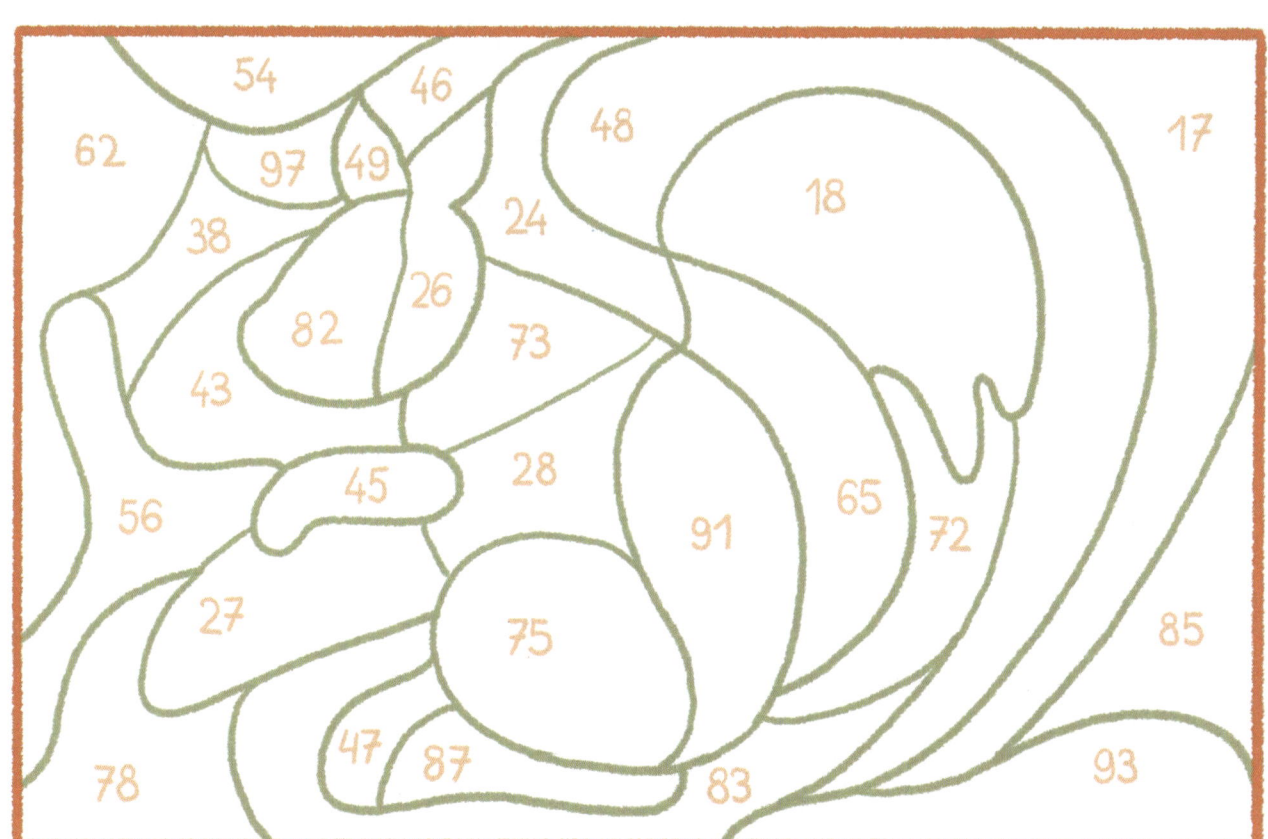

1, : Ergänzungsaufgaben lösen. 2: Aufgaben lösen und Aufbauprinzip der Päckchen erkennen.
3: Addieren bzw. Subtrahieren, Ergebnisfelder braun färben.

33

Informationen aus Diagrammen und Tabellen

1 Das Streifendiagramm gibt Auskunft über die Anzahl der Kinder in den Klassen der Parkschule.

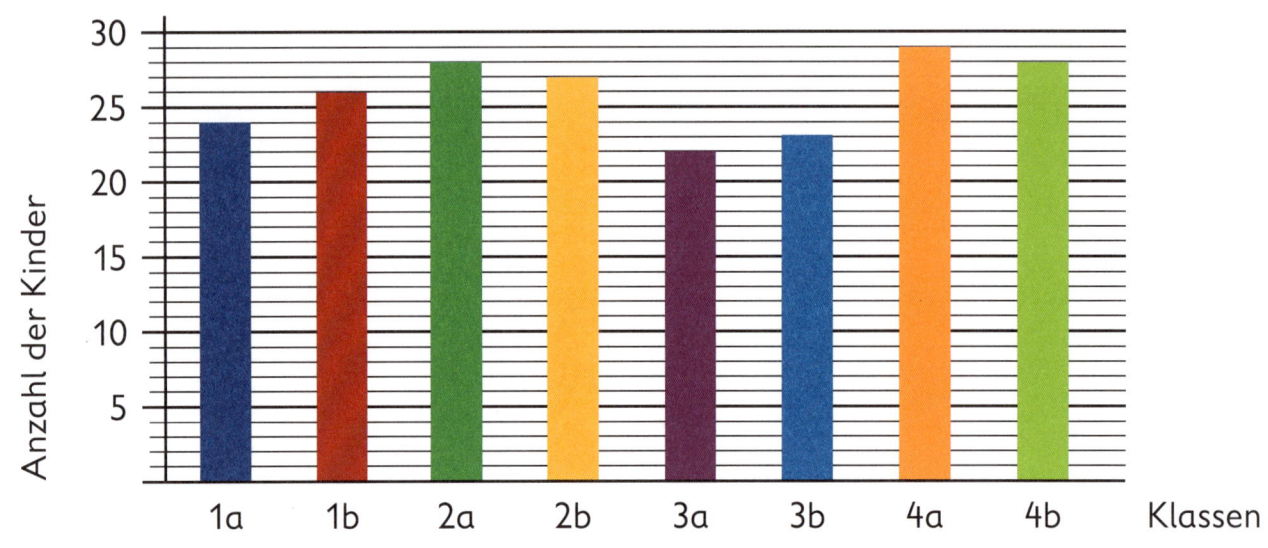

a) In welche Klasse gehen die meisten Kinder?   Klasse: ▢▢   Kinder: ▢▢

b) In welche Klasse gehen die wenigsten Kinder?   Klasse: ▢▢   Kinder: ▢▢

c) Wie viele Kinder sind in jeder Klassenstufe?

   Klassenstufe 1: ▢▢ + ▢▢ = ▢▢   Klassenstufe 2: ▢▢ + ▢▢ = ▢▢

   Klassenstufe 3: ▢▢ + ▢▢ = ▢▢   Klassenstufe 4: ▢▢ + ▢▢ = ▢▢

2

Klasse	Schwimmer	Nichtschwimmer	Kinder insgesamt
3a	10	12	▢▢ + ▢▢ = ▢▢
3b	12	11	▢▢ + ▢▢ = ▢▢

a) Wie viele Schwimmer sind es insgesamt?   ▢▢ + ▢▢ = ▢▢

   Insgesamt sind es ▢▢ Schwimmer.

b) Wie viele Nichtschwimmer sind es insgesamt?   ▢▢ + ▢▢ = ▢▢

   Insgesamt sind es ▢▢ Nichtschwimmer.

c) Wie viele Kinder sind in der Klasse 3a
   weniger als in der Klasse 3b?

   In der Klasse 3a ist ▢ Kind weniger als in der Klasse 3b.   ▢▢ – ▢▢ = ▢

Kartenbestellung der Bergschule für den Zirkus LOLLI

Montag	Dienstag	Mittwoch	Donnerstag	Freitag

1 Übertrage die Angaben aus der Strichliste in die Tabelle.

Tag	Montag	Dienstag			
Anzahl	9				

2 Veranschauliche die Anzahl der bestellten Karten in dem Streifendiagramm.

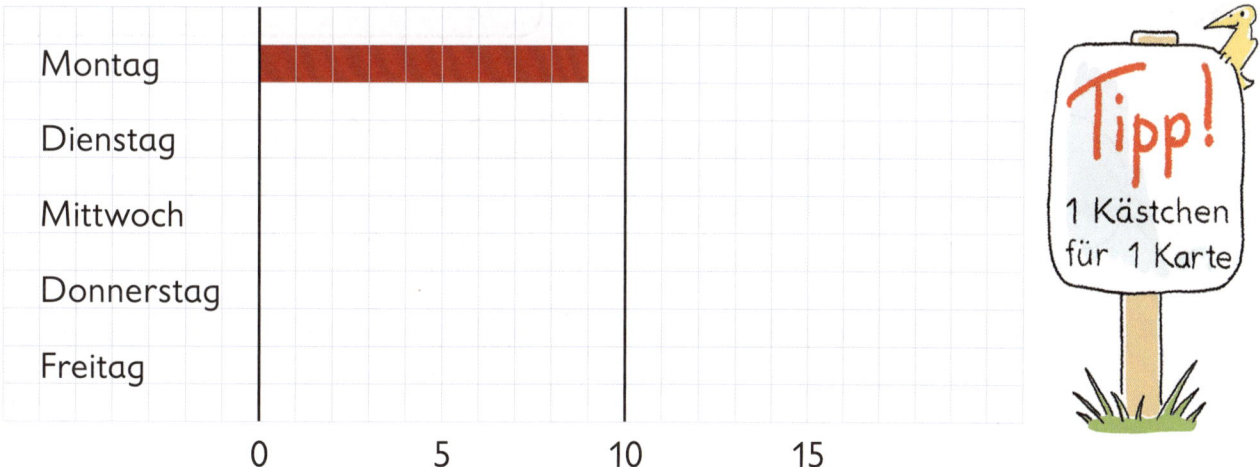

Tipp! 1 Kästchen für 1 Karte

3 Auch die Kinder der Regenbogenschule besuchten den Zirkus. Wieviele Kinder dieser Schule besuchten den Zirkus?

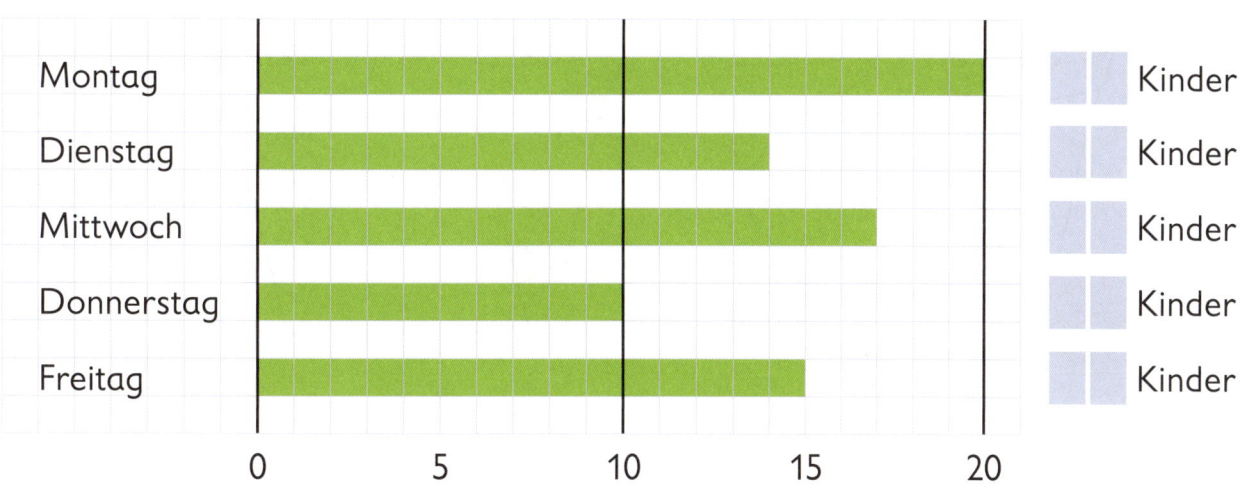

Montag		Kinder
Dienstag		Kinder
Mittwoch		Kinder
Donnerstag		Kinder
Freitag		Kinder

Kombinieren

1 Du darfst von jedem Teller
ein Gebäck und eine Frucht nehmen.
Kreuze alle Möglichkeiten an.
Lies die Möglichkeiten vor.

	Birne	Banane	Apfelsine	Apfel
Hörnchen	✗			
Brötchen				

2 Maria darf sich 2 Kugeln Eis kaufen.
Wie viele Möglichkeiten gibt es?
Sie behauptet: Es gibt 10 Möglichkeiten.
Male alle Möglichkeiten aus.

Es gibt ⬜⬜ Möglichkeiten.

1: Alle Möglichkeiten in die Tabelle eintragen.
2: Alle Möglichkeiten ausmalen. Dabei beachten, dass die Reihenfolge der Kugeln nicht von Bedeutung ist.

1 Lege mit diesen drei Würfeln 6 verschiedene Würfelreihen.
Male die Würfel so aus, wie du gelegt hast.

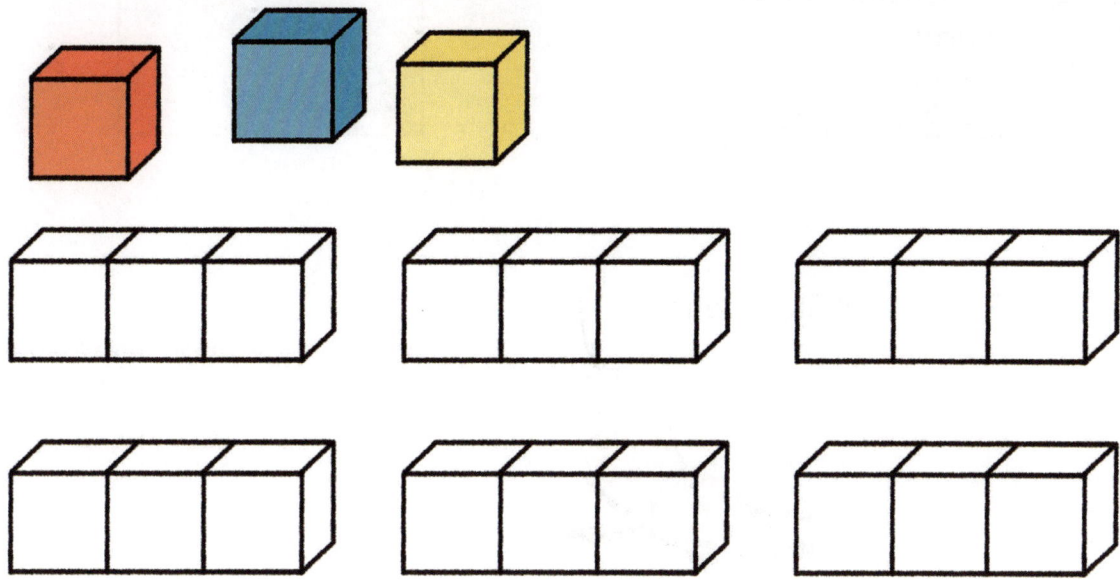

2 Wie viele lustige Sätze kannst du mit diesen Wörtern bilden?
Schreibe sie auf.

 grunzen schnarchen zwitschern

Hunde   Vögel

_____   _____

_____   _____

_____   _____

3 Lege mit Stäbchen diese Figur:
a)   Nimm 4 Stäbchen so weg,
     dass 1 Quadrat übrig bleibt.
b)   Nimm 2 Stäbchen so weg,
     dass 2 gleich große Rechtecke übrig bleiben.

Vierecke – Dreiecke

1 Spanne auf dem Geobrett:
   a)   3 verschiedene Dreiecke
   b)   2 verschiedene Vierecke
   c)   1 Quadrat
   d)   1 Rechteck
   e)   1 Quadrat und 1 Rechteck

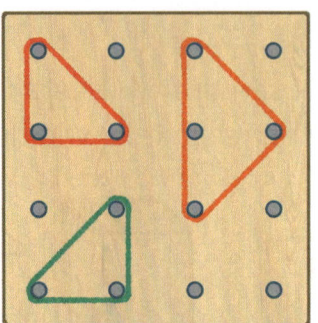

2 Lege die Figuren mit Stäbchen:

a)

Lege 2 Stäbchen so dazu,
dass 3 Quadrate entstehen.

b)

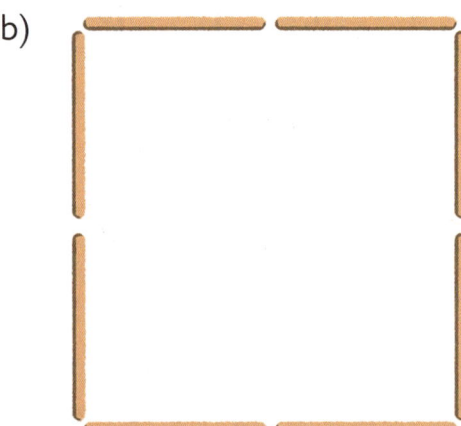

Lege 2 Stäbchen so dazu,
dass 2 Rechtecke entstehen.

3 a)   Schreibe zu jeder Figur den Namen auf.
   b)   Lege mit dem Gliedermaßstab die Figuren nach.

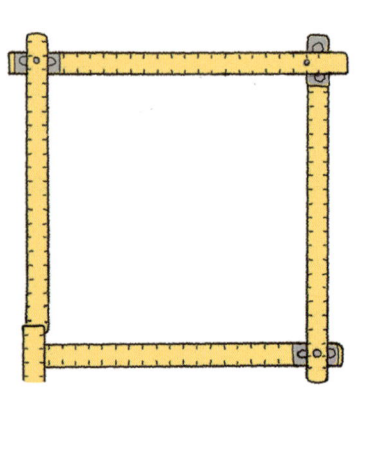

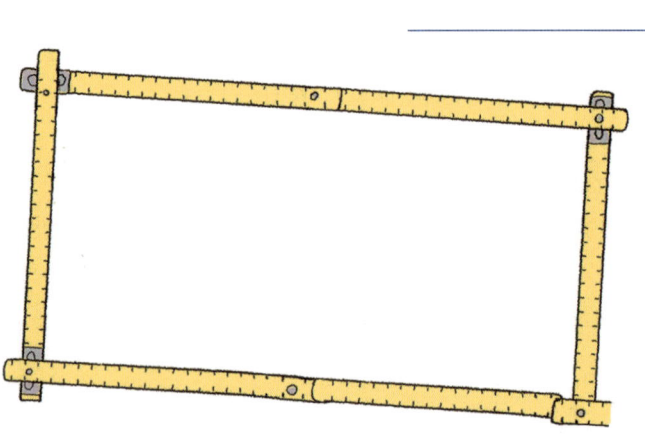

1: Figuren spannen.   2: Figuren mit Stäbchen nachlegen. Figuren durch Hinzulegen von zwei Stäbchen in Quadrate/Rechtecke zerlegen.   3: Figuren identifizieren, Namen zuordnen und nachlegen.

1 Verbinde 2 Punkte so, dass zwei Dreiecke entstehen.
Es gibt 2 Möglichkeiten. Zeichne die Dreiecke farbig nach.

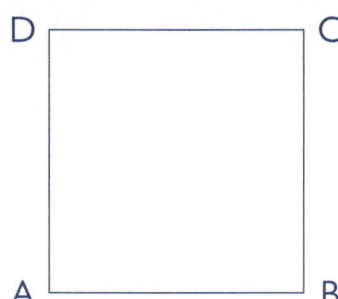 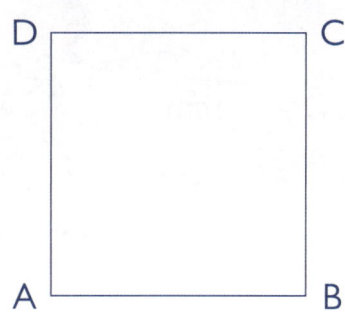

2 Verbinde die Punkte so, dass 4 Dreiecke entstehen.

D ×   × C

A ×   × B

3 Verbinde immer 3 Punkte so, dass Dreiecke entstehen.

C ×   G ×   N ×   × M

B ×

                        ×   ×   ×
A ×   E   F   L

4 Verbinde immer 4 Punkte so, dass Vierecke entstehen.

D ×   × C   H ×   × G   O ×   × N

A ×   ×   L ×   × M
                 B   E ×   × F

1 Zeichne die Quadrate mit dem Geodreieck fertig.
Gib die Länge der Seiten an.

a) Quadrat ABCD

$\overline{AB}$ = ☐ cm $\overline{BC}$ = ☐ cm

$\overline{DC}$ = ☐ cm $\overline{AD}$ = ☐ cm

b) Quadrat EFGH

$\overline{EF}$ = ☐ cm $\overline{FG}$ = ☐ cm

$\overline{HG}$ = ☐ cm $\overline{EH}$ = ☐ cm

2 Zeichne die Rechtecke mit dem Geodreieck fertig.
Gib die Länge der Seiten an.

a) Rechteck ABCD

$\overline{AB}$ = ☐ cm $\overline{BC}$ = ☐ cm

$\overline{DC}$ = ☐ cm $\overline{AD}$ = ☐ cm

b) Rechteck EFGH

$\overline{EF}$ = ☐ cm $\overline{FG}$ = ☐ cm

$\overline{HG}$ = ☐ cm $\overline{EH}$ = ☐ cm

3 Zerlege das Quadrat durch Einzeichnen einer Strecke in:

a) zwei Dreiecke   b) zwei Rechtecke   c) ein Dreieck und ein Viereck

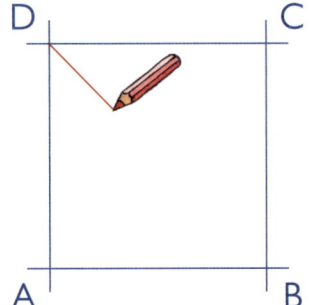

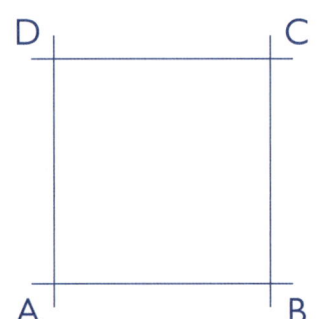

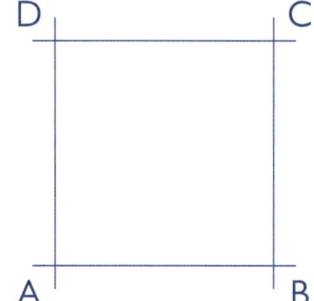

1, 2: Quadrate/Rechtecke zeichnen. Seitenlänge messen.   3: Quadrat zerlegen durch Einzeichnen einer Strecke.

1 Zeichne die Figuren mit dem Geodreieck.
Gib die Länge der Seiten an.

a)   ein Quadrat

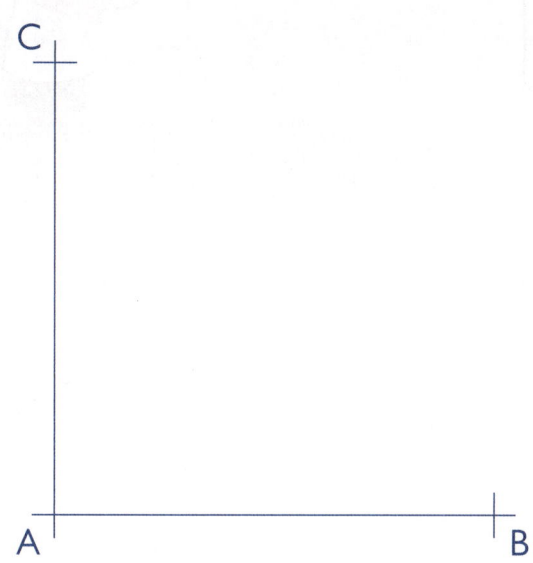

$\overline{AB}$ = ☐ cm

$\overline{BC}$ = ☐ cm

$\overline{CD}$ = ☐ cm

$\overline{AD}$ = ☐ cm

b)   ein Rechteck

$\overline{AB}$ = ☐ cm

$\overline{BC}$ = ☐ cm

$\overline{CD}$ = ☐ cm

$\overline{AD}$ = ☐ cm

2 Zeichne in das Quadrat zwei Strecken so ein, dass 4 Figuren entstehen.

a)   vier Dreiecke   b)   vier Quadrate   c)   vier Rechtecke

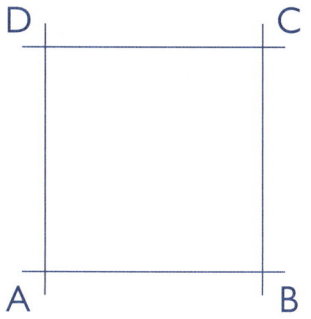   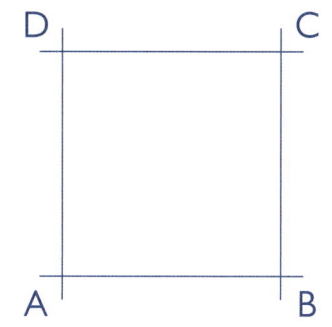   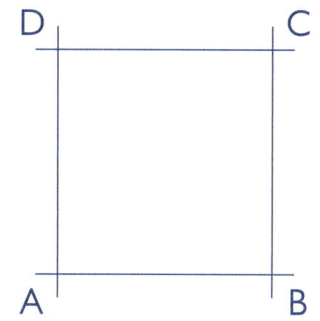

1: Quadrat/Rechteck zeichnen. Seiten messen und Längen angeben.   2: Quadrat nach Vorgabe zerlegen.

41

Parallelogramme

1

Merke dir:

Ein **Parallelogramm** ist ein Viereck.
Die gegenüberliegenden Seiten sind:
○ zueinander parallel und
○ gleich lang.

2 Welche der Figuren ist ein Parallelogramm?
Male sie farbig nach.

A   B   C   D

3 Spanne zwei verschiedene Parallelogramme.

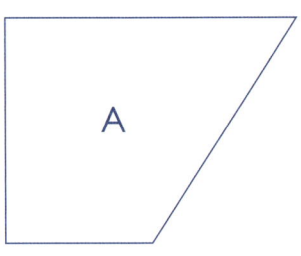
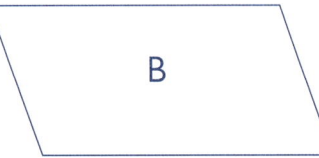

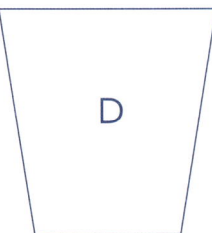

4 Lege mit Stäbchen zwei verschiedene Parallelogramme.

5 Mit welchen Stäbchen könntest du ein Parallelogramm legen?
Male diese Stäbchen aus.

a)

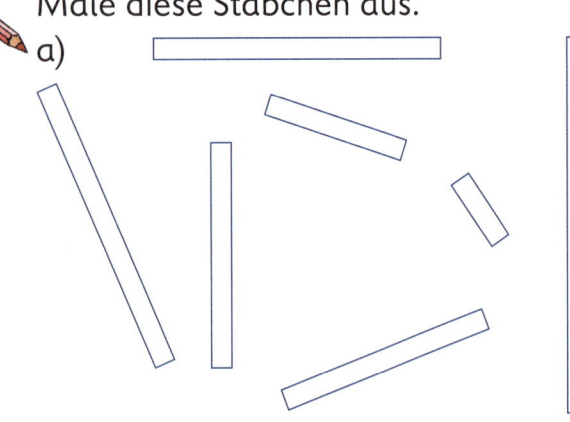

b)

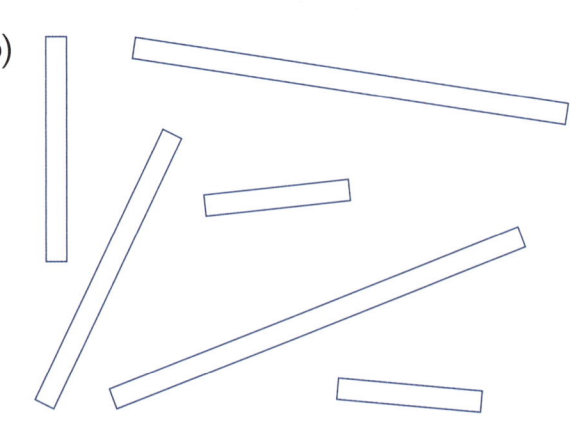

1: Parallelogramm legen.   2: Parallelogramme identifizieren.   3, 4: Parallelogramme spannen bzw. legen.
5: Stäbchen auswählen und ausmalen.

Vergleichen von Flächen

1 Welche Flächen sind größer als die rote Fläche?
Male sie blau aus.

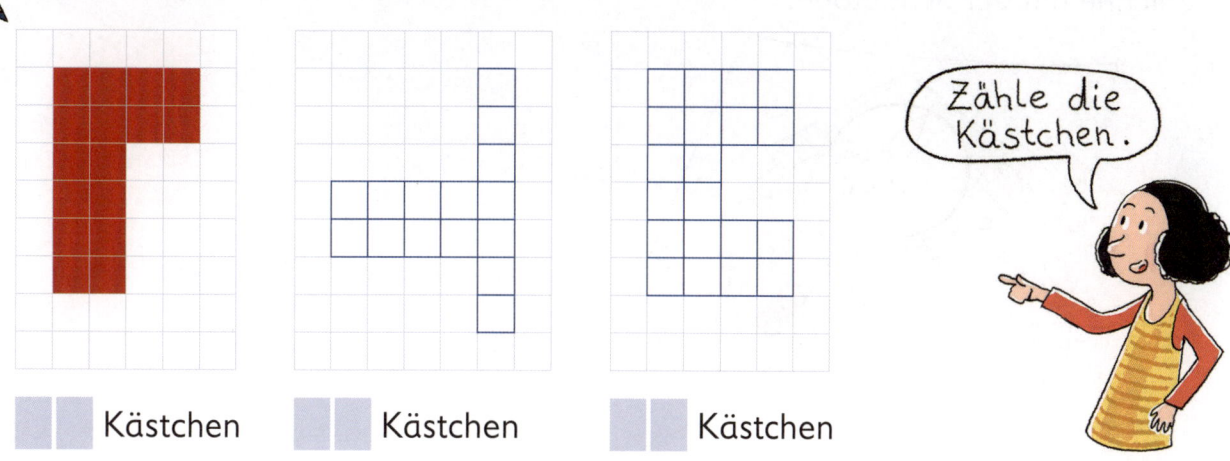

Kästchen   Kästchen   Kästchen

2 Welche Flächen sind gleich groß?
Male sie mit gleicher Farbe aus.

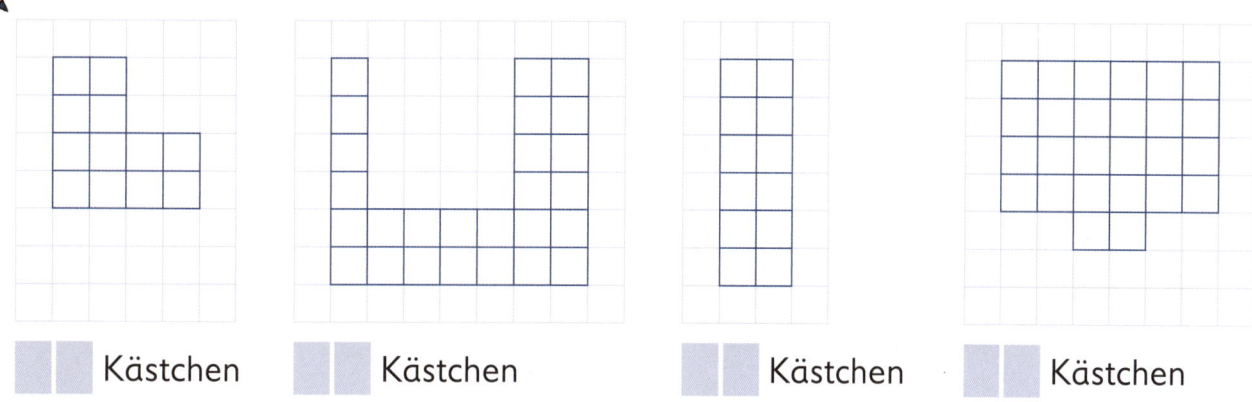

Kästchen   Kästchen   Kästchen   Kästchen

3 Welche Flächen sind kleiner als die grüne Fläche?
Male sie gelb aus.

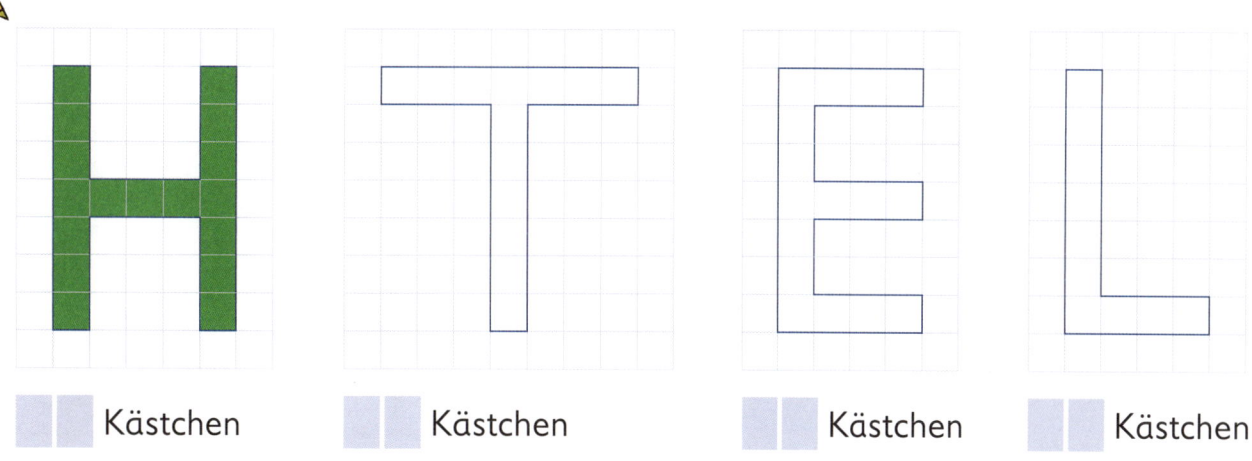

Kästchen   Kästchen   Kästchen   Kästchen

1 bis 3: Flächengröße durch Auszählen der Kästchen bestimmen. Anzahl der Kästchen vergleichen und auf die Flächengröße schließen.

43

Kreise zeichnen

Zeichne 2 verschieden große Kreise.

1 Zeichne mit der Schablone.

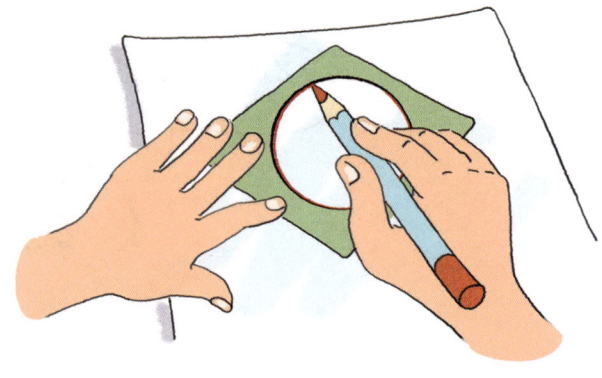

2 Zeichne mit dem Streifen.

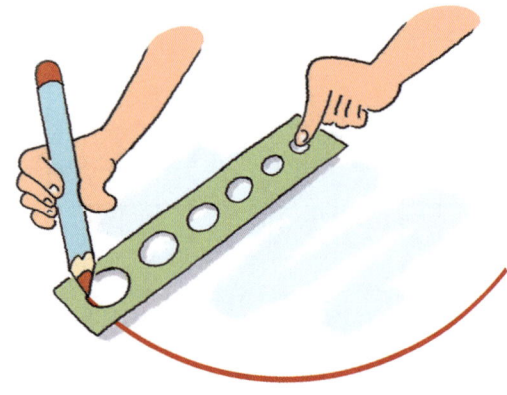

3 Zeichne mit dem Faden.

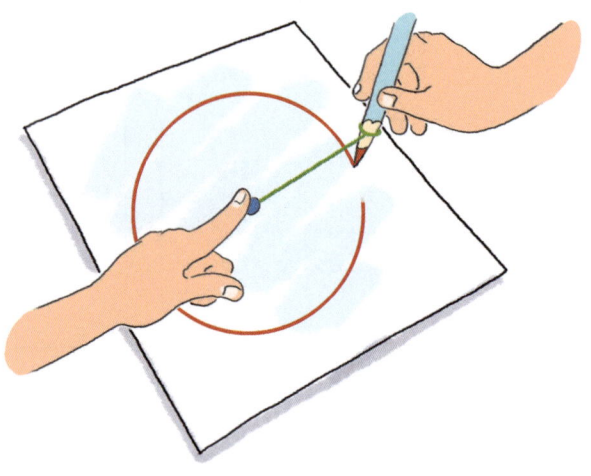

1 bis 3: Kreise mit verschiedenen Hilfsmitteln zeichnen.

1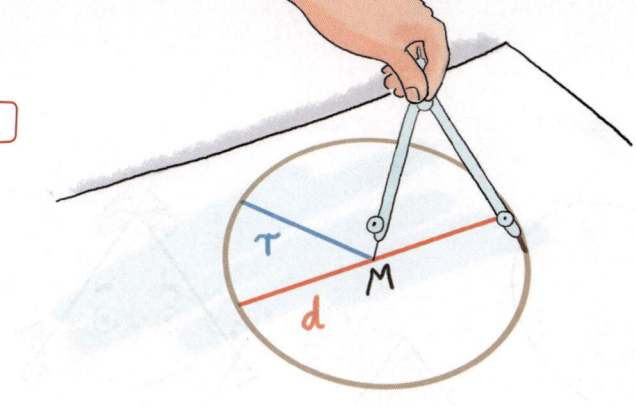

Ergänze:

M ist der _____

d ist der _____

r ist der _____

2 a) Zeichne jeweils einen Durchmesser ein.
Miss die Länge.

d = ▮ cm

d = ▮ cm

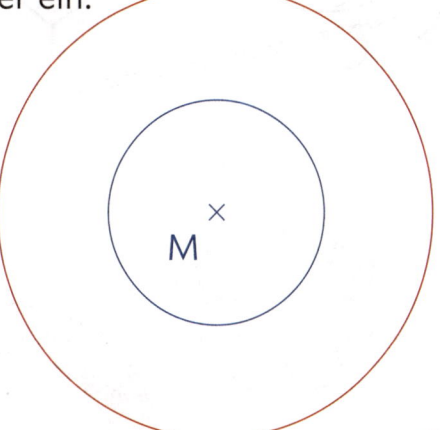

b) Zeichne jeweils einen Radius ein.
Miss die Länge.

r = ▮ cm

r = ▮ cm

r = ▮ cm

r = ▮ cm

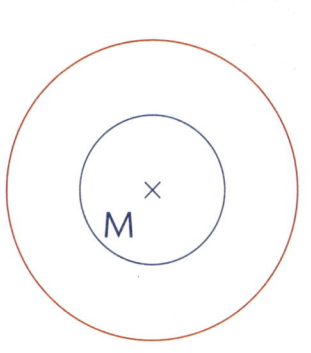

3 Zeichne Kreise.
Wie lang ist der Durchmesser?

r = 2 cm

r = 3 cm

M ×

d = ▮ cm

M ×

d = ▮ cm

Symmetrische Figuren

1 Zeichne in jede Figur die Symmetrieachse ein.

Das ist die Symmetrieachse.

2 Zeichne zu jeder Figur eine symmetrische Figur.
Überprüfe mit dem Spiegel.

a)

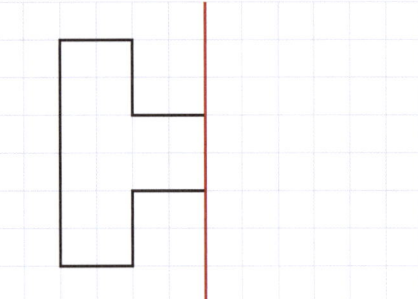

b)

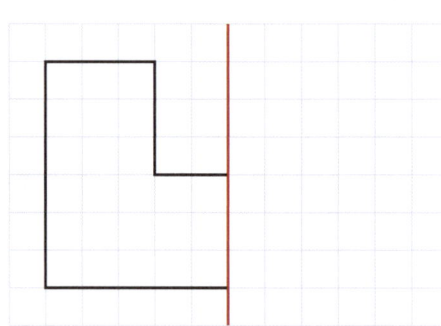

c)

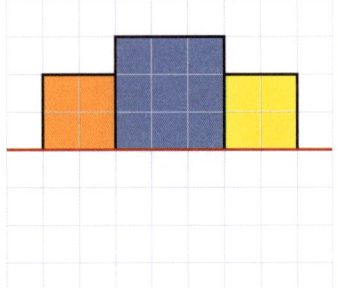

d)

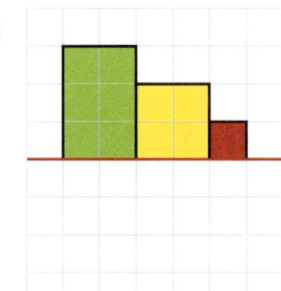

e)

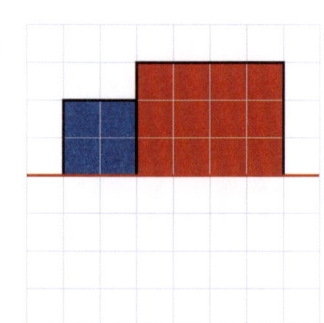

1: Symmetrieachse einzeichnen.   2: Symmetrische Figur zeichnen. Kontrolle mit dem Spiegel.

1 Symmetrische Figuren legen.

Lege wie Max mit Plättchen eine Figur und dazu das Spiegelbild.
Kontrolliere wie Anna mit dem Spiegel.

2 Spanne die Figur auf dem Geobrett. Spanne das Spiegelbild.
Überprüfe mit dem Spiegel.

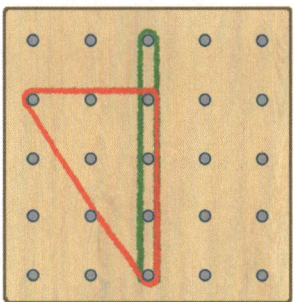 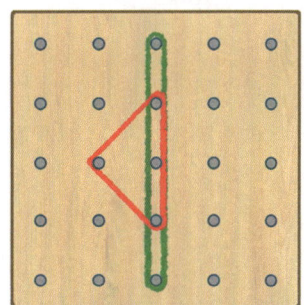 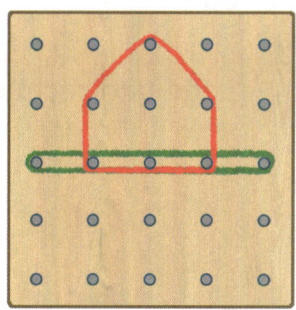

3 Stelle Spiegelbilder her:
a) durch Klecksen

so: 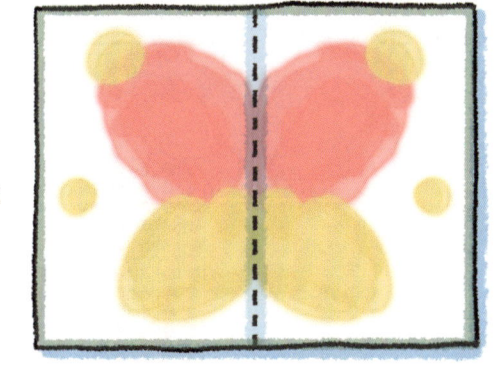   oder so: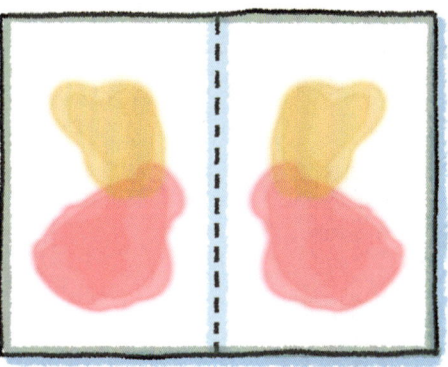

b) durch Ausschneiden

 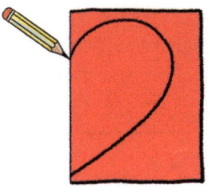 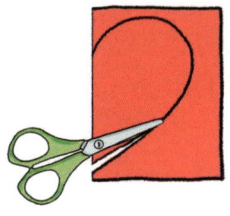 

1: Figur und Spiegelbild legen. Kontrolle mit dem Spiegel.   2: Figur und Spiegelbild spannen. Kontrolle mit dem Spiegel.
3: Spiegelbilder herstellen.

Kann ich das schon?

1

15 + 5 = ☐☐	42 + 8 = ☐☐	63 + 7 = ☐☐
15 + 10 = ☐☐	42 + 10 = ☐☐	63 + 10 = ☐☐
15 + 15 = ☐☐	42 + 12 = ☐☐	63 + 12 = ☐☐

2

28 − 12 = ☐☐	36 − 16 = ☐☐	30 − 5 = ☐☐
38 − 12 = ☐☐	46 − 16 = ☐☐	30 − 15 = ☐☐
48 − 12 = ☐☐	56 − 16 = ☐☐	30 − 25 = ☐☐

3 Ergänze zum nächsten Zehner.

13 + ☐ = 20	36 + ☐ = 40	22 + ☐ = ☐☐
43 + ☐ = 50	56 + ☐ = ☐☐	72 + ☐ = ☐☐
63 + ☐ = ☐☐	86 + ☐ = ☐☐	92 + ☐ = ☐☐☐

4 Lege und rechne.

38 + 23

| ☐☐ + ☐ = ☐☐ |
| ☐☐ + ☐ = ☐ |

38 + 23 = ☐☐

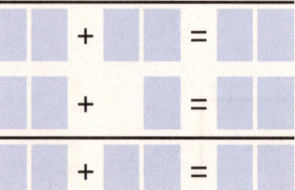

☐☐ + ☐☐

| ☐☐ + ☐ = ☐☐ |
| ☐☐ + ☐ = ☐ |

☐☐ + ☐☐ = ☐☐

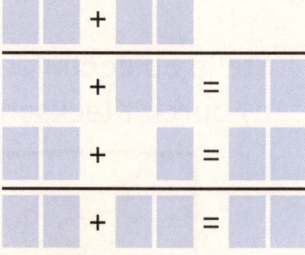

☐☐ + ☐☐

| ☐☐ + ☐ = ☐☐ |
| ☐☐ + ☐ = ☐ |

☐☐ + ☐☐ = ☐☐

5

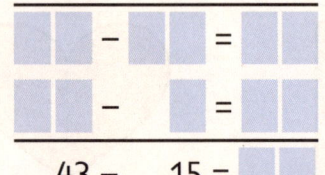 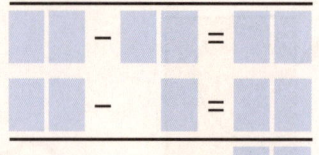 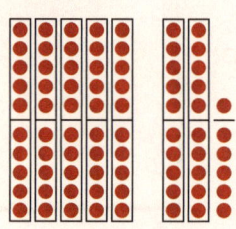

43 − 15

| ☐☐ − ☐☐ = ☐☐ |
| ☐☐ − ☐ = ☐☐ |

43 − 15 = ☐☐

56 − 29

| ☐☐ − ☐☐ = ☐☐ |
| ☐☐ − ☐ = ☐☐ |

56 − 29 = ☐☐

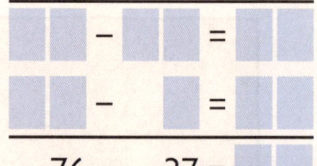

76 − 37

| ☐☐ − ☐☐ = ☐☐ |
| ☐☐ − ☐ = ☐☐ |

76 − 37 = ☐☐

1 Bilde Aufgabenfamilien.

a)

(40) (27) (67)

▢▢ + ▢▢ = ▢▢

▢▢ + ▢▢ = ▢▢

▢▢ − ▢▢ = ▢

▢▢ − ▢▢ = ▢

b)

(15) (65) (80)

▢▢ + ▢▢ = ▢▢

▢▢ + ▢▢ = ▢▢

▢▢ − ▢▢ = ▢▢

▢▢ − ▢▢ = ▢▢

2

+	20	30	40	50	60
37					

−	20	30	40	50	60
95					

3 a) $20 + 25 =$ ▢▢

$30 + 25 =$ ▢▢

$40 + 25 =$ ▢▢

b) $87 - 17 =$ ▢▢

$77 - 17 =$ ▢▢

$67 - 17 =$ ▢▢

c) $64 + 16 =$ ▢▢

$64 + 26 =$ ▢▢

$96 - 16 =$ ▢▢

4 a)

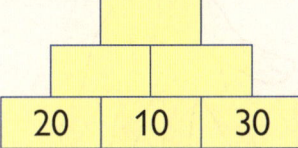 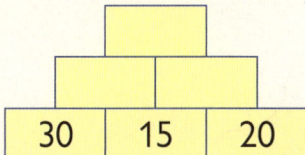 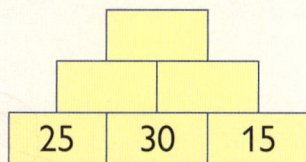

b)

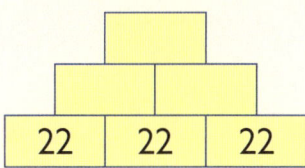 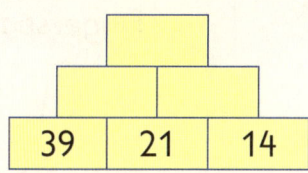

5 Zeichne einen Kreis um den Punkt M.

a) r = 3 cm   b) d = 4 cm

M ×   M ×

Tipp!
r ist der **Radius**
d ist der **Durchmesser**

Meter – Zentimeter

1 m = 100 cm

	MERKE DIR
Zentimeter	**Meter**
Du sprichst: ein Zentimeter	Du sprichst: ein Meter
Du schreibst: 1 cm	Du schreibst: 1 m

Du merkst dir: 100 cm = 1 m

---

1 Überprüfe. Für 1 m benötigst du ungefähr:

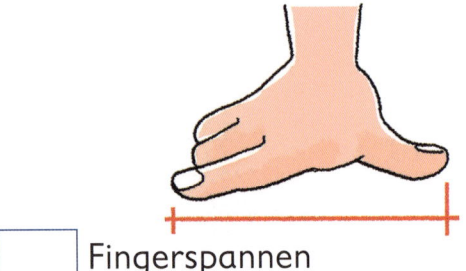

☐ Fingerspannen

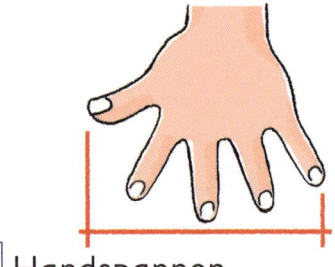

☐ Handspannen

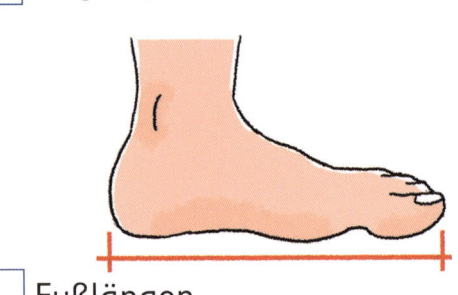

☐ Fußlängen

☐ Schritte

2 Miss nach und entscheide. Kreuze an.

	ja	nein
a) Der Schülertisch ist länger als 1 m.	◯	◯
b) Der Schülertisch ist breiter als 1 m.	◯	◯
c) Der Schülertisch ist höher als 1 m.	◯	◯

1 Gib die Körperlänge von 4 Kindern an.

Name	Körperlänge
Anna	1 m 47 cm
	▢ m ▢▢ cm
	▢ m ▢▢ cm
	▢ m ▢▢ cm
	▢ m ▢▢ cm

Größtes Kind: ▢ m ▢▢ cm   Kleinstes Kind: ▢ m ▢▢ cm

Das Buch ganz gerade halten.

2 Schätze erst. Miss dann die Länge der Gegenstände.
Hast du gut geschätzt? Begründe.

Name	geschätzt	gemessen
Bleistift	▢▢ cm	▢▢ cm
Mathematikbuch (Länge)	▢▢ cm	▢▢ cm
Federtasche (Breite)	▢▢ cm	▢▢ cm
Höhe des Stuhlsitzes	▢▢ cm	▢▢ cm
Höhe des Schülertisches	▢▢ cm	▢▢ cm

3 Schätze erst die Länge der Strecke. Miss dann nach.
Hast du gut geschätzt? Begründe.

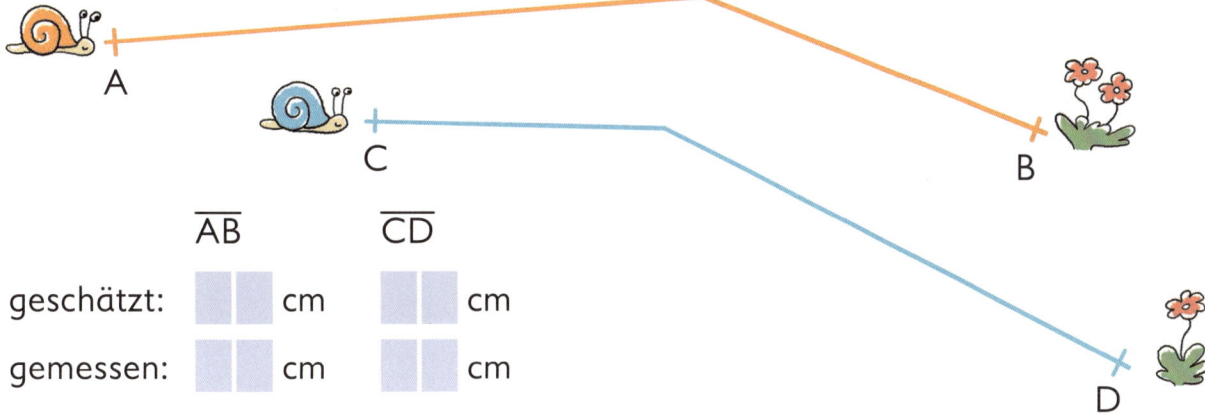

	$\overline{AB}$	$\overline{CD}$
geschätzt:	▢▢ cm	▢▢ cm
gemessen:	▢▢ cm	▢▢ cm

1: Längen messen und in Meter und Zentimeter angeben.   2: Schätzwert und Messwert vergleichen. Schätzung beurteilen.
3: Gesamtstrecke als Summe der Teilstrecken bestimmen. Schätzergebnis beurteilen.

51

Millimeter

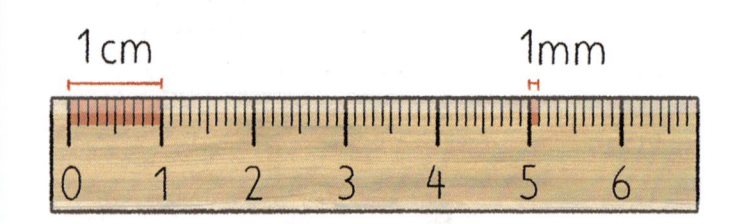

1cm   1mm

1 Miss die Länge der Stifte.

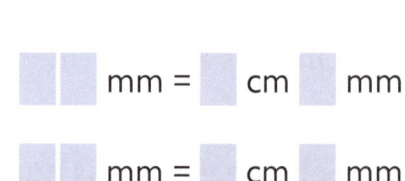

       mm =   cm   mm

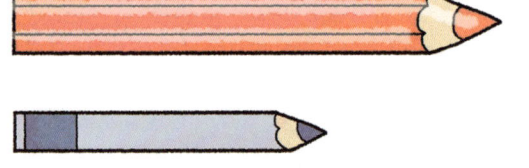

       mm =   cm   mm

       mm =   cm   mm

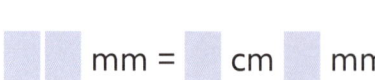

       mm =   cm   mm

2 Wie lang sind die Freundschaftsbänder?

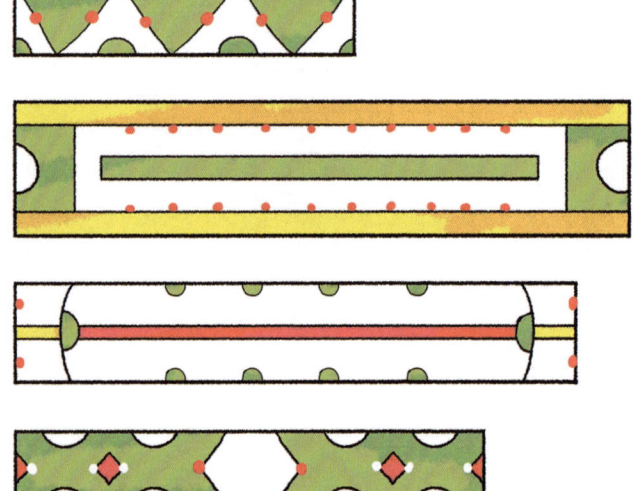

       mm =   cm   mm

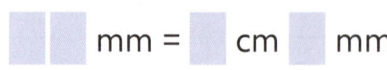

       mm =   cm   mm

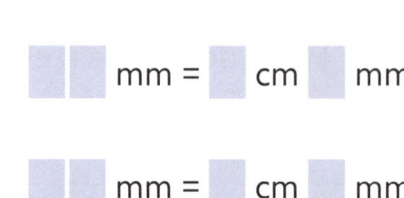

       mm =   cm   mm

       mm =   cm   mm

3 Male ein 85 mm langes Freundschaftsband.

1 Wie dick sind diese Münzen?

▨ mm   ▨ mm   ▨ mm

2 Miss die Länge:

a) eines Radiergummis   ▨▨ mm = ▨ cm ▨ mm

b) einer Büroklammer   ▨▨ mm = ▨ cm ▨ mm

c) eines Bleistiftspitzers   ▨▨ mm = ▨ cm ▨ mm

d) einer Füllerpatrone   ▨▨ mm = ▨ cm ▨ mm

3 Zeichne die Strecken.

a) $\overline{AB}$ = 75 mm

A

b) $\overline{EF}$ = 92 mm

c) $\overline{CD}$ = 6 cm 8 mm

d) $\overline{GH}$ = 9 cm 4 mm

4 Ordne die Längenangaben.
Beginne mit der kleinsten Längenangabe.

| 7 cm | 21 mm | 3 cm | 1 cm | 44 mm | 9 mm | 2 cm |

_____

5 Vergleiche. < , = , >

a) 14 mm ⬤ 8 mm   b) 33 mm ⬤ 23 mm   c) 49 mm ⬤ 4 cm 9 mm

66 mm ⬤ 71 mm   47 mm ⬤ 53 mm   27 mm ⬤ 2 cm 8 mm

1, 2: Längen bestimmen. Die Dicke eines Gegenstandes als Länge verstehen.   3: Strecken zeichnen. Begrenzungspunkte benennen.
4: Ordnen nach Vorschrift.   5: Relationszeichen setzen.

53

Meter – Zentimeter – Millimeter

1 Welche Längenangaben sind richtig?
Kreuze an.

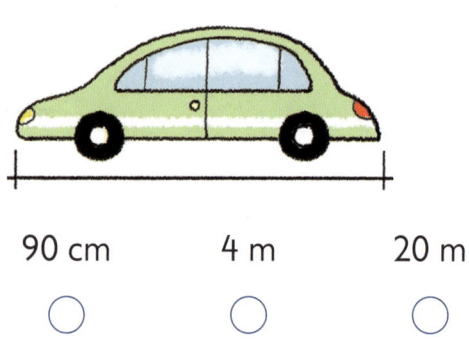

90 cm	4 m	20 m
○	○	○

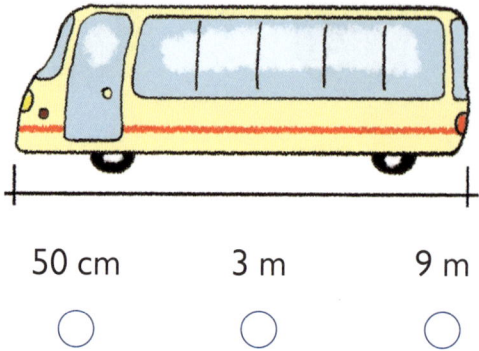

50 cm	3 m	9 m
○	○	○

4 cm	10 mm	30 mm
○	○	○

10 cm	40 mm	1 m
○	○	○

2 Vergleiche. < , = , >

Kontrolliere an deinem Lineal.

a)   10 mm ⬤ 1 cm   b)   5 cm ⬤ 9 mm   c)   4 cm ⬤ 4 m

     5 mm ⬤ 1 cm   2 cm ⬤ 8 mm   30 cm ⬤ 1 m

   20 mm ⬤ 2 cm   4 cm ⬤ 40 mm   10 mm ⬤ 2 cm

   15 mm ⬤ 2 cm   2 cm ⬤ 12 mm   2 m ⬤ 7 cm

3 a)   23 m + 7 m = ▢▢ m   b)   36 cm − 6 cm = ▢▢ cm

     18 m + 9 m = ▢▢ m   44 cm − 9 cm = ▢▢ cm

   36 m + 14 m = ▢▢ m   52 cm − 22 cm = ▢▢ cm

   57 m + 25 m = ▢▢ m   63 cm − 15 cm = ▢▢ cm

1 Welche Schnecke legt die längste Strecke zurück? Kreuze an.

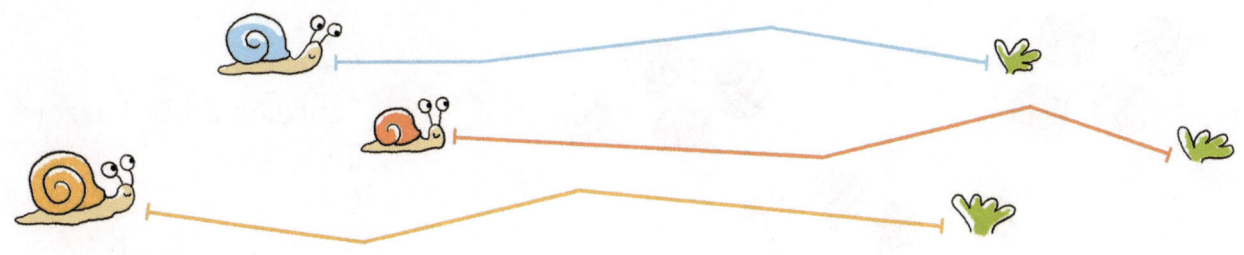

Schnecke	Strecke	
🐌	☐ cm + ☐ cm + ☐ cm = ☐☐ cm	○
🐌	☐ cm + ☐ cm + ☐ cm = ☐☐ cm	○
🐌	☐ cm + ☐ cm + ☐ cm = ☐☐ cm	○

2 a) 23 cm + 6 cm = ☐☐ cm

32 cm + 9 cm = ☐☐ cm

b) 25 mm + 14 mm = ☐☐ mm

57 mm + 33 mm = ☐☐ mm

3 a) 77 m − 33 m = ☐☐ m

44 m − 24 m = ☐☐ m

b) 54 mm − 24 mm = ☐☐ mm

32 mm − 12 mm = ☐☐ mm

4 Die Drachenschnur von Max ist 33 m lang.
Er verlängert sie um 15 m.
Wie lang ist die Schnur?

Antwort: _____

_____

5 Die Schnur von Annas Drachen war 47 m lang
Es sind 12 m Schnur abgerissen.
Wie lang ist die Schnur noch?

Antwort: _____

_____

Multiplizieren

Wie viele Bälle sind auf dem Bild?

4 + 4 + 4 = 12
Schreibe dafür kürzer:
3 · 4 = 12
Lies:
3 mal 4 ist gleich 12.

1 Finde zum Bild die Aufgaben.

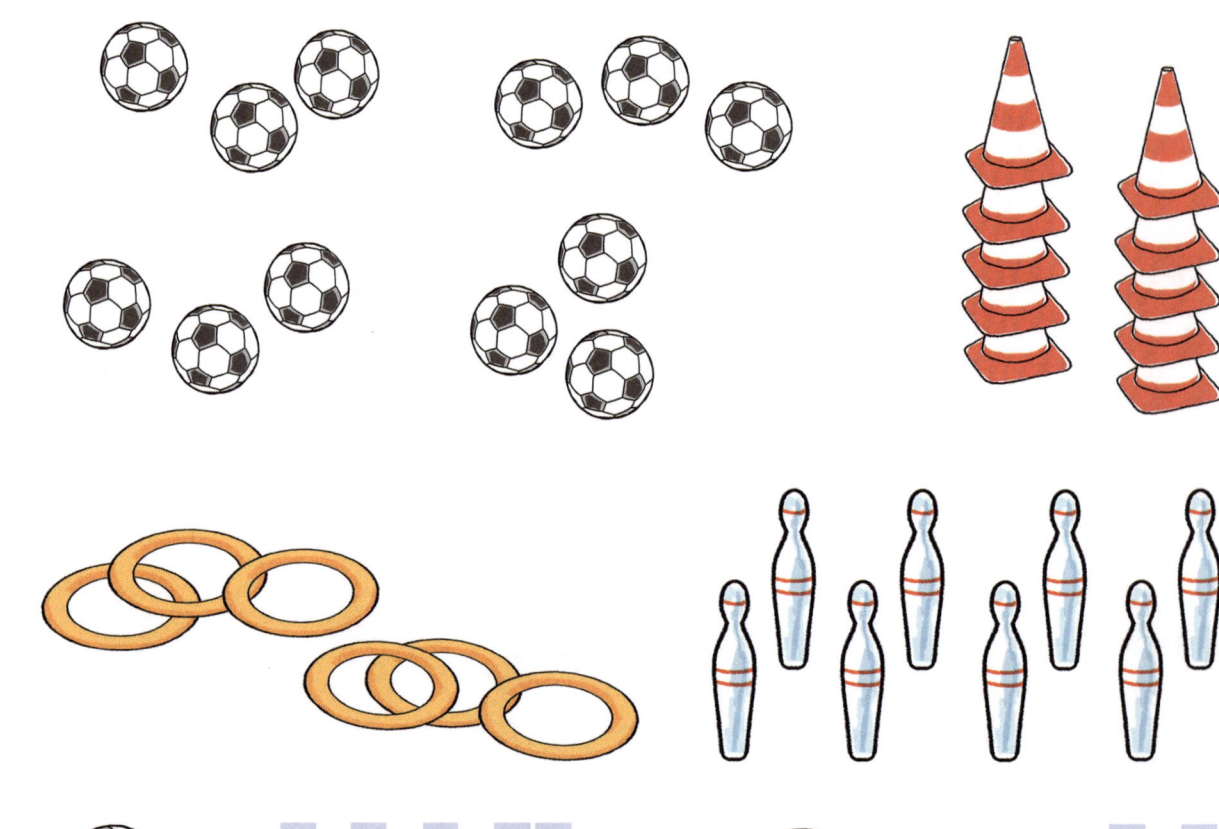

a) 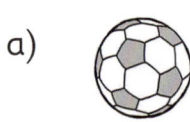 3 + ☐ + ☐ + ☐ = ☐☐

             4 · 3 = ☐☐

b) 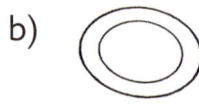 3 + ☐ = ☐☐

             ☐ · 3 = ☐

c)  ☐ + ☐ = ☐☐

             ☐ · ☐ = ☐☐

d) 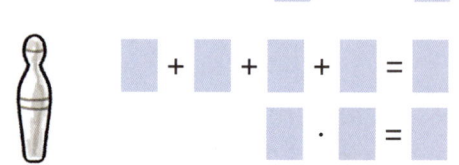 ☐ + ☐ + ☐ + ☐ = ☐☐

             ☐ · ☐ = ☐

2 a) 5 + 5 + 5   = ☐ · ☐

     9 + 9   = ☐ · ☐

     7 + 7 + 7 + 7 = ☐ · ☐

b) 8 + 8 + 8 + 8 + 8   = ☐ · ☐

     6 + 6 + 6 + 6   = ☐ · ☐

     2 + 2 + 2 + 2 + 2 + 2 = ☐ · ☐

Bildinhalt erschließen. Multiplikation als Addition gleicher Summanden erfassen.
1: Additions- und Multiplikationsaufgaben zum Bildinhalt finden.   2: Multiplikationsaufgabe zuordnen.

1 Finde immer eine Aufgabe mit ⊕ und eine Aufgabe mit ⊙.

a)
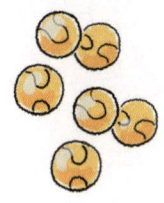 

+		=	
·		=	

b)
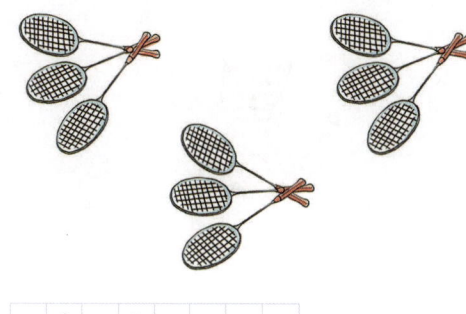

+		+		=	
	·		=		

2 a)

+		=	
·		=	

b)

+		+		=	
	·		=		

3 a)
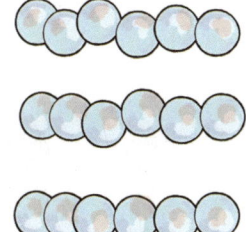

+		+		=	
	·		=		

b)

+		+		+		=	
		·		=			

4 a)
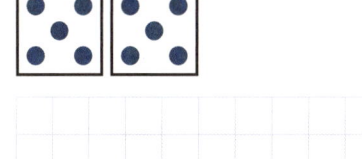

b)
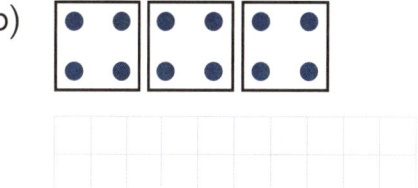

c)
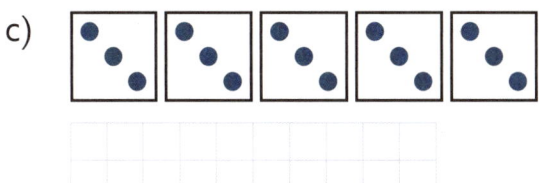

d)
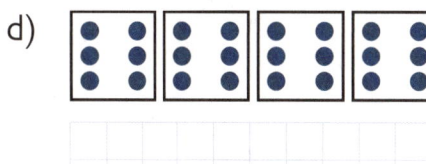

1 bis 3: Additions- und Multiplikationsaufgabe zum Bildinhalt finden und lösen.
4: Multiplikationsaufgabe finden und Aufgaben lösen.

57

| Faktor | | Faktor | | | | Faktoren kannst du vertauschen, das Produkt bleibt gleich. | | MERKE DIR |

$$6 \cdot 3 = 18$$

Produkt   Produkt

$$6 \cdot 3 = 3 \cdot 6$$
$$18 = 18$$

1 Finde immer eine Aufgabe mit ⊕ und eine Aufgabe mit ⊙.

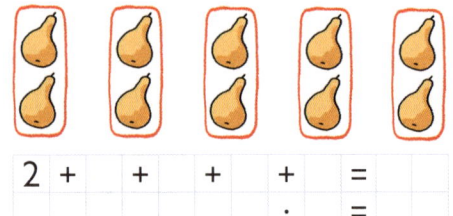

$$2 + \ \ + \ \ + \ \ + \ \ = $$
$$\cdot \ \ = $$

$$+ \ \ = $$
$$\cdot \ \ = $$

2

3 Freundeaufgabe – Punktbilder legen und dazu Aufgaben finden

Du legst mit Plättchen eine Multiplikationsaufgabe.
Dein Lernpartner schreibt dazu die Aufgabe mit ⊕ und
mit ⊙.

Das Ergebnis ist 12.

$$3 + 3 + 3 + 3 = $$
$$4 \cdot 3 = $$

1, 2: Teilmengen kennzeichnen. Multiplikationsaufgabe zuordnen.
3: Freundeaufgabe: Punktebilder legen und diesen Additions- und Multipliktionsaufgaben zuordnen.

1 Zeichne Punktbilder zu den Aufgaben.

2 · 4 =

4 · 2 =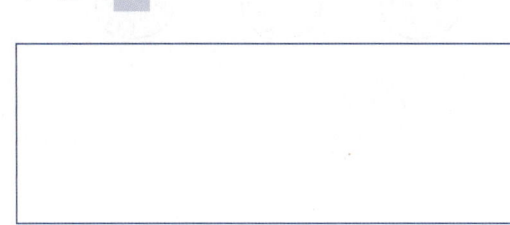

2 2 · 5 =

5 · 2 =

3 3 · 4 =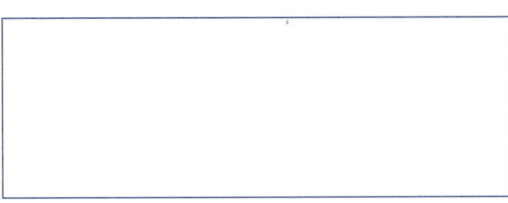

4 · 3 =

4 4 · 7 =

7 · 4 =

5 Freundeaufgabe – Legt zur Aufgabe das Punktbild

Du nennst eine Aufgabe mit ⊙.
Dein Lernpartner legt dazu das Punktbild.

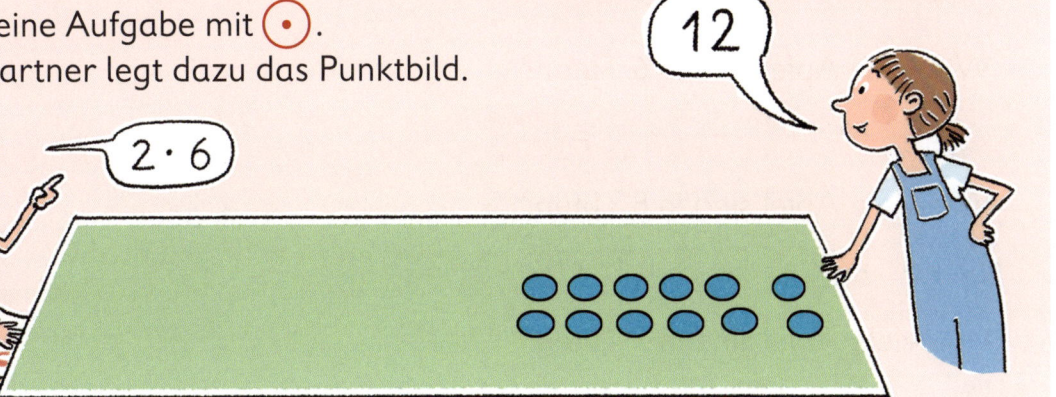

1 bis 4: Zur Aufgabe das passende Punktbild zeichnen (legen).
5: Freundeaufgabe: Zur Aufgabe das Punktbild mit Plättchen legen. Aufgabe lösen.

59

Multiplizieren mit 2

1

$2 + 2 + 2 = 6$ $2 + 2 + 2 + 2 = 8$

$3 \cdot 2 = \boxed{}$ $4 \cdot 2 = \boxed{}$

2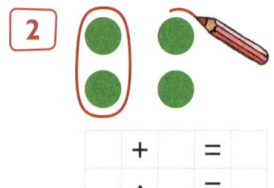

	+		=	
	·		=	

	+		+		+		+		=	
					·		=		

3 $3 \cdot 2 = \boxed{}$ $5 \cdot 2 = \boxed{}$ $6 \cdot 2 = \boxed{}$

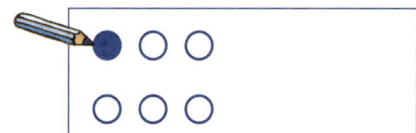

$4 \cdot 2 = \boxed{}$ $2 \cdot 2 = \boxed{}$ $7 \cdot 2 = \boxed{}$

4 In einer Tüte sind 2 Äpfel.
Schreibe jeweils eine Aufgabe mit + und eine Aufgabe mit ·.

Wie viele Äpfel sind in 5 Tüten?

$\boxed{} + \boxed{} + \boxed{} + \boxed{} + \boxed{} = \boxed{}$ $\boxed{} \cdot \boxed{} = \boxed{}$

Wie viele Äpfel sind in 6 Tüten?

$\boxed{} + \boxed{} + \boxed{} + \boxed{} + \boxed{} + \boxed{} = \boxed{}$ $\boxed{} \cdot \boxed{} = \boxed{}$

Wie viele Äpfel sind in 8 Tüten?

$\boxed{} + \boxed{} + \boxed{} + \boxed{} + \boxed{} + \boxed{} + \boxed{} + \boxed{} = \boxed{}$ $\boxed{} \cdot \boxed{} = \boxed{}$

Wie viele Äpfel sind in 9 Tüten?

$\boxed{} + \boxed{} + \boxed{} + \boxed{} + \boxed{} + \boxed{} + \boxed{} + \boxed{} + \boxed{} = \boxed{}$ $\boxed{} \cdot \boxed{} = \boxed{}$

1, 2: Additions- und Multiplikationsaufgaben finden und lösen.   3: Zur Aufgabe Punktbilder zeichnen und Multiplikationsaufgabe lösen.
4: Additions- und Multiplikationsaufgaben finden und lösen.

Kernaufgaben

1 · 2 = 2   2 · 2 = 4   5 · 2 = 10   10 · 2 = 22

1 Anna rechnet: Von der Kernaufgabe zur Nachbaraufgabe.

1 · 2 = ▢
2 · 2 = ▢ } + 2
3 · 2 = ▢ } + 2

5 · 2 = ▢▢
6 · 2 = ▢▢ } + 2
7 · 2 = ▢▢ } + 2

10 · 2 = ▢▢
9 · 2 = ▢▢ } – 2
8 · 2 = ▢▢ } – 2

5 · 2 = ▢▢
4 · 2 = ▢▢ } – 2
3 · 2 = ▢▢ } – 2

2 Tom verdoppelt.

2 · 2 = 4   4 · 2 = ▢   3 · 2 = ▢   1 · 2 = ▢

4 · 2 = 8   8 · 2 = ▢▢   6 · 2 = ▢▢   2 · 2 = ▢

3

Wenn ein Faktor 0 ist, ist das Produkt auch 0.
Beispiele:
0 · 2 = 0 und 2 · 0 = 0
0 · 9 = 0 und 9 · 0 = 0

3 · 2 = ▢   2 · 2 = ▢   6 · 2 = ▢▢

1 · 2 = ▢   5 · 2 = ▢▢   0 · 2 = ▢

4 · 2 = ▢   7 · 2 = ▢▢   9 · 2 = ▢▢

10 · 2 = ▢▢   8 · 2 = ▢▢   7 · 2 = ▢▢

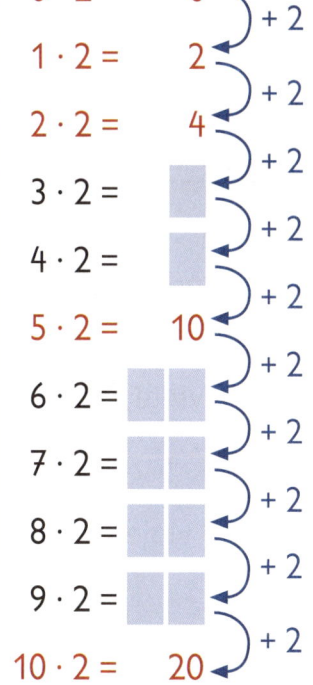

0 · 2 =   0 } + 2
1 · 2 =   2 } + 2
2 · 2 =   4 } + 2
3 · 2 = ▢   } + 2
4 · 2 = ▢   } + 2
5 · 2 =   10 } + 2
6 · 2 = ▢▢   } + 2
7 · 2 = ▢▢   } + 2
8 · 2 = ▢▢   } + 2
9 · 2 = ▢▢   } + 2
10 · 2 =   20

4 Auf dem Hof spielen 6 Kinder. Jedes Kind hat 2 Bälle.
Wie viele Bälle haben die Kinder zusammen?

▢ + ▢ + ▢ + ▢ + ▢ + ▢ = ▢▢   ▢ · ▢ = ▢▢

Antwort: _____

1, 2: Kernaufgaben in ihrer Bedeutung für weitere Aufgaben verstehen, Aufgaben lösen.   3: Produkt berechnen.
4: Inhalt erfassen, Plus- und Malaufgabe finden und lösen.

61

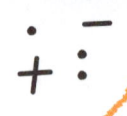

Multiplizieren mit 10

1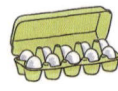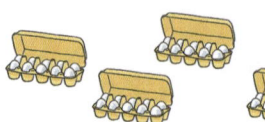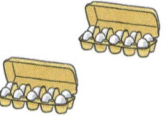

10 + 10 + 10 + 10 =   40   10 + 10 + 10 + 10 + 10 + 10 =   60

4 · 10 = ☐☐   ☐ · 10 = ☐☐

2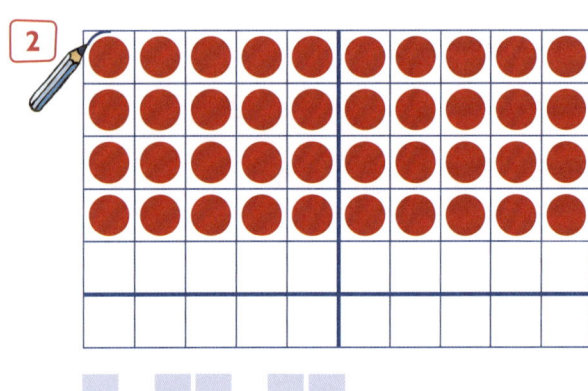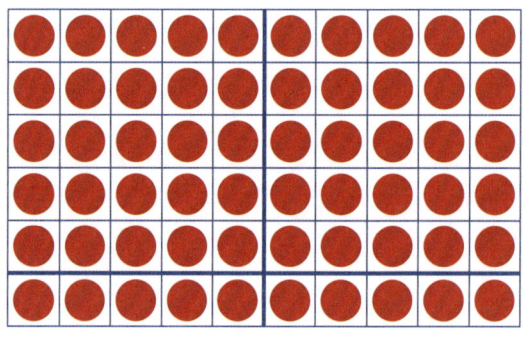

☐ · ☐☐ = ☐☐   ☐ · ☐☐ = ☐☐

3 2 · 10 = ☐☐   3 · 10 = ☐☐

4 In einer Packung sind 10 Eier.
Schreibe eine Aufgabe mit + und eine Aufgabe mit · .

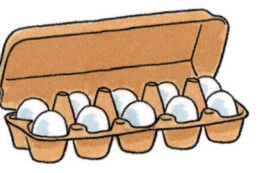

Wieviele Eier sind in 5 Packungen?

☐☐ + ☐☐ + ☐☐ + ☐☐ + ☐☐ = ☐☐   ☐ · ☐☐ = ☐☐

Wie viele Eier sind in 7 Packungen?

☐☐ + ☐☐ + ☐☐ + ☐☐ + ☐☐ + ☐☐ + ☐☐ = ☐☐   ☐ · ☐☐ = ☐☐

Wie viele Eier sind in 6 Packungen?

☐☐ + ☐☐ + ☐☐ + ☐☐ + ☐☐ + ☐☐ = ☐☐   ☐ · ☐☐ = ☐☐

Wie viele Eier sind in 4 Packungen?

☐☐ + ☐☐ + ☐☐ + ☐☐ = ☐☐   ☐ · ☐☐ = ☐☐

1, 2: Passende Additions- und Multiplikationsaufgaben finden und lösen.   3: Zur Aufgabe zeichnen und Multiplikationsaufgabe lösen.
4: Passende Additions- und Multiplikationsaufgaben finden und lösen.

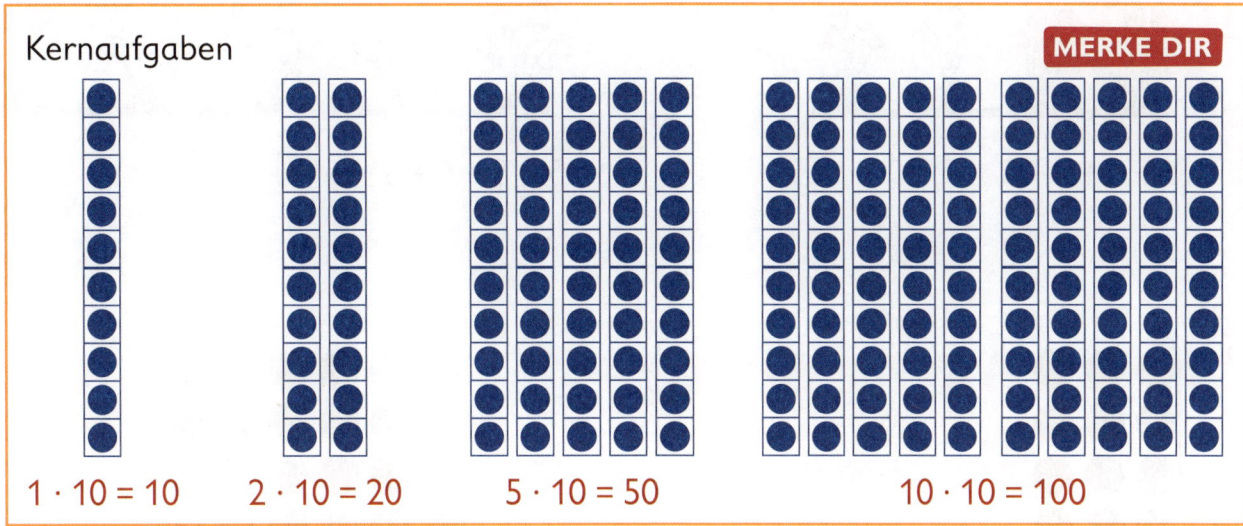

Kernaufgaben

MERKE DIR

1 · 10 = 10   2 · 10 = 20   5 · 10 = 50   10 · 10 = 100

---

1 Anna rechnet: Von der Kernaufgabe zur Nachbaraufgabe.

1 · 10 = ⬜⬜ ⎫ + 10
2 · 10 = ⬜⬜ ⎬
3 · 10 = ⬜⬜ ⎭ + 10

5 · 10 = ⬜⬜ ⎫ + 10
6 · 10 = ⬜⬜ ⎬
7 · 10 = ⬜⬜ ⎭ + 10

10 · 10 = ⬜⬜⬜ ⎫ − 10
9 · 10 = ⬜⬜ ⎬
8 · 10 = ⬜⬜ ⎭ − 10

---

2 Tom verdoppelt.

2 · 10 = 20   4 · 10 = ⬜⬜   3 · 10 = ⬜⬜   1 · 10 = ⬜⬜

4 · 10 = 40   8 · 10 = ⬜⬜   6 · 10 = ⬜⬜   2 · 10 = ⬜⬜

3
2 · 10 = ⬜⬜   3 · 10 = ⬜⬜   7 · 10 = ⬜⬜

4 · 10 = ⬜⬜   5 · 10 = ⬜⬜   10 · 10 = ⬜⬜⬜

1 · 10 = ⬜⬜   6 · 10 = ⬜⬜   9 · 10 = ⬜⬜

8 · 10 = ⬜⬜   0 · 10 = ⬜   6 · 10 = ⬜⬜

0 · 10 =   0 ⎫ + 10
1 · 10 =   10 ⎬ + 10
2 · 10 =   20 ⎬ + 10
3 · 10 = ⬜⬜ ⎬ + 10
4 · 10 = ⬜⬜ ⎬ + 10
5 · 10 =   50 ⎬ + 10
6 · 10 = ⬜⬜ ⎬ + 10
7 · 10 = ⬜⬜ ⎬ + 10
8 · 10 = ⬜⬜ ⎬ + 10
9 · 10 = ⬜⬜ ⎬ + 10
10 · 10 = 100 ⎭

---

4 Tom baut mit Steckwürfeln drei 10er-Türme.
Wie viele Steckwürfel braucht Tom?

⬜⬜ + ⬜⬜ + ⬜⬜ = ⬜⬜   ⬜ · ⬜⬜ = ⬜⬜

Antwort: _____

_____

1, 2: Kernaufgaben in ihrer Bedeutung für weitere Aufgaben verstehen, Aufgaben lösen.   3: Produkt berechnen.
4: Inhalt erfassen, Additions- und Multiplikationsaufgabe finden und lösen.

63

Multiplizieren mit 5

1

5 + 5 + 5 + 5 =　　20　　　　　5 + 5 + 5 + 5 + 5 =　　25

4 · 5 = □□　　　　　　　　□ · 5 = □□

2 　　　　　　　　　　

□ · □ = □□　　　　　　　　□ · □ = □□

3　3 · 5 = □□　　　　　4 · 5 = □□　　　　　6 · 5 = □□

4　In einem Topf sind 5 Blumen.
Schreibe eine Aufgabe mit (+) und eine Aufgabe mit (·).

Wie viele Blumen sind in 7 Töpfen?

□ + □ + □ + □ + □ + □ + □ = □□　　　　□ · □ = □□

Wie viele Blumen sind in 6 Töpfen?

□ + □ + □ + □ + □ + □ = □□　　　　□ · □ = □□

Wie viele Blumen sind in 8 Töpfen?

□ + □ + □ + □ + □ + □ + □ + □ = □□　　　　□ · □ = □□

Wie viele Blumen sind in 9 Töpfen?

□ + □ + □ + □ + □ + □ + □ + □ + □ = □□　　　　□ · □ = □□

1, 2: Additions- und Multiplikationsaufgaben finden und lösen.　3: Punktbild zur Aufgabe zeichnen und Multiplikationsaufgabe lösen.
4: Additions- und Multiplikationsaufgaben finden und lösen.

Kernaufgaben   **MERKE DIR**

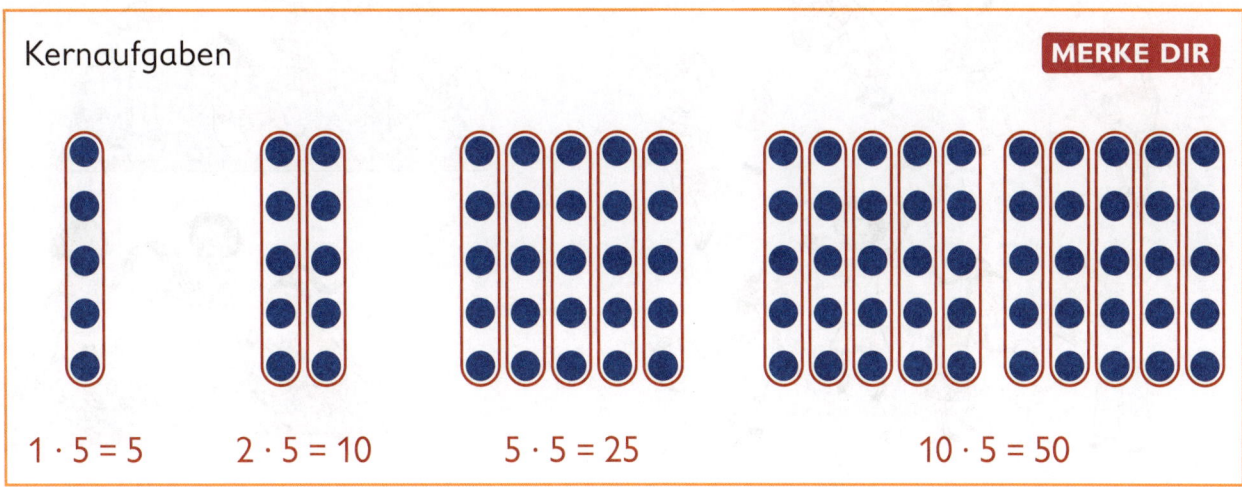

1 · 5 = 5   2 · 5 = 10   5 · 5 = 25   10 · 5 = 50

1 Anna rechnet: Von der Kernaufgabe zur Nachbaraufgabe.

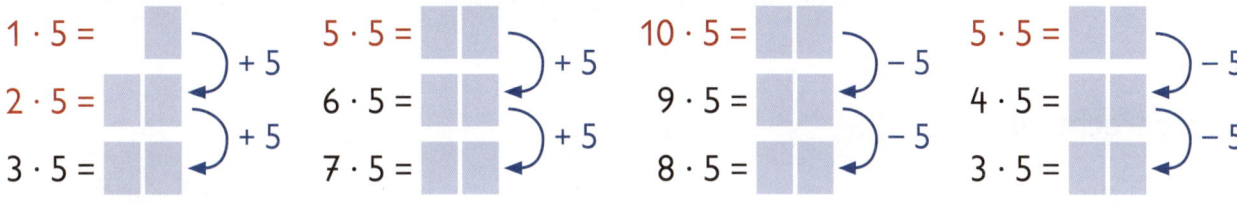

1 · 5 = ☐   → + 5   5 · 5 = ☐☐   → + 5   10 · 5 = ☐☐   → − 5   5 · 5 = ☐☐   → − 5
2 · 5 = ☐☐   6 · 5 = ☐☐   9 · 5 = ☐☐   4 · 5 = ☐☐
       → + 5   → + 5   → − 5   → − 5
3 · 5 = ☐☐   7 · 5 = ☐☐   8 · 5 = ☐☐   3 · 5 = ☐☐

2 Tom verdoppelt.

2 · 5 = 10   4 · 5 = ☐☐   3 · 5 = ☐☐   1 · 5 = ☐

4 · 5 = 20   8 · 5 = ☐☐   6 · 5 = ☐☐   2 · 5 = ☐☐

3   2 · 5 = ☐☐   3 · 5 = ☐☐   6 · 5 = ☐☐   0 · 5 =   0 ⌐ + 5
        4 · 5 = ☐☐   10 · 5 = ☐☐   7 · 5 = ☐☐   1 · 5 =   5 ⌐ + 5
        1 · 5 = ☐   8 · 5 = ☐☐   0 · 5 = ☐   2 · 5 = 10 ⌐ + 5
        5 · 5 = ☐☐   7 · 5 = ☐☐   9 · 5 = ☐☐   3 · 5 = ☐☐ ⌐ + 5
                                                             4 · 5 = ☐☐ ⌐ + 5
4 Am Tisch sitzen 8 Kinder.   5 · 5 = 25 ⌐ + 5
     Jedes Kind bekommt 5 Kirschen.   6 · 5 = ☐☐ ⌐ + 5
     Wie viele Kirschen haben die Kinder zusammen?   7 · 5 = ☐☐ ⌐ + 5
                                                             8 · 5 = ☐☐ ⌐ + 5
     ☐ + ☐ + ☐ + ☐ + ☐ + ☐ + ☐ + ☐ = ☐☐   9 · 5 = ☐☐ ⌐ + 5
                                  ☐ · ☐ = ☐☐   10 · 5 = 50 ⌐ + 5

     Antwort: _____

     _____

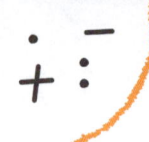

Dividieren

Es sind 8 Kinder.

Die Kinder teilen sich in 2 Gruppen auf.

Rechne so: 8 : 2 = 4   Sprich so: 8 geteilt durch 2 ist gleich 4.

Teile gerecht auf:

1 a)   an 2 Kinder

b)   an 4 Kinder

c)   an 5 Kinder

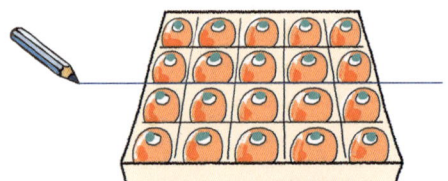

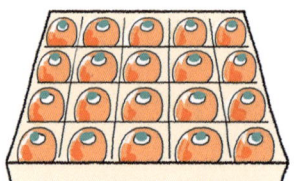

20 : 2 = ☐☐   20 : ☐ = ☐   ☐☐ : ☐ = ☐

2 a)   an 2 Kinder

b)   an 3 Kinder

c)   an 6 Kinder

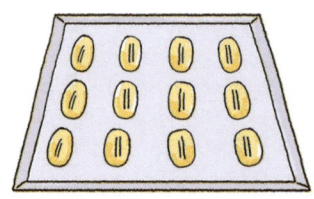

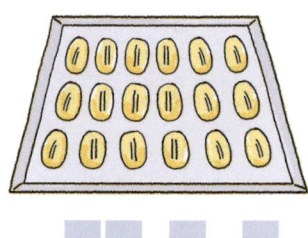

☐☐ : ☐ = ☐   ☐☐ : ☐ = ☐   ☐☐ : ☐ = ☐

3 a)   an 4 Kinder

b)   an 3 Kinder

c)   an 8 Kinder

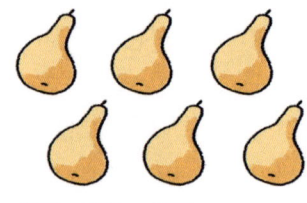

☐☐ : ☐ = ☐   ☐ : ☐ = ☐   ☐ : ☐ = ☐

Bild: Division als Teilen erfassen, dazu sprechen.   1 bis 3: Divisionsaufgabe finden und lösen.

1 Verteile gerecht und male.

a)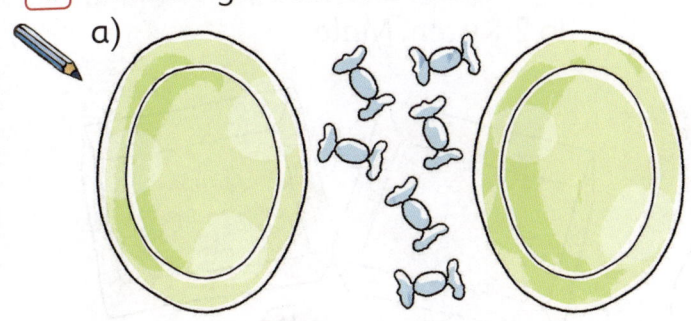

b)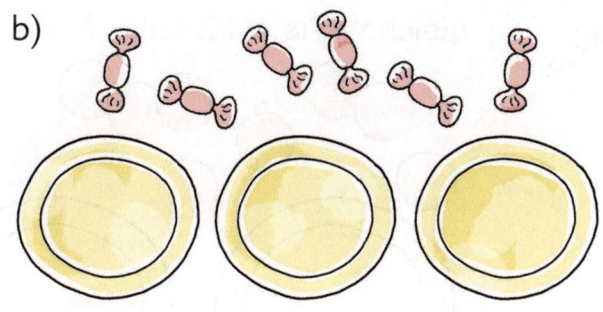

Rechne so: 6 : 2 = ☐

6 geteilt durch 2 ist gleich ☐

Rechne so: 6 : 3 = ☐

6 geteilt durch 3 ist gleich ☐

2 Verteile gleichmäßig, male und rechne.

10 : 2 = ☐

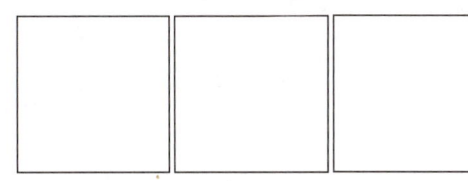

☐ : 3 = ☐

☐ : ☐ = ☐

3

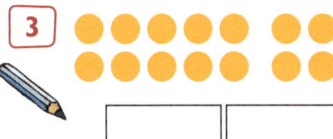

☐☐ : ☐ = ☐

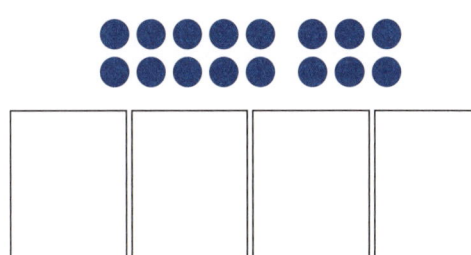

☐☐ : ☐ = ☐

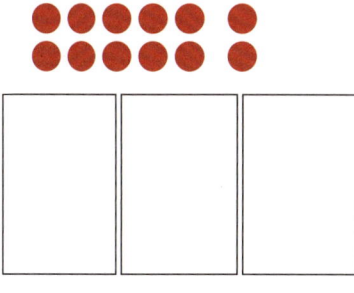

☐☐ : ☐ = ☐

4 Verteile 4 Äpfel auf 2 Teller. Male ein Bild und rechne.

☐ : ☐ = ☐

Antwort: _____

_____

1: Division als Verteilen erfassen, dazu sprechen und malen.   2, 3: Passende Divisionsaufgabe finden und lösen.
4: Inhalt erfassen, Bild malen und Aufgabe finden und lösen.

67

+ : − ·

1 a) Verteile die 10 Kugeln gleichmäßig auf 2 Teller. Male.

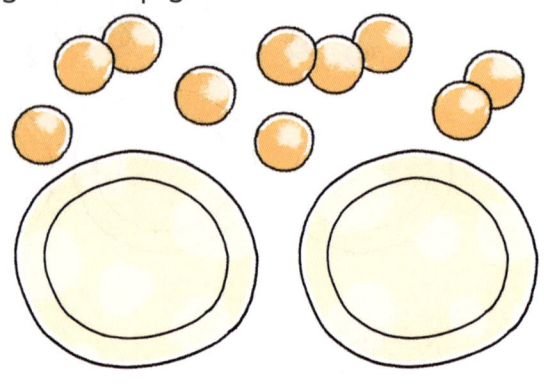

10 : 2 = 5, denn 2 · 5 = 10

b) Verteile die 8 Äpfel gleichmäßig in 2 Kisten. Male.

8 : 2 = ☐ , denn ☐ · 2 = 8

2 a) Verteile die 12 Lollys gleichmäßig auf 2 Schalen. Male.

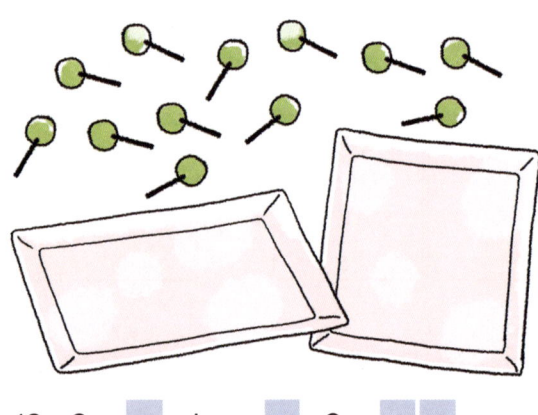

12 : 2 = ☐ , denn ☐ · 2 = ☐☐

b) Verteile die 12 Lollys gleichmäßig auf 4 Schalen. Male.

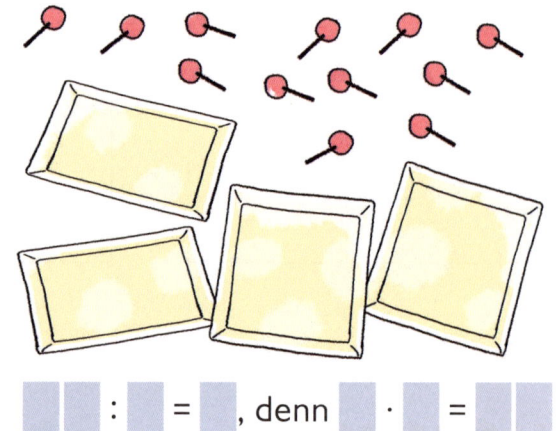

☐☐ : ☐ = ☐ , denn ☐ · ☐ = ☐☐

3 Kreise ein.

a) Immer 2:

20 : 2 = ☐☐ , denn ☐☐ · 2 = ☐☐

b) Immer 5:

20 : ☐ = ☐ , denn ☐ · ☐ = ☐☐

c) Immer 10:

20 : ☐☐ = ☐ , denn ☐ · ☐☐ = ☐☐

d) Immer 4:

20 : ☐ = ☐ , denn ☐ · ☐ = ☐☐

1, 2: Division als Umkehrung der Multiplikation erfassen, Lösung begründen.
3: Aufteilen nach Vorgabe, Aufgabe und Umkehraufgabe finden und lösen.

1 Lege. Bilde Aufgabe und Umkehraufgabe.

12 : 3 = ☐ , denn ☐ · ☐ = ☐☐   12 : 4 = ☐ , denn ☐ · ☐ = ☐☐

2

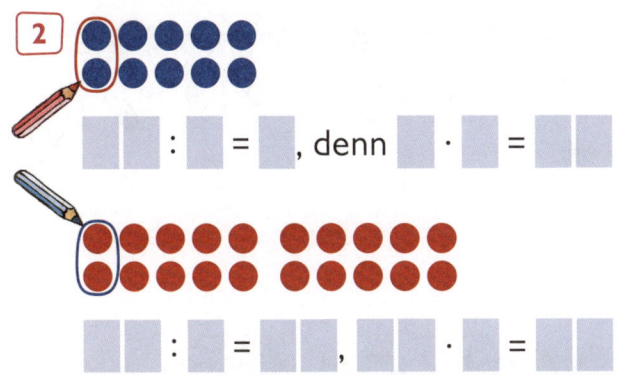

☐☐ : ☐ = ☐ , denn ☐ · ☐ = ☐☐   ☐☐ : ☐ = ☐ , denn ☐ · ☐ = ☐☐

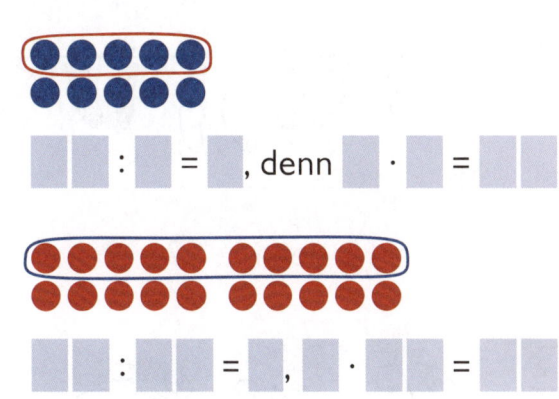

☐☐ : ☐ = ☐☐ , ☐☐ · ☐ = ☐☐   ☐☐ : ☐☐ = ☐ , ☐ · ☐ = ☐☐

3 Bilde Aufgabenfamilien.

② ③ ⑥

2 · 3 = 6
3 · 2 = 6
6 : 3 = 2
6 : 2 = 3

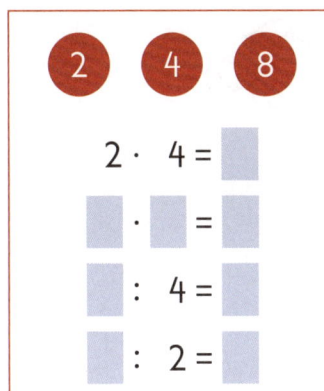

② ④ ⑧

2 · 4 = ☐
☐ · ☐ = ☐
☐ : 4 = ☐
☐ : 2 = ☐

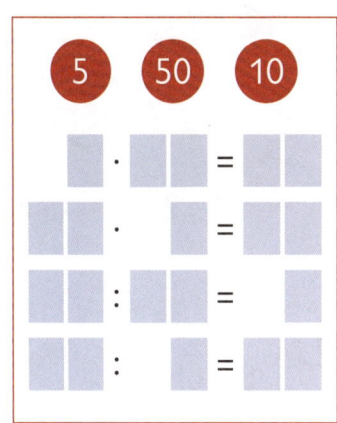

⑤ ㊿ ⑩

☐ · ☐ = ☐☐
☐☐ · ☐ = ☐☐
☐☐ : ☐ = ☐
☐☐ : ☐ = ☐

4

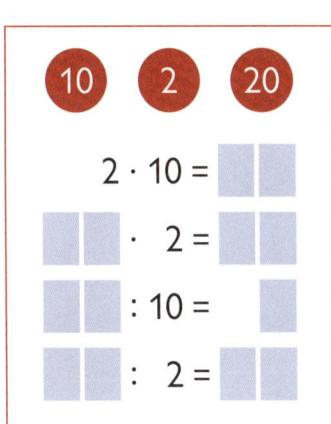

② ⑤ ⑩

2 · 5 = ☐☐
5 · 2 = ☐☐
10 : 5 = ☐
10 : 2 = ☐

⑩ ② ⑳

2 · 10 = ☐☐
☐ · 2 = ☐☐
☐ : 10 = ☐
☐ : 2 = ☐☐

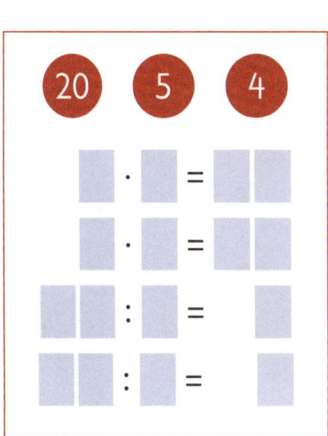

⑳ ⑤ ④

☐ · ☐ = ☐☐
☐ · ☐ = ☐☐
☐☐ : ☐ = ☐
☐☐ : ☐ = ☐

1, 2: Aufteilen nach Vorgabe, Aufgabe und Umkehraufgabe finden und lösen.
3, 4: Aufgabenfamilien bilden und lösen.

Dividieren durch 2

8 : 2 = 4, denn 4 · 2 = 8

1

10 : 2 = ▢ , denn ▢ · 2 = ▢▢   ▢▢ : ▢ = ▢ , denn ▢ · ▢ = ▢▢

2

14 : 2 = ▢ , denn ▢ · 2 = ▢▢   ▢▢ : ▢ = ▢ , denn ▢ · ▢ = ▢▢

3

Schuhe	12	14	10	2	6	4	8	16	20	18
Paare	6									

4
4 : 2 = ▢ , denn ▢ · 2 = ▢   6 : 2 = ▢ , denn ▢ · 2 = ▢

8 : 2 = ▢ , denn ▢ · 2 = ▢   12 : 2 = ▢ , denn ▢ · 2 = ▢▢

16 : 2 = ▢ , denn ▢ · ▢ = ▢▢   2 : 2 = ▢ , denn ▢ · ▢ =

10 : 2 = ▢ , denn ▢ · ▢ = ▢▢   14 : 2 = ▢ , denn ▢ · ▢ = ▢▢

20 : 2 = ▢▢ , denn ▢▢ · ▢ = ▢▢   18 : 2 = ▢ , denn ▢ · ▢ = ▢▢

1, 2: Aufgabe und Umkehraufgabe finden und lösen.   3: Tabelle ergänzen.   4: Dividieren, Ergebnis mit Umkehraufgabe begründen.

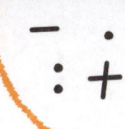

Dividieren durch 10 und 5

1

20 : 10 = ⬜ , denn ⬜ · 10 = 20   30 : 10 = ⬜ , denn ⬜ · 10 = 30

2

40 : 10 = ⬜ , denn ⬜ · 10 = 40   60 : 10 = ⬜ , denn ⬜ · ⬜ = ⬜

50 : 10 = ⬜ , denn ⬜ · ⬜ = ⬜   100 : 10 = ⬜ , denn ⬜ · ⬜ = ⬜

70 : 10 = ⬜ , denn ⬜ · ⬜ = ⬜   80 : 10 = ⬜ , denn ⬜ · ⬜ = ⬜

10 : 10 = ⬜ , denn ⬜ · ⬜ = ⬜   90 : 10 = ⬜ , denn ⬜ · ⬜ = ⬜

3

Ich verteile 15 Törtchen, in jede Schachtel 5 Stück.

Ich verteile 20 Pralinen, auf jeden Teller 5 Stück.

15 : 5 = ⬜ , denn ⬜ · 5 = 15   20 : 5 = ⬜ , denn ⬜ · 5 = 20

4

10 : 5 = ⬜ , denn ⬜ · 5 = 10   30 : 5 = ⬜ , denn ⬜ · 5 = ⬜

5 : 5 = ⬜ , denn ⬜ · ⬜ = ⬜   35 : 5 = ⬜ , denn ⬜ · ⬜ = ⬜

25 : 5 = ⬜ , denn ⬜ · ⬜ = ⬜   40 : 5 = ⬜ , denn ⬜ · ⬜ = ⬜

50 : 5 = ⬜ , denn ⬜ · ⬜ = ⬜   45 : 5 = ⬜ , denn ⬜ · ⬜ = ⬜

5

Kreise immer 2 ein: ●●●●●●●●●●●●●●●●●●●●   20 : ⬜ = ⬜

Kreise immer 5 ein: ●●●●●●●●●●●●●●●●●●●●   ⬜⬜ : ⬜ = ⬜

Kreise immer 10 ein: ●●●●●●●●●●●●●●●●●●●●   ⬜⬜ : ⬜⬜ = ⬜

1 bis 4: Dividieren und mit der Umkehraufgabe überprüfen.   5: Aufteilen nach Vorgabe, Aufgaben finden und lösen.

71

Verdoppeln und Halbieren

1 Alles wurde doppelt eingekauft.

	🍞	🫙	Milch	🍎	⬭
Anzahl	1	3	4	▢	▢▢
Das Doppelte	1 + 1 = 2 oder: 2 · 1 = 2	3 + 3 = 6 oder: 2 · 3 = 6	4 + ▢ = ▢ oder: 2 · ▢ = ▢	▢ + ▢ = ▢▢ oder: 2 · ▢ = ▢▢	▢▢ + ▢▢ = ▢▢ oder: 2 · ▢▢ = ▢▢

2 Verdopple.

a)   7 + 7 = ▢▢   8 + ▢ = ▢▢   9 + ▢ = ▢▢

oder: 2 · 7 = ▢▢   2 · ▢ = ▢▢   2 · ▢ = ▢▢

b)   10 + 10 = ▢▢   20 + ▢▢ = ▢▢   30 + ▢▢ = ▢▢

oder: 2 · ▢▢ = ▢▢   2 · ▢▢ = ▢▢   2 · ▢▢ = ▢▢

3 Geldbeträge verdoppeln.

	4 €	6 €	8 €	10 €	20 €	30 €
Das Doppelte	▢ €	▢▢ €	▢▢ €	▢▢ €	▢▢ €	▢▢ €

	2 ct	5 ct	7 ct	9 ct	40 ct	50 ct
Das Doppelte	▢ ct	▢▢ ct	▢▢ ct	▢▢ ct	▢▢ ct	▢▢▢ ct

4 **Freundeaufgabe – Verdopple**

Dein Lernpartner legt Plättchen.
Du legst doppelt so viele Plättchen
und nennst die Aufgabe dazu.

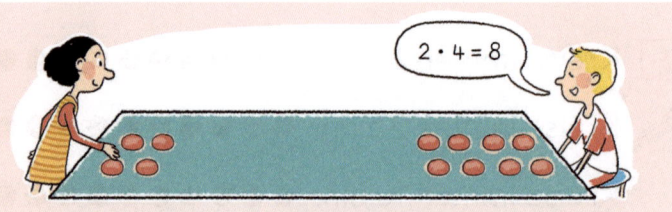

2 · 4 = 8

1: Aus dem Bild die Anzahl entnehmen und verdoppeln.   2: Verdoppeln über die Addition und die Multiplikation.
3: Geldbeträge verdoppeln.   4: Freundeaufgabe: Eine gegebene Anzahl von Plättchen verdoppeln.

1

Jeder die Hälfte.

	🍍	🍌	🍓	🍐	⭕	🍏
Anzahl	2	4	10	▮	▮	▮▮
Die Hälfte	2 : 2 = 1	2 : 2 = 1	10 : 2 = ▮	▮ : ▮ = ▮	▮ : ▮ = ▮	▮▮ : ▮ = ▮

2 Berechne die Hälfte.

20 : 2 = ▮▮   14 : ▮ = ▮   16 : ▮ = ▮   18 : ▮ = ▮

3 Geldbeträge halbieren.

	4 €	6 €	8 €	20 €	40 €	80 €	100 €
Die Hälfte	▮ €	▮ €	▮ €	▮▮ €	▮▮ €	▮▮ €	▮▮ €

4 Max hat 10 Kirschen. Er gibt die Hälfte seiner Schwester.
Wie viele Kirschen bekommt seine Schwester?

Aufgabe: ▢▢▢▢▢▢▢

Antwort: _____

5 **Freundeaufgabe – Bestimme die Hälfte einer Anzahl**

Ben hat 80 Bonbons.
Jeden Tag verschenkt er die
Hälfte seiner Bonbons.
Nach wieviel Tagen hat er
nur noch 5 Bonbons?

80 Bonbons.

Nach einem Tag 40 Bonbons.

1: Angaben aus dem Bild entnehmen und die Hälfte berechnen.   2, 3: Zahlen bzw. Geldbeträge halbieren.
4: Inhalt erfassen. Aufgabe bilden, lösen und antworten.   5: Freundeaufgabe: Sachverhalt legen.

73

Multiplizieren und Dividieren

1

·	2	10	5
1			
2			
3			

·	2	10	5
2			
4			
8			

·	2	10	5
4			
5			
6			

2

·	2	10	5
5			
6			
7			

·	2	10	5
10			
9			
8			

·	2	10	5
3			
6			
9			

3

a)
$7 \cdot 2 =$
$3 \cdot 2 =$
$0 \cdot 2 =$
$4 \cdot 2 =$
$9 \cdot 2 =$

b)
$3 \cdot 10 =$
$6 \cdot 10 =$
$7 \cdot 10 =$
$10 \cdot 10 =$
$1 \cdot 10 =$

c)
$6 \cdot 5 =$
$8 \cdot 5 =$
$10 \cdot 5 =$
$7 \cdot 5 =$
$1 \cdot 5 =$

4

$10 : 2 =$, denn $\cdot$ $=$
$40 : 5 =$, denn $\cdot$ $=$
$90 : 10 =$, denn $\cdot$ $=$
$16 : 2 =$, denn $\cdot$ $=$
$35 : 5 =$, denn $\cdot$ $=$

$10 : 5 =$, denn $\cdot$ $=$
$14 : 2 =$, denn $\cdot$ $=$
$45 : 5 =$, denn $\cdot$ $=$
$100 : 10 =$, denn $\cdot$ $=$
$30 : 5 =$, denn $\cdot$ $=$

5

a)
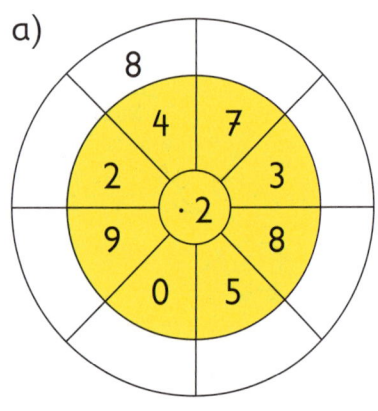

b)
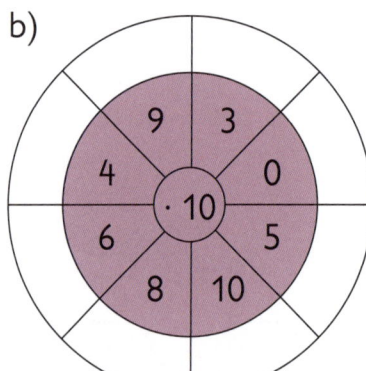

c)
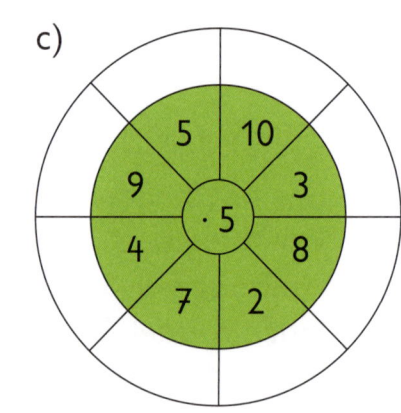

1, 2: Multiplikation in Tabellen.   3: Multiplikationsaufgabe lösen.   4: Dividieren, Ergebnis mit der Malaufgabe begründen.   5: Multiplizieren.

1 Bilde Aufgabenfamilien.

a)
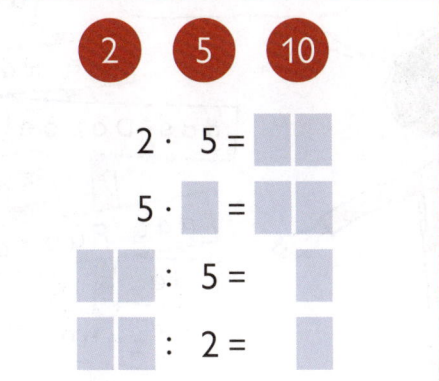

$2 \cdot 5 = \square\square$

$5 \cdot \square = \square\square$

$\square\square : 5 = \square$

$\square\square : 2 = \square$

b)
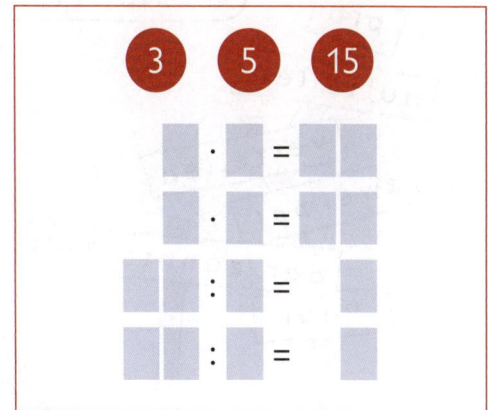

$\square \cdot \square = \square\square$

$\square \cdot \square = \square\square$

$\square\square : \square = \square$

$\square\square : \square = \square$

2 a)
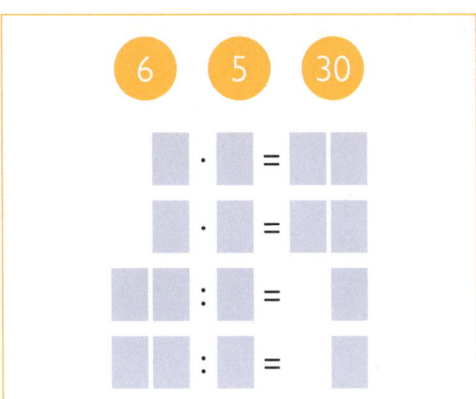

$\square \cdot \square = \square\square$

$\square \cdot \square = \square\square$

$\square\square : \square = \square$

$\square\square : \square = \square$

b)
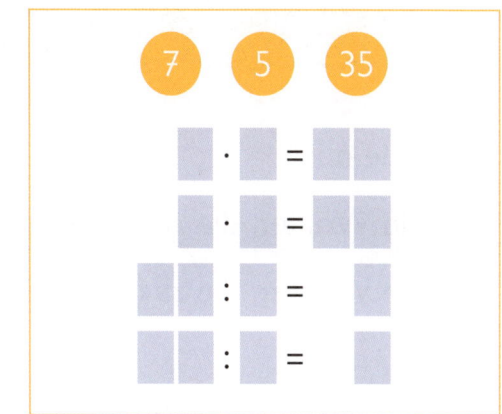

$\square \cdot \square = \square\square$

$\square \cdot \square = \square\square$

$\square\square : \square = \square$

$\square\square : \square = \square$

3 a)
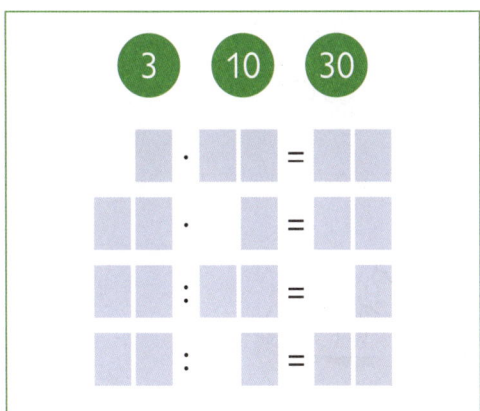

$\square \cdot \square\square = \square\square$

$\square\square \cdot \square = \square\square$

$\square\square : \square\square = \square$

$\square\square : \square = \square\square$

b)
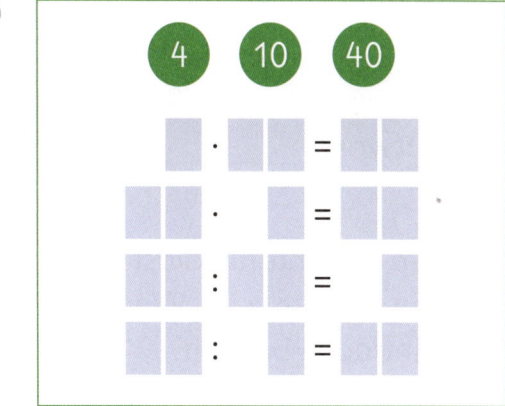

$\square \cdot \square\square = \square\square$

$\square\square \cdot \square = \square\square$

$\square\square : \square\square = \square$

$\square\square : \square = \square\square$

4 **Freundeaufgabe – Bingo zur Malfolge mit 2**

Jedes Kind erhält ein Bingofeld.

Ein Kind nennt eine Aufgabe der Malfolge mit 2.
Wer das Ergebnis auf seiner Bingokarte hat,
legt ein Plättchen darauf.
Sieger ist, wer zuerst alle Felder belegt hat.

1 bis 4: Aufgabenfamilien bilden und lösen.   4: Freundeaufgabe: Bingo.

75

Sachaufgaben – besondere Wörter

1 Male aus.

Alle Wörter, die zu ⊙ passen.

Alle Wörter, die zu ⊗ passen.

2 Tom kauft 2 Pakete Eier mit je 10 Stück.
Wie viele Eier hat er gekauft?

Antwort: _____

3 Lisa bezahlt für Obst 5 €.
Ben hat für seine Waren das
Fünffache bezahlt.
Wie viel hat Ben bezahlt?

Antwort: _____

4 Am Eisstand stehen 7 Kinder.
Jedes Kind erhält 2 Kugeln Eis.
Wie viele Kugeln Eis wurden insgesamt
verkauft?

Antwort: _____

1: Wörter den Rechenzeichen zuordnen.   2 bis 4: Inhalt erfassen. Aufgaben bilden, lösen und antworten.

1 In der 3. Klasse sind 7 Mädchen und
doppelt so viele Jungen.
Wie viele Jungen sind in der Klasse?

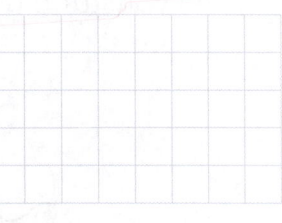

Antwort: _____

2 Ben hat 18 Poster von Sportlern.
Die Hälfte davon sind Fußballspieler.
Wie viele Poster von Fußballspielern
hat er?

Antwort: _____

3 Anna hat 4 Paar Winterschuhe.
Wie viele Winterschuhe muss sie putzen?

Antwort: _____

4 Am Wettkampf nehmen 20 Kinder teil.
Es werden Gruppen mit je 5 Kindern
gebildet.
Wie viele Gruppen entstehen?

Antwort: _____

5 Maria verteilt 18 Äpfel.
Jedes Kind erhält 2 Äpfel.
Wie viele Kinder erhalten Äpfel?

Antwort: _____

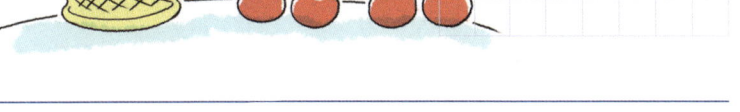

1 bis 5: Inhalt erfassen. Aufgaben bilden, lösen und antworten.

Würfel – Quader

1 Vervollständige die Sätze.

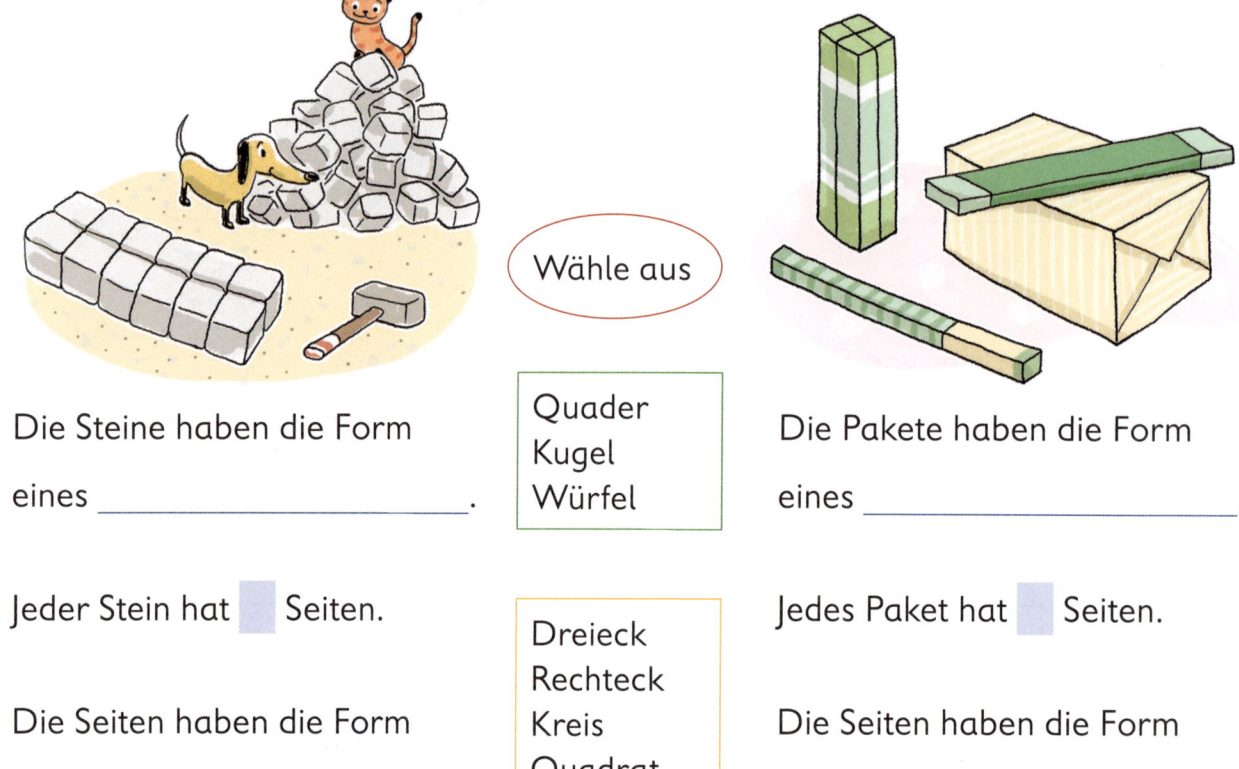

Wähle aus

Die Steine haben die Form

eines _____.

| Quader |
| Kugel |
| Würfel |

Die Pakete haben die Form

eines _____.

Jeder Stein hat ▯ Seiten.

Die Seiten haben die Form

eines _____.

| Dreieck |
| Rechteck |
| Kreis |
| Quadrat |

Jedes Paket hat ▯ Seiten.

Die Seiten haben die Form

eines _____.

Die Seiten sind

_____ lang.

| verschieden |
| gleich |

Gegenüberliegende Seiten sind

_____ groß.

2 Ordne zu: Kanten, Flächen, Ecken

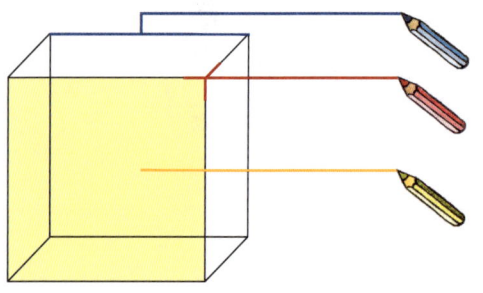

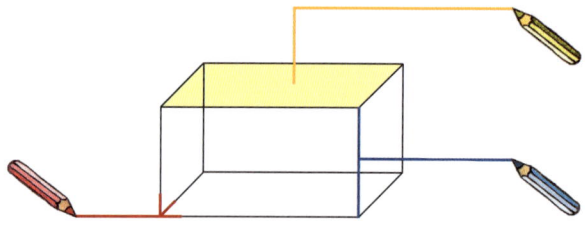

Name des Körpers: _____

Anzahl der Kanten: ▯ ▯

Anzahl der Ecken: ▯

Anzahl der Flächen: ▯

Name des Körpers: _____

Anzahl der Kanten: ▯ ▯

Anzahl der Ecken: ▯

Anzahl der Flächen: ▯

1: Form der Körper erkennen. Eigenschaften erfassen und Satz vervollständigen.
2: Begriffe zuordnen und Anzahl bestimmen.

1 a) Zeichne gleich lange Kanten mit der gleichen Farbe nach.

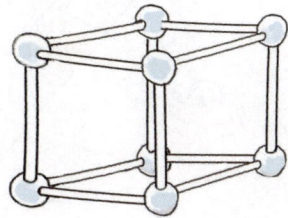 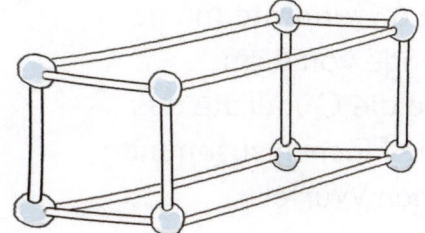

b) Baue die Kantenmodelle nach.

	Würfel	Quader
Wie viele Stäbchen benötigst du?		
Wie viele Kügelchen benötigst du?		

2 Wie viele Stäbchen und Kügelchen fehlen noch?
Baue diese Kantenmodelle.

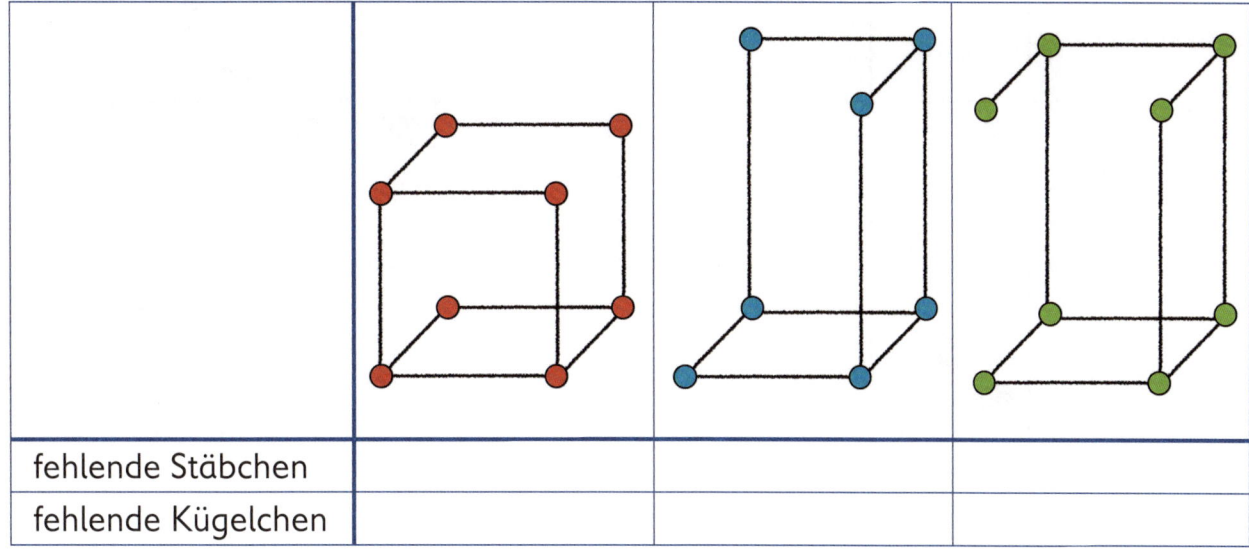

fehlende Stäbchen			
fehlende Kügelchen			

3 a) Die Schnecke will von A nach F.
Sie darf nur auf den Kanten kriechen.
Zeichne den Weg ein.

b) Miss die Länge der Kanten:

$\overline{AB}$ = ☐ cm ☐ mm

$\overline{AB}$ = ☐☐ mm

$\overline{BE}$ = ☐ cm ☐ mm

$\overline{BE}$ = ☐☐ mm

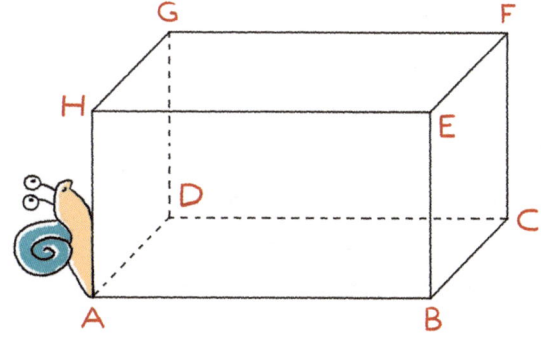

1: Gleich lange Kanten erkennen und färben. Anzahl der Stäbchen und Kugeln bestimmen. Modelle bauen.
2: Anzahl der fehlenden Stäbchen und Kugeln bestimmen.   3: Weg einzeichnen. Kantenlänge bestimmen.

79

Würfelnetze

1 Ein Würfelnetz bauen:
- Zeichne 6 Quadrate mit der Seitenlänge von 6 cm.
- Schneide die Quadrate aus.
- Klebe die Flächen zusammen.
- Falte einen Würfel.

2 a) Lege mit quadratischen Plättchen ein Würfelnetz.

b) Zeichne das Würfelnetz auf Kästchenpapier.

c) Schneide das Netz aus und falte einen Würfel.

3 Zeichne in die Würfelnetze die fehlenden Punkte eines Spielwürfels ein.

a)

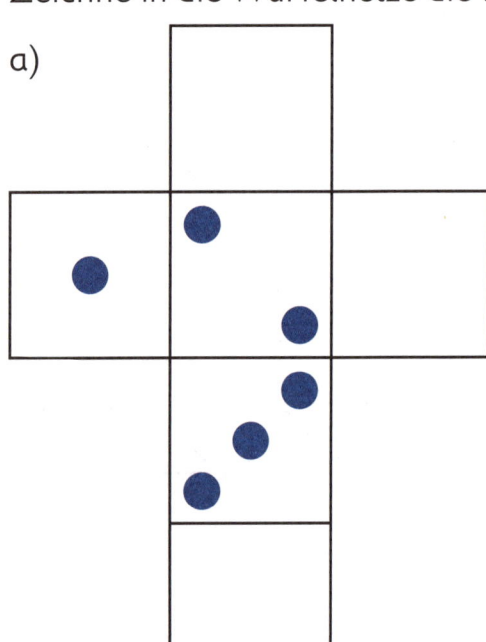

b)

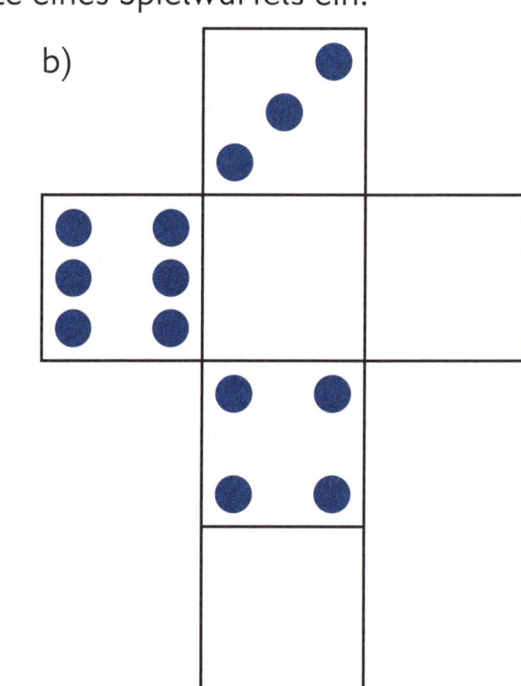

c)

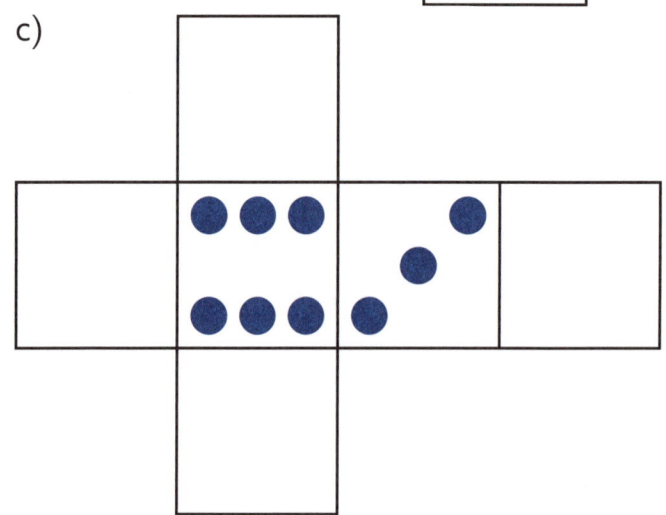

1: Würfelnetz nach Anleitung bauen.   2: Würfelnetz mit Plättchen legen, zeichnen und falten.
3: Die fehlenden Punkte in das Würfelnetz einzeichnen.

Quadernetze

1 Ein Quadernetz entstehen lassen.

a) Schneide eine Schachtel entlang ihrer Kanten auf.

b) Es entstehen immer ▢ Flächen.

c) Immer ▢ Flächen sind gleich groß.

2 Quader bauen.
- Male die Quadernetze auf Kästchenpapier.
- Schneide sie dann aus.
- Falte sie zu Quadern.

a)

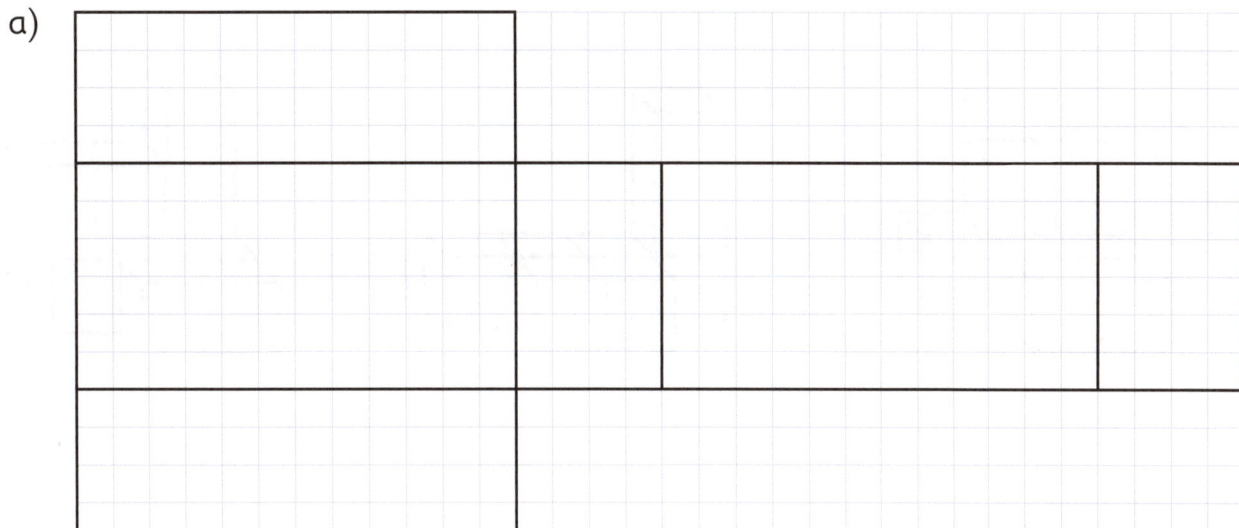

b)

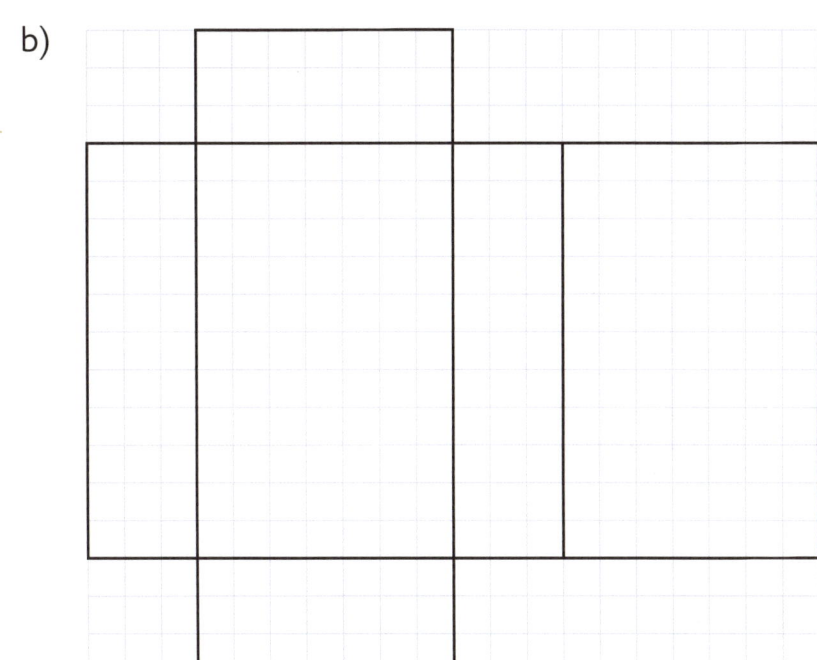

Bauen mit Würfeln

1 Schreibe den Bauplan und baue nach.

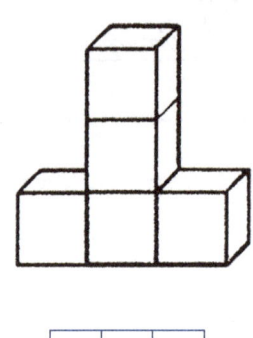

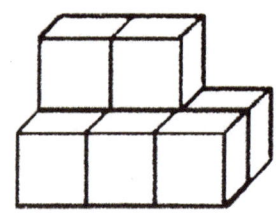

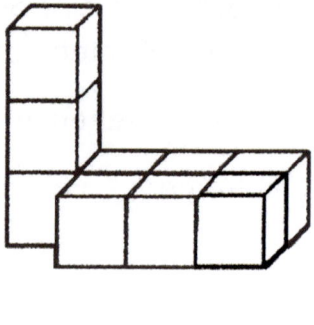

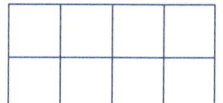

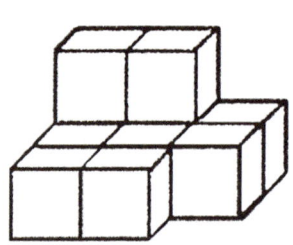

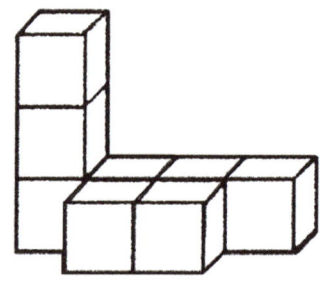

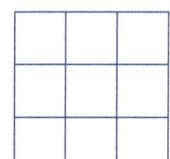

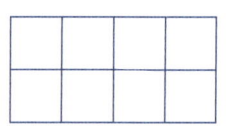

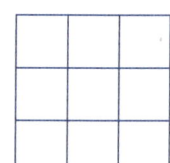

2 Mit welchen Plänen wurde hier gebaut? Verbinde.

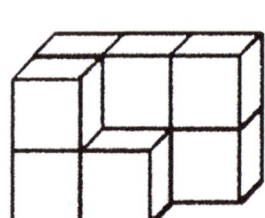

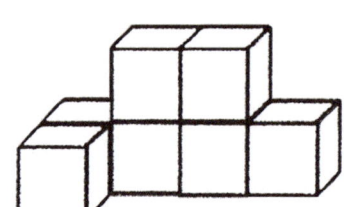

1	2	2	1
1			

2	2	2
1	2	

2	3	1
1	1	1

2	2	2
2	1	

1: Baupläne schreiben. Kontrolle durch Nachbauen.   2: Baupläne zuordnen. Nach Plan bauen und vergleichen.

Pyramide – Zylinder – Kegel

Zylinder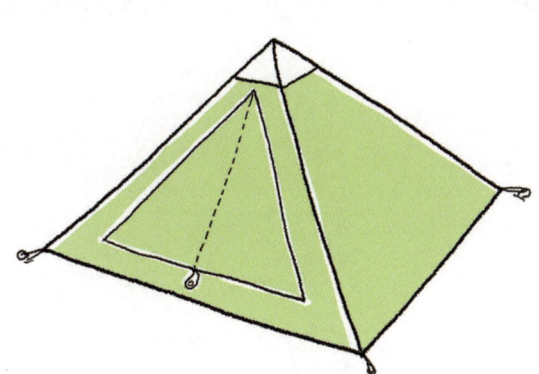

Pyramide

Kegel

1 Trage die fehlenden Angaben ein.

a) 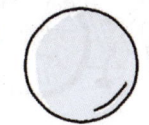 b)  c)  d)  e) 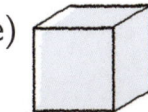 f)

Körper	Name	Anzahl der	
		Ecken	Kanten
a			
b			
c			
d			
e			
f			

- Kegel
- Würfel
- Kugel
- Pyramide
- Zylinder
- Quader

2 Baue nach.

a)

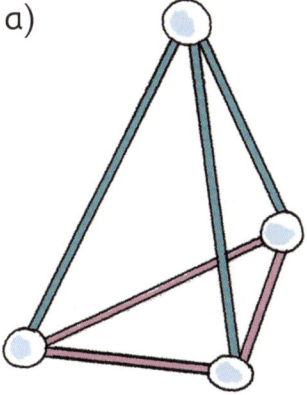

b) Male aus.

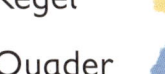

Zylinder
Pyramide
Kegel
Quader
Kugel

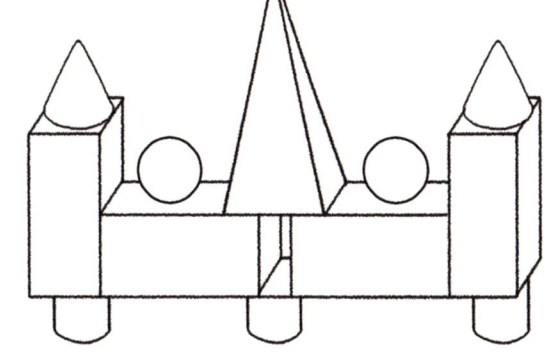

Kann ich das schon?

1 Schreibe zu jedem Punktbild eine Aufgabe mit ⊕ und eine Aufgabe mit ⊙.

2 2 · 2 = ☐   6 · 2 = ☐☐   10 · 2 = ☐☐

   4 · 2 = ☐   9 · 2 = ☐☐   7 · 2 = ☐☐

3 An 6 Fahrrädern werden die Räder ausgetauscht.
Wie viele Räder werden benötigt?

Aufgabe: ☐☐☐☐☐☐

Antwort: _____

4 2 · 5 = ☐☐   5 · 5 = ☐☐   10 · 5 = ☐☐

   3 · 5 = ☐☐   6 · 5 = ☐☐   9 · 5 = ☐☐

5 Ben hat diese Münzen:
Wie viele Cent sind das?

Aufgabe: ☐☐☐☐☐☐☐☐☐☐☐☐☐☐☐☐

Antwort: _____

6 4 · 10 = ☐☐   3 · 10 = ☐☐   5 · 10 = ☐☐

   8 · 10 = ☐☐   6 · 10 = ☐☐   10 · 10 = ☐☐☐

7 Am Sportfest nehmen 7 Mannschaften
mit je 10 Kindern teil.
Wie viele Kinder nehmen am Sportfest teil?

Aufgabe: ☐☐☐☐☐

Antwort: _____

1 6 : 2 = ☐   20 : 10 = ☐   15 : 5 = ☐

8 : 2 = ☐   40 : 10 = ☐   30 : 5 = ☐

2 Lisa verteilt 20 Bonbons gerecht an 5 Kinder.
Wie viele Bonbons erhält jedes Kind?

Aufgabe: ☐☐☐☐☐☐

Antwort: _____

3 Anna hat 9 Seiten in ihrem Buch gelesen.
Lisa hat doppelt so viele Seiten gelesen.

Aufgabe: ☐☐☐☐☐

Antwort: _____

4

	8	4	10	6	20	12
Die Hälfte						

5

   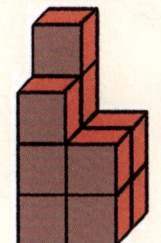 

a) Vervollständige die Baupläne.

2	

3	2

3	

4	

	3

b) Wie viele Würfel wurden jeweils benötigt?

☐   ☐☐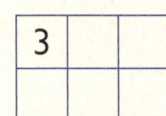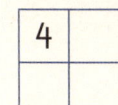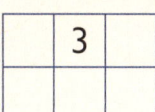

6 Male an.

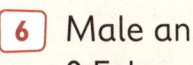

0 Ecken: ◢
3 Ecken: ◢
4 Ecken: ◢
8 Ecken: ◢

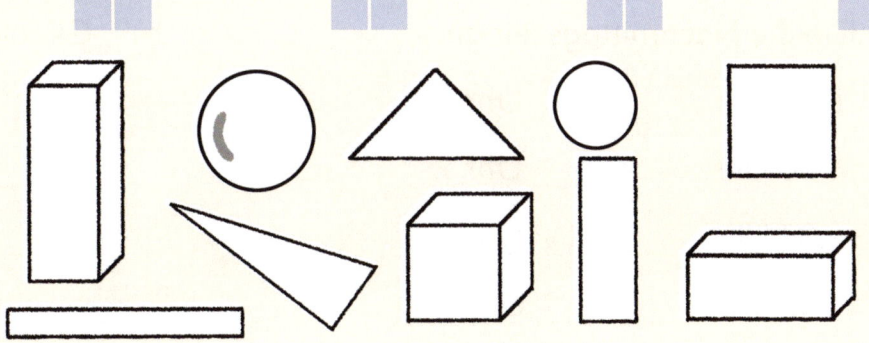

Uhr – Uhrzeit

1 Lies die Uhrzeit ab.

_____ Uhr

_____ Uhr

_____ Uhr

_____ Uhr

_____ Uhr

_____ Uhr

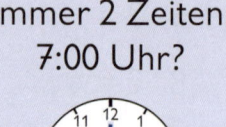

Immer 2 Zeiten:
7:00 Uhr?

19:00 Uhr?

_____ Uhr

_____ Uhr

_____ Uhr

_____ Uhr

_____ Uhr

_____ Uhr

_____ Uhr

_____ Uhr

2 Ordne zu.

a)

| 5:00 | 22:00 | 00:00 | 15:00 | 11:00 |

b)

| 18:00 | 8:00 | 13:00 | 3:00 | 16:00 |

3 a) Gib die Nachmittagszeit an. b) Gib die Vormittagszeit an.

a)		b)	
6:00 Uhr	_____ Uhr	_____ Uhr	17:00 Uhr
9:00 Uhr	_____ Uhr	_____ Uhr	22:00 Uhr
4:00 Uhr	_____ Uhr	_____ Uhr	15:00 Uhr
11:00 Uhr	_____ Uhr	_____ Uhr	13:00 Uhr

1: Ablesen von Uhrzeiten. 2: Gleiche Uhrzeiten zuordnen. 3: Vormittags- und Nachmittagszeiten ergänzen.

Zeitdauer

1 Lies die Uhrzeit ab. Berechne die Zeitdauer.

Es vergeht ____ Stunde.

2

Es vergehen ____ Stunden.

3

Es vergehen ____ Stunden.

1 Es ist 12:00 Uhr. Anna hat um 15:00 Uhr Schwimmtraining.

 Bis dahin sind es noch ____ Stunden.

2 Es ist 11:00 Uhr. Tom hat um 15:00 Uhr Flötenunterricht.

 Bis dahin sind es noch ____ Stunden.

3 Es ist 10:00 Uhr. Ben hat um 17:00 Uhr Fußballtraining.

 Bis dahin sind es noch ____ Stunden.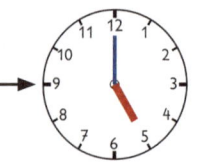

4 Es ist 12:00 Uhr. Tina hat um 17:00 Uhr Tennistraining.

 Bis dahin sind es noch ____ Stunden.

5 Es ist 9:00 Uhr. Lisa hat um 15:00 Uhr Gitarrenunterricht.

 Bis dahin sind es noch ____ Stunden.

6 Von 9:00 Uhr bis 12:00 Uhr sind es noch ____ Stunden.

Von 10:00 Uhr bis 15:00 Uhr sind es noch ____ Stunden.

Von 7:00 Uhr bis 14:00 Uhr sind es noch ____ Stunden.

Von 8:00 Uhr bis 20:00 Uhr sind es noch ____ Stunden.

1 bis 6: Zeitdauern berechnen.

Stunden – Minuten

MERKE DIR

  5 min  30 min  45 min  60 min = 1 h

1 Stunde hat 60 Minuten. Schreibe: 1 h = 60 min

---

1 Wie spät ist es am Vormittag und am Nachmittag?

_____ Uhr

_____ Uhr

_____ Uhr

_____ Uhr

_____ Uhr

_____ Uhr

_____ Uhr

_____ Uhr

2

_____ Uhr

_____ Uhr

_____ Uhr

_____ Uhr

_____ Uhr

_____ Uhr

_____ Uhr

_____ Uhr

3

_____ Uhr

_____ Uhr

_____ Uhr

_____ Uhr

_____ Uhr

_____ Uhr

_____ Uhr

_____ Uhr

4

_____ Uhr

_____ Uhr

_____ Uhr

_____ Uhr

_____ Uhr

_____ Uhr

_____ Uhr

_____ Uhr

1 bis 4: Ablesen der Uhrzeiten.

1 Zeichne die Zeiger ein.

a)

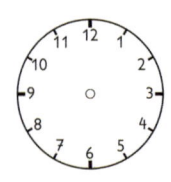 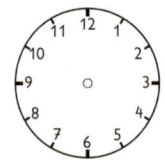 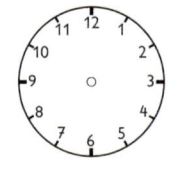 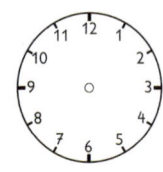

| 7:15 Uhr | 9:40 Uhr | 2:10 Uhr | 7:20 Uhr |

b)

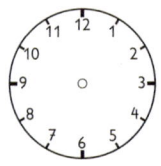 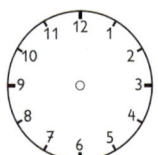  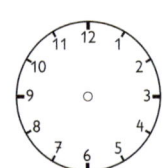

| 10:20 Uhr | 12:50 Uhr | 20:35 Uhr | 13:30 Uhr |

c)

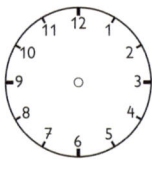 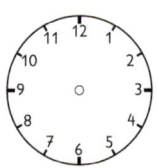 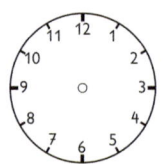 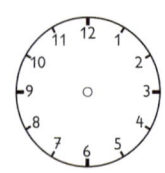

| 15:55 Uhr | 17:10 Uhr | 23:45 Uhr | 0:05 Uhr |

Wie viele Minuten fehlen bis zur nächsten Stunde?

2 a)

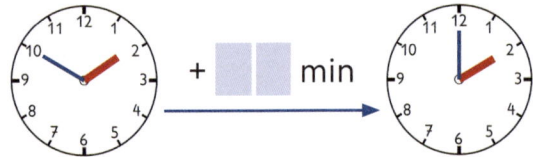

b)

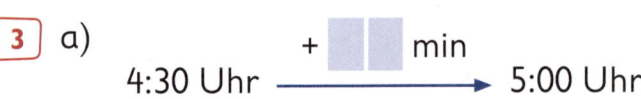

3 a)

4:30 Uhr + ▢▢ min → 5:00 Uhr   8:40 Uhr + ▢▢ min → 9:00 Uhr

b)

17:45 Uhr + ▢▢ min → 18:00 Uhr   20:10 Uhr + ▢▢ min → 21:00 Uhr

Der Kalender

1 Ergänze die Wochentage.

Mo _____

_____

_____

_____

_____

_____

So _____

Samstag Dienstag Donnerstag Freitag Sonntag Mittwoch Montag

2 a) Ergänze den Wochentag und das Datum.

Heute ist _____

Gestern war _____

Morgen ist _____

b) Ergänze den Wochentag. Suche im Kalender.

4. März _____

7. Februar _____

24. Dezember _____

1. Juli _____

3 Vor Montag kommt der _____,

nach Donnerstag kommt der _____,

vor Mittwoch kommt der _____,

nach Freitag kommt der _____,

vor Sonntag kommt der _____.

nach Dienstag kommt der _____,

In 2 Wochen sind Ferien.

4 a) 2 Wochen sind _____ Tage.

4 Wochen sind _____ Tage.

7 Wochen sind _____ Tage.

10 Wochen sind _____ Tage.

5 Wochen sind _____ Tage.

6 Wochen sind _____ Tage.

b) 1 Woche und 3 Tage sind _____ Tage.

1 Woche und 5 Tage sind _____ Tage.

2 Wochen und 1 Tag sind _____ Tage.

2 Wochen und 6 Tage sind _____ Tage.

3 Wochen und 4 Tage sind _____ Tage.

5 Wochen und 6 Tage sind _____ Tage.

1, 2: Wochentage zuordnen.   3: Vorangegangene und nachfolgende Wochentage zuordnen.   4: Anzahl der Tage bestimmen.

91

1 Wie heißen die Monate des Jahres?

2. Monat _____   12. Monat _____

4. Monat _____   10. Monat _____

6. Monat _____   8. Monat _____

2 a)   Nach dem September kommt der_____.

Nach dem Mai kommt der_____.

Nach dem Februar kommt der_____.

Nach dem Dezember kommt der_____.

b)   Vor dem März kommt der_____.

Vor dem Juli kommt der_____.

Vor dem April kommt der_____.

Vor dem Januar kommt der_____.

3 Zwischen März und Juni liegen _____ Monate.

Zwischen Januar und Mai liegen _____ Monate.

Zwischen Juni und Oktober liegen _____ Monate.

Zwischen November und März liegen _____ Monate.

4 Schreibe kürzer.

14. Februar _____, 23. Mai _____, 25. Juli _____, 9. März _____,

4. August _____

5 Wie viele Ferientage waren wir verreist?

vom 20.6. bis 30.6.

vom 29.7. bis 13.8.

vom 30.7. bis 10.8.

vom 28.7. bis 9.8.

_____ Tage   _____ Tage   _____ Tage   _____ Tage

1: Monatsnamen zuordnen.   2, 3: Vorangegangene und nachfolgende Monate nennen.
4: Verkürzte Schreibweise des Datums angeben. 5: Anzahl der Tage bestimmen.

Projektidee: Kalender

1 Ergänze.

gestern   heute   morgen

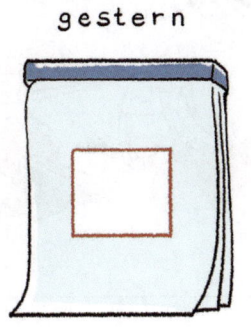  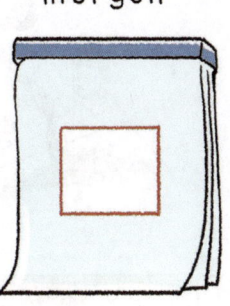

April
18
Sonntag

Heute feiern wir den Geburtstag von Lisa. Ergänze die Kalenderblätter.

Lisa wird heute ▢ Jahre alt.

2 Ergänze die Kalenderblätter. Male sie bunt aus.
a) Max hat genau eine Woche nach Lisa Geburtstag.
b) Anna hat genau einen Monat nach Lisa Geburtstag.

Lisa
18. April

Max

Anna

3 Gestalte Kalenderblätter.
a) für dich
b) für deine Freunde
c) für deine Familie

Projektidee: Muster

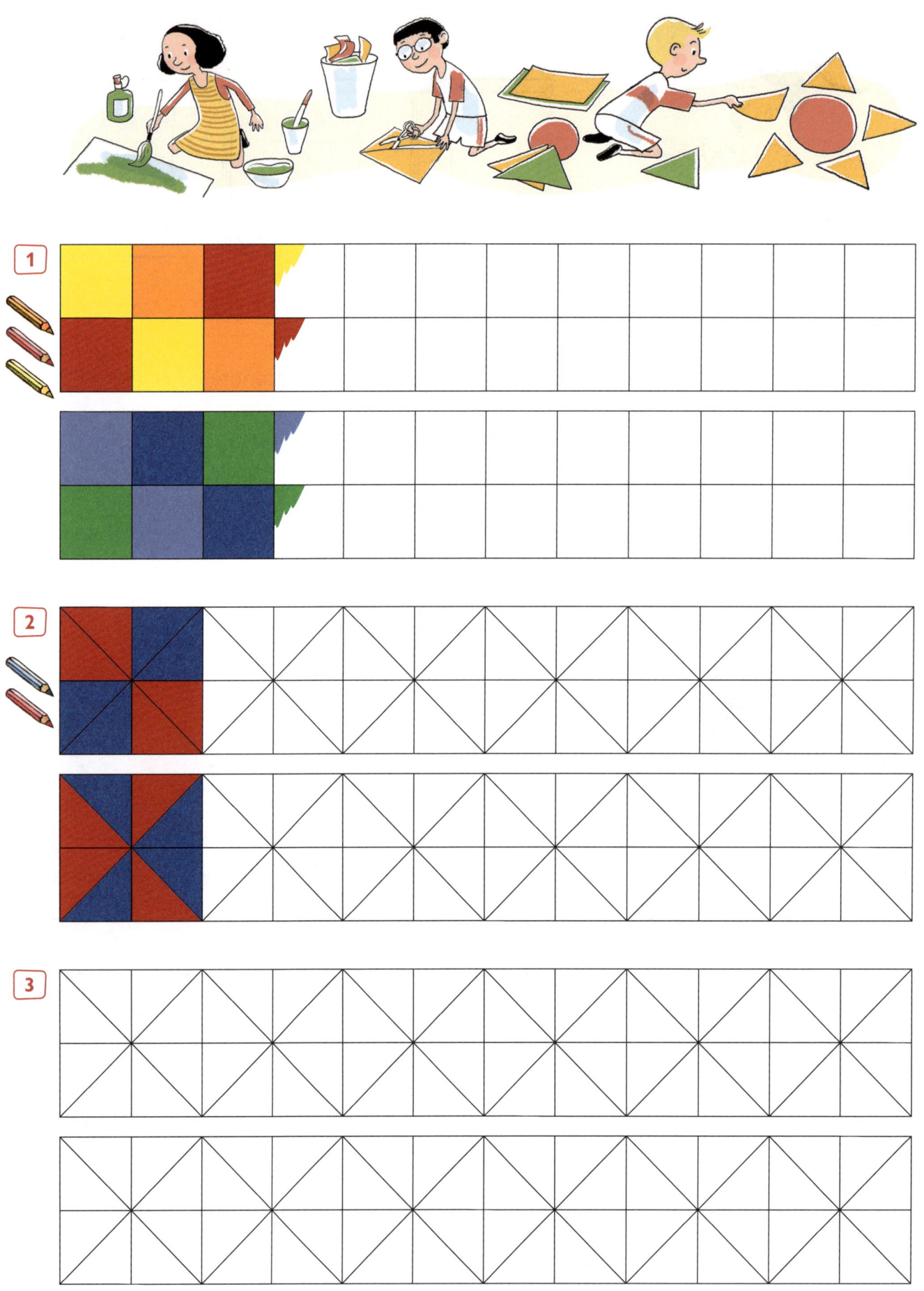

1, 2: Muster fortsetzen.   3: Eigene Muster gestalten.

Projektidee: Symmetrische Figuren

1 Male so aus, dass eine symmetrische Figur entsteht.

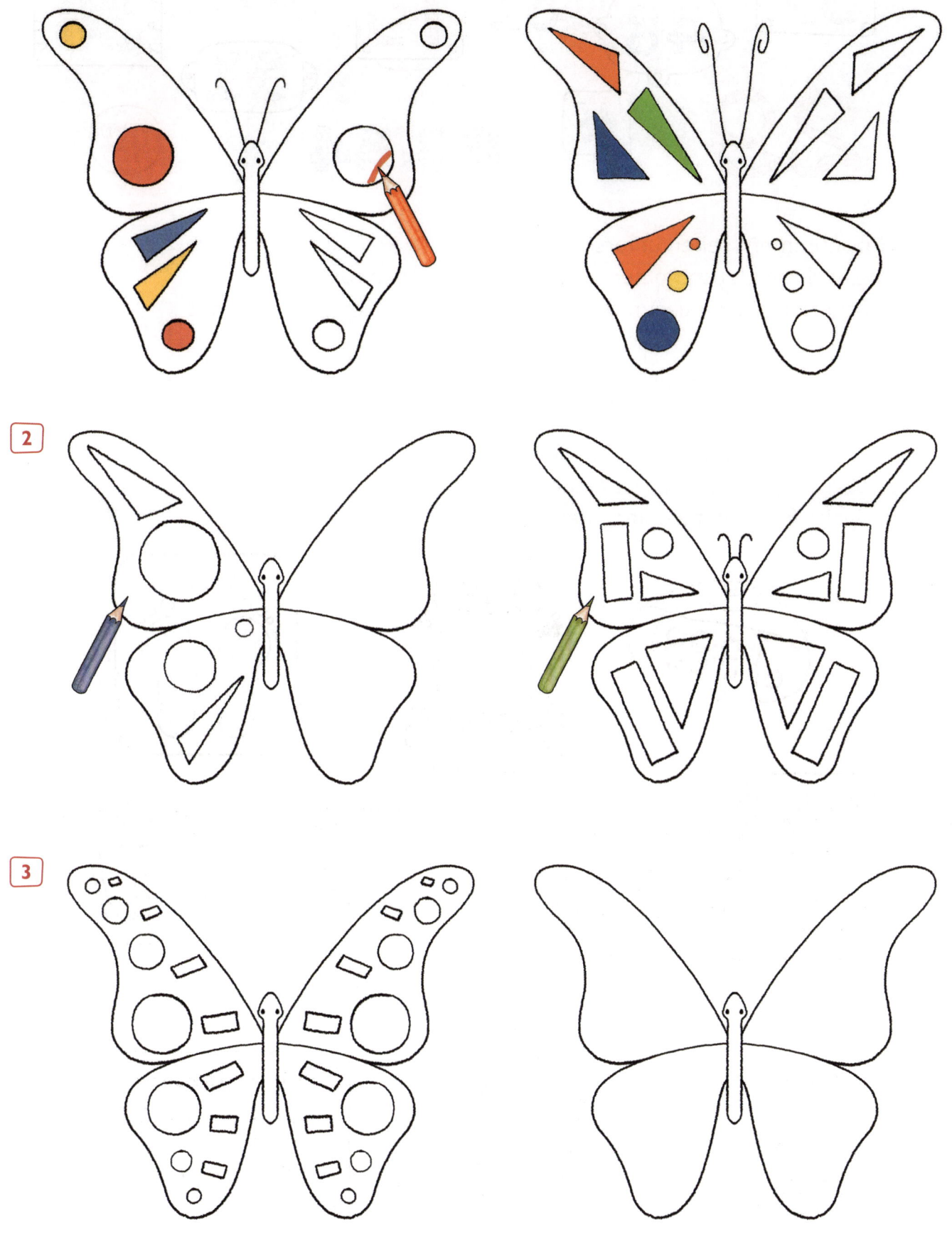

2

3

P

Projektidee: Zahlen überall

1

87 48 81 19 49 36
29 46 83/84 51 72

Hausnummern sehen unterschiedlich aus.
a) Lies diese Hausnummern deinem Lernpartner vor.
b) Schreibe alle Hausnummern auf. Beginne mit der größten Zahl.

2 Was sagen dir die Zahlen auf diesen Bildern?
a) Sprich mit deinem Lernpartner darüber.
b) Suche Bilder mit Zahlen. Klebe sie auf.

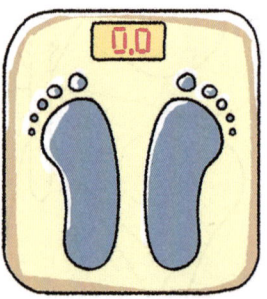

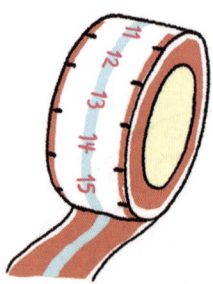

1: Zahlen nach Vorschrift ordnen.   2: Bilder besprechen, eigenes Zahlenplakat erstellen.